国家级财务管理特色专业规划教材
江苏高校品牌专业建设工程资助项目
21世纪全国高等院校财经管理系列实用规划教材

会计实务（第2版）

总主编　王冬冬

主　编　王远利

副主编　成　兵　张书义

参　编　（按姓氏笔画排列）

　　　　宁廷金　孙伯琦　李延莉

　　　　张阿曼　张淑云　张媛媛

　　　　曹晓芳　戴理达　魏育红

内 容 简 介

本书包括两部分内容：第一部分是会计业务操作，主要讲述筹集资金、资产购置、生产、销售和财务报表的实务操作知识，该部分注重培养学生实务操作的能力；第二部分是会计业务综合模拟，主要模拟企业经济业务进行综合会计处理训练，该部分注重培养学生对会计知识综合运用的能力。

本书可作为高等院校财会类专业的素材，也可作为会计实务工作者的参考书。

图书在版编目（CIP）数据

会计实务 /王远利主编. —2版. —北京：北京大学出版社，2018.1
（21世纪全国高等院校财经管理系列实用规划教材）
ISBN 978-7-301-28993-8

Ⅰ.①会… Ⅱ.①王… Ⅲ.①会计实务—高等院校—教材 Ⅳ.①F233

中国版本图书馆CIP数据核字（2017）第302909号

书　　　名	会计实务（第2版） Kuaiji Shiwu
著作责任者	王远利　主编
策 划 编 辑	王显超
责 任 编 辑	蔡华兵
标 准 书 号	ISBN 978-7-301-28993-8
出 版 发 行	北京大学出版社
地　　　址	北京市海淀区成府路205号　100871
网　　　址	http://www.pup.cn　新浪微博：@北京大学出版社
电 子 信 箱	pup_6@163.com
电　　　话	邮购部 62752015　发行部 62750672　编辑部 62750667
印 刷 者	北京溢漾印刷有限公司
经 销 者	新华书店
	787毫米×1092毫米　16开本　17.5印张　350千字 2009年7月第1版 2018年1月第2版　2018年1月第1次印刷
定　　　价	42.00元

未经许可，不得以任何方式复制或抄袭本书之部分或全部内容。
版权所有，侵权必究
举报电话：010-62752024　电子信箱：fd@pup.pku.edu.cn
图书如有印装质量问题，请与出版部联系，电话：010-62756370

第 2 版前言

随着经济的快速发展,社会对高素质应用型会计学专业人才的需求越来越大。而会计学是一门实践性较强的学科,只有掌握了丰富的理论知识,具有较强的实际操作能力,才能成为社会需要的专业人才。本书编写立足于会计准则和新发布的规章制度,力求接近实际,不断提高其科学实用价值。而且,本书是根据教育部应用型人才培养目标和社会需求组织编写的,注重会计实务讲解和动手能力的培养,学生通过学习能较快地掌握会计实务操作知识,快速适应会计工作岗位。

本书是在第 1 版的基础上修订而成的,主要包括两部分内容:第一部分是会计业务操作,主要讲述筹集资金、资产购置、生产、销售和财务报表的实务操作知识,该部分注重培养学生实务操作的能力;第二部分是会计业务综合模拟,主要模拟企业经济业务进行综合会计处理训练,该部分注重培养学生综合运用会计知识的能力。

本书的编写特点如下:

第一,业务操作与模拟练习兼顾,操作性强。本书通过实例来讲解操作实务,并配有综合模拟练习,在注重理论讲解的同时兼顾动手能力的培养,具有较强的可操作性。

第二，内容新颖，适时性强。本书汲取了新准则、新法规及新程序等会计改革的新成果，并以新颖的方式进行讲解，学生更易于理解和接受，具有较强的适时性。

第三，取材真实，应用性强。本书中涉及的业务源于实际工作，从填制原始凭证、登记会计账簿、编制会计报表到会计处理方法的运用都真实准确，具有较强的应用性。

由于本书是在学习会计相关理论后，为提高学生会计综合实务操作能力而编写的，所以本书的讲授学时相对较少，主要学时应用在实务操作上。建议本书的学习时间为60学时，其中第一部分会计业务操作建议学时为12学时，第二部分会计业务综合模拟建议学时为48学时。

本书由王远利担任主编，成兵和张书义担任副主编，李延莉、张媛媛、宁廷金、张淑云、魏育红、戴理达、张阿曼、曹晓芳、孙伯琦参与编写。在本书的编写过程中，编者得到了中国工商银行、国家税务局和会计师事务所等相关单位的大力支持与帮助，在此深表感谢！

由于编者水平有限，书中难免存在不足之处，恳请广大读者批评指正。

编 者

2017年9月

目 录 Contents

第一部分　会计业务操作 1

第1章　筹集资金业务 2
第一节　投入资本 3
一、投入资本的特征 3
二、投入资本核算 3
第二节　借入资金 7
一、短期借款核算 7
二、长期借款核算 10
三、应付债券核算 13

第2章　资产购置业务 16
第一节　存货购置 17
一、存货核算概述 17
二、按实际成本计价核算 17
三、按计划成本计价核算 35
第二节　金融资产购置 47
一、交易性金融资产核算 47
二、持有至到期投资核算 49
三、可供出售金融资产核算 50
第三节　长期股权投资 51
一、长期股权投资概述 51
二、长期股权投资初始投资成本的确定 52
三、长期股权投资取得的会计处理方法 53
第四节　固定资产购置 54
一、固定资产的概念及确认条件 54
二、固定资产的入账价值 54

第五节　无形资产购置 60
一、无形资产的概念和确认 60
二、无形资产的计量 60
三、无形资产的账务处理 61

第3章　生产过程业务 64
第一节　存货发出 65
一、按实际成本计价核算 65
二、按计划成本计价核算 69
第二节　职工薪酬 77
一、职工薪酬的内容 77
二、工资核算 78
三、福利费核算 79
四、工会经费和职工教育经费核算 80
第三节　固定资产折旧 89
一、固定资产折旧的计提范围 89
二、固定资产折旧的计算方法 89
三、固定资产折旧的账务处理 91
第四节　辅助生产费用的归集和分配 93
一、辅助生产费用归集 93
二、辅助生产费用分配 94
第五节　制造费用的归集和分配 97
一、制造费用归集 97
二、制造费用分配 98
第六节　完工产品成本的计算与结转 101
一、生产费用在完工产品与在产品之间的分配 101
二、产品成本的计算方法 103

三、完工产品成本的结转 103

第4章 销售过程业务 110

第一节 营业收入 111
一、营业收入的定义和分类 111
二、营业收入的确认条件 111
三、营业收入的账务处理 112

第二节 费用与税金 121
一、销售成本核算 121
二、管理费用核算 123
三、财务费用核算 127
四、销售费用核算 127
五、税金的核算 127
六、资产减值损失 137

第三节 利润及利润分配 138
一、利润及利润的构成 138
二、营业外收支核算 139
三、利润分配核算 141
四、未分配利润核算 144

第5章 财务报表及报表分析 146

第一节 财务报表概述 147
一、财务报表的概念及分类 147
二、编制财务报表的基本要求 147

第二节 资产负债表 148
一、资产负债表的概念 148
二、资产负债表的格式 148
三、资产负债表的编制方法 150

第三节 利润表 151
一、利润表的概念 151
二、利润表的格式 152
三、利润表的编制方法 153

第四节 现金流量表 153
一、现金流量表的内容及结构 153
二、现金流量表的填列方法 156
三、现金流量表的编制方法 161

第五节 所有者权益变动表 162
一、所有者权益变动表的概念和结构 162
二、所有者权益变动表的填列方法 162
三、所有者权益变动表的编制方法 164

第六节 财务报表分析 164
一、财务报表分析的方法 164
二、财务报表分析的内容 165
三、财务综合评价 171

第二部分 会计业务综合模拟 173
一、企业的基本情况 174
二、企业会计的核算情况 174
三、企业20××年11月末的账户资料 175
四、企业20××年12月份的经济业务及原始凭证资料 179
五、会计业务综合模拟要求 273

参考文献 274

第一部分 会计业务操作

第 1 章 筹集资金业务

学习目标

- 了解企业资金来源渠道及筹集的主要方式,应付债券性质、种类和发行价格计算。
- 理解在不同组织形式下投入资本账务处理的不同点。
- 掌握资金筹集的账务处理。

技能要求

- 熟悉在筹集资金过程中涉及的主要会计凭证的种类、形式和填写方法。
- 掌握投入资本和借入资金的账务处理技能。

学习指导

- 本章主要阐述在通常情况下企业主要资金的形成方式,在不同企业组织形式下投入资本的账务处理和在不同借入资金方式下的账务处理。
- 本章的重点是掌握投入资本的特征,各种借入资金的性质及投入资本和借入资金的账务处理。
- 本章的难点是应付债券的发行价格计算及采用实际利率法对溢折价摊销的账务处理。

第一节 投入资本

企业的资金来源有两大渠道：一是自有资金，二是借入资金。自有资金的形成方式无外乎两种：一是投入资本，主要是由国家、其他法人单位和个人向企业投入的资金，包括实收资本（或股本）及资本溢价（或股本溢价）等；二是在生产经营过程中形成的留存收益，其来源是企业从税后利润中提取的盈余公积和形成的未分配利润。

一、投入资本的特征

投入资本也称为实收资本（或者股本），它是企业实际收到的投资者投入的资本，即企业投资者实际投入企业生产经营活动的各种财产、物资的货币表现，是企业进行生产经营活动的本钱。我国目前实行的是注册资本制度，因而在投资者足额缴纳资本之后，企业的实收资本应该等于企业的注册资本。

投入资本具有以下几个特征：

（1）在企业设立时，所取得的投入资本应达到国家法律规定的最低限额。《中华人民共和国公司法》（以下简称《公司法》）对各类企业的最低限额均作了具体规定。

（2）企业吸收的投入资本应据实登记。对于投资者投入企业的各种财产物资应根据投资主体进行明细核算，并按公允价值或实际缴付金额入账。

（3）企业吸收的投入资本应按规定程序增减。企业吸收的投入资本应保证其完整性，除按规定程序进行增减外，一般不得随意变动。

（4）在企业持续经营期间，投资者除依法转让其投资外，不得以任何方式抽回投资。

（5）投资者凭借其投入资本的多少，可参与企业经营管理，分享企业利润和承担风险。

二、投入资本核算

所有者向企业投入的资本，企业无须偿还且可以长期周转使用。由于企业的组织形式不同，所有者投入资本的会计核算方法也有所不同。在我国，企业组织形式分为独资企业、合伙企业、公司制企业3种形式。

（一）独资企业

独资企业的投资人既是企业的所有者，又是企业的经营者，企业的行为就视为投资人的个人行为，投资人对企业的经营和财务有决策权，且有权任意处置企业的资产和收益。因此，其所有者权益不必划分为投入资本、资本公积、盈余公积和未分配利润等几个部分，而将其统称为业主权益，其投入资本通过"业主权益"科目进行核算。

（二）合伙企业

合伙企业不缴纳企业所得税，合伙人应分别缴纳个人所得税。合伙企业的所有者权益与独资企业一样，不必划分为投入资本、资本公积、盈余公积和未分配利润等几个部分，其所有者权益是以"业主权益"的形式表示的，而无需设置其他账户。投资者投入的资本记入"业主权益"科目中，只是在"业主权益"科目下按合伙人分别予以反映。

（三）公司制企业

《公司法》规定的公司形式有两种，即有限责任公司和股份有限公司。

1. 有限责任公司

有限责任公司投入资本通过"实收资本"科目进行核算。按照企业章程的规定，投资者投入企业的资本记入"实收资本"科目的贷方。企业收到投资者投入的资金，其中超过其在注册资本中所占份额的部分作为资本溢价，在"资本公积"科目下核算，不记入"实收资本"科目。

投资者投入的资本可按下列规定处理：

（1）投资者以现金投入的资本，应以实际收到或者存入企业开户银行的金额，借记"银行存款"科目；按在注册资本中所占份额的部分，贷记"实收资本"科目；按超过其在注册资本中所占份额的部分，贷记"资本公积"科目。

（2）投资者以非现金资产投入的资本，应按投资各方确认的价值（价值不公允的除外），借记有关资产科目；按在注册资本中所占份额的部分，贷记"实收资本"科目；按超过其在注册资本中所占份额的部分，贷记"资本公积"科目。

（3）企业的投资者投入的外币，企业应按收到外币当日的汇率折合成记账本位币金额，借记"银行存款"等科目，贷记"实收资本"科目。

2. 股份有限公司

股份有限公司是依照《公司法》注册设立的，当公司通过发行股票来筹措资本时，其全部资本由等额股份构成。公司将已发行在外的股数与每股的面值的积作为其注册资本，并通过"股本"科目进行核算。将收到的超过其在注册资本中所占的份额的部分作为股本溢价，先冲减发行费用，如果有剩余则在"资本公积"科目中核算，不记入"股本"科目。

例 1—1

收到投资者的投资 *

（1）彭城机床有限责任公司20××年1月1日"实收资本"账户贷方余额为4 000 000元（全部为国家资本），"资本公积"账户贷方余额为100 000元，"盈余公积"账户贷方余额为1 450 000元，"利润分配"账户余额为0。彭城机床有限责任公司于上年12月经申请批准（市工商行政管理局批准文件号【01】注字067号）新增注册资本800 000元，20××年1月2日接受广远机械公司的投资。

（2）附原始凭证。

投资协议书（摘录）

投资单位：广远机械公司

被投资单位：彭城机床有限责任公司

……

第三，广远机械公司向彭城机床有限责任公司投资80万元，其中固定资产评估净值50万元，现金30万元。

第四，广远机械公司投资后，享有彭城机床有限责任公司14%的表决权。

第五，广远机械公司必须在20××年1月31日前向彭城机床有限责任公司出资。

---

* 本书所列举企业名称、人名、事件均为虚拟。

原始凭证见表1-1至表1-5。

表1-1

中国工商银行进账单（回单）

20××年1月2日

出票人	全称	广远机械公司	收款人	全称	彭城机床有限责任公司
	账号	354218136579		账号	213562323544
	开户银行	九州市工行淮西支行南分处		开户银行	九州市工行淮海支行
金额	人民币（大写）：叁拾万元整			亿千百十万千百十元角分 ¥ 3 0 0 0 0 0 0 0	
票据种类	支票	票据张数	1	20xx.01.02 转讫	
票据号码	Ⅶ 002136			开户银行签章	
复核：李娟　记账：万红					

表1-2

收 款 收 据

20××年1月2日　　　　　　　　　　　　　　　No.0000201

今收到　广远机械公司
交来　投资款
人民币（大写）　叁拾万元整　　　　　　　　（小写）￥300 000

收款人：李明　　缴款人：王浩　　　　单位盖章：

表1-3

江苏省国家税务局通用机打发货票

发票代码 132640032468
发票号码 23566542

开票日期：20××-1-2　　行业分类：

付款方名称：彭城机床有限责任公司			付款方识别号			
付款方地址：莲藕区大庆路162-1号			付款方电话：66562830			
开票项目	规格/型号	单位	数量	单价	金额	
发电机组	300千瓦	组	1	305 000.00	305 000.00	
机床	Z91-2	台	1	195 000.00	195 000.00	

备注：
总计金额：¥500 000.00　　　　　　　　金额大写：伍拾万元整
收款方名称：广远机械公司　　　　　　　收款方识别号：
收款方银行名称：中国工商银行股份有限公司九州市新城支行　收款方银行账号：　收款方地址：天达利大街56号
收款方电话：55566623
查验码：26568945869584562325685 2　　　开票人：李成　　查验网址：http://etax.jsgs.gov.cn

第一联　发票联　付款方作为付款凭证

表1-4

固定资产验收单

20××年1月2日　　　　　　　　　　　编号：009

单位：千元

固定资产名称	规格及型号	单位	数量	预计使用年限	尚可使用年限	投出单位账面价值			评估净值	备注
						原值	已提折旧	净值		
发电机组	300千瓦	台	1	10	8	350	70	280	305	待安装
机床	Z91-2	台	1	7	4.5	300	100	200	195	待安装
投资人					广远机械公司					

设备科：李玉虎　　　　　　负责人：王刚　　　　　　经办人：王磊

表1-5

资产评估报告

评估时间：20××年1月2日　　　　　　　编号：0012

委托评估单位：广远机械公司　　　　　　单位：千元

序号	资产名称及规格型号	产地	计量单位	数量	购置时间	开始折旧时间	账面价值			评估价值				差异		备注
							原值	已提折旧	净值	重置价值	折旧年限	折旧额	净值	净值增减额	净值增减率	
1	发电机组300千瓦	沈阳	台	1	20xz.12	20xy.1	350	70	280	380	2	75	305	+25	+9%	
2	机床Z91-2	济南	台	3	20xz.5	20xy.6	300	100	200	295	2.5	100	195	-5	-2.5%	

评估单位盖章：　　　　　　评估人：李学强　　　　　　评估负责人：张泰雷

编制会计凭证,见表1-6。

表1-6

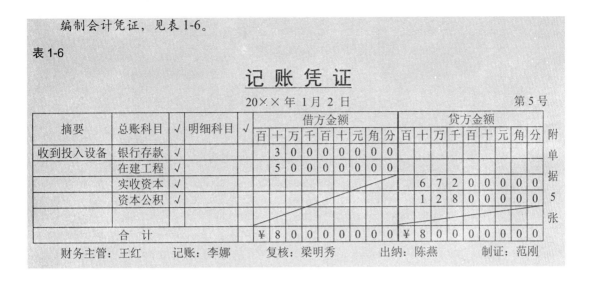

第二节 借入资金

借入资金也称为负债资金,是企业依法筹措、依约使用并按期偿还的资金。企业通常的借款有短期借款、长期借款和应付债券等。

一、短期借款核算

(一)短期借款的核算内容

短期借款是指企业从银行或其他金融机构借入的偿还期在一年以内(含一年)的各种借款。当企业从银行或其他金融机构借入款项时,应签订借款合同,注明借款金额、借款利率和还款时间等。企业应设置"短期借款"科目,核算短期借款的本金。当取得短期借款时,应借记"银行存款"科目,贷记"短期借款"科目。"短期借款"科目应按债权人、借款种类以及还款时间设置明细。企业取得短期借款而发生的利息费用和手续费,一般应作为财务费用处理,计入当期损益。银行或其他金融机构一般按季度在季末月份结算借款利息,每季度的前两个月不支付利息。

(二)短期借款的账务处理

1. 借入短期借款

借:银行存款
　　贷:短期借款

2. 计提利息费用

借:财务费用
　　贷:应付利息

3. 还本付息

借:短期借款
　　财务费用(或应付利息)
　　贷:银行存款

向银行借入短期借款

(1) 彭城机床有限责任公司 20××年 1 月 15 日从银行取得借款 600 000 元，用于生产周转，偿还期为 20××年 7 月 15 日，月利率为 3‰，每季度结息一次。

(2) 附原始凭证，见表 1-7。

表 1-7

中国工商银行九州市分行借款凭证（代回单）

借款日期：20××年 1 月 15 日　　　　传票编号：63124

借款单位名称	彭城机床有限责任公司	放款账号	1132-21	往来账号	23-16324912	
借款金额	人民币（大写）陆拾万元整				¥600 000 00	
用途	生产周转	单位提出期限自 20××年 1 月 15 日起至 20××年 7 月 15 日			月利率 3‰	
		银行核定期限自 20××年 1 月 15 日起至 20××年 7 月 15 日				
	上列借款已贷记贵单位账户。此致 单位（银行盖章）支行章		借款人 法定代表人（签章） 委托代理人（签章）　　经办人（签章）王丽媛			
分次偿还记录	日期	偿还金额	未还金额	贷款人 法定代表人（签章）章硕 委托代理人（签章）沙南 经办人（签章）曹也平 复核 王姆 盖章	分次偿还计划	日期	金额

此联付款人开户行凭以汇款或收款人开户银行作收账通知

编制会计凭证，见表 1-8。

表 1-8

记 账 凭 证

20××年 1 月 15 日　　　　　　　　　　第 25 号

摘要	总账科目	√	明细科目	√	借方金额 百十万千百十元角分	贷方金额 百十万千百十元角分	
借入款	银行存款	√			6 0 0 0 0 0 0 0		附单据1张
	短期借款	√				6 0 0 0 0 0 0 0	
	合计				¥6 0 0 0 0 0 0 0	¥6 0 0 0 0 0 0 0	

财务主管：王红　　记账：李娜　　复核：梁明秀　　出纳：陈燕　　制证：范刚

支付短期借款的利息费用

(1) 今日收到中国银行的付款通知,结算用于生产经营中资金周转的短期借款的本季度利息 20 475.00 元,从本公司账户中划转,上两个月已预提利息 13 650.00 元。

(2) 附原始凭证,见表1-9。

表1-9

中国银行计收利息清单(付款通知)

20××年1月21日　　　　　　　　　　　编号:104-56239812

单位名称:彭城机床有限责任公司　　　　　　　结算户:1212365445

计息起讫日期:20××年10月21日至20××年1月20日

贷款户号	计息总积数	利率(月)	利息金额
10456239812	2 275 000.00	3‰	20 475.00

你单位上述应付借款利息已从你单位户支出

此致

单位盖章:　　　　　　　　　　　　　　复核:李侠　记账:张力

编制会计凭证,见表1-10。

表1-10

记 账 凭 证

20××年1月21日　　　　　　　　　　　　　　　　第50号

摘要	总账科目	√	明细科目	√	借方金额 百十万千百十元角分	贷方金额 百十万千百十元角分
支付利息	应付利息	√			1 3 6 5 0 0 0	
	财务费用	√			6 8 2 5 0 0	
	银行存款	√				2 0 4 7 5 0 0
合　计					¥ 2 0 4 7 5 0 0	¥ 2 0 4 7 5 0 0

附单据1张

财务主管:王红　记账:李娜　复核:梁明秀　出纳:陈燕　制证:范刚

归还短期借款本金

(1) 归还流动资金借款本金 100 000 元。

(2) 附原始凭证,见表1-11。

表 1-11

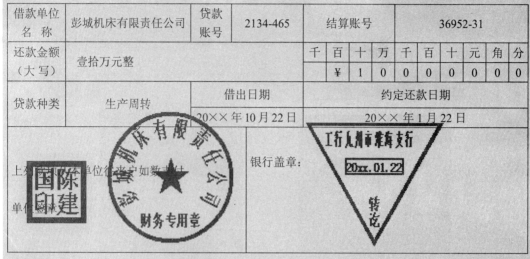

编制会计凭证,见表 1-12。

表 1-12

二、长期借款核算

（一）长期借款的核算内容

长期借款是企业从银行或其他金融机构借入的期限在一年以上的借款。为了总括反映长期借款的增减变动等情况，企业应设置"长期借款"科目，核算长期借款本金和利息。取得长期借款记入该科目贷方，偿还长期借款记入该科目借方。

按照权责发生制，企业应分期确认长期借款的利息。企业取得的长期借款，通常是到期一次支付利息的，因而应付未付的借款利息与本金一样，属于非流动负债，应贷记"长期借款"科目。确认的利息费用则应根据借款的用途等情况，确定应予费用化还是资本化，分别借记"财务费用"和"在建工程"等科目。

(二) 长期借款的账务处理

1. 向银行借入长期借款

借：银行存款
　　贷：长期借款

2. 计提长期借款利息

借：财务费用（或在建工程）
　　贷：长期借款

3. 偿还长期借款的本金和利息

借：长期借款
　　贷：银行存款

例1-5 长期借款取得的账务处理

(1) 向银行借入期限为两年的长期借款 200 000.00 元。

(2) 附原始凭证，见表1-13。

表1-13

中国工商银行借款凭证（代回单）

借款日期：20××年1月25日　　　　传票编号：23152

借款单位名称	彭城机床有限责任公司		放款账号	3612-28	往来账号	91-33224411
借款金额	人民币（大写）贰拾万元整				¥ 百十万千百十元角分 2 0 0 0 0 0 0 0		
用途	生产周转	单位提出期限自20××年1月25日起至20××年1月25日止			借款利率	月利率6‰	
		银行核定期限自20××年1月25日起至20××年1月25日止					
上列借款已收入你单位往来账户内。 此致 单位（银行盖章）支行章			借款人 法定代表人（签章） 委托代理人（签章）			经办人（签章）夏磊	
分次偿还记录	日期	偿还金额	未还金额	贷款人 法定代表人（签章）尹丽 委托代理人（签章）张谦 经办人（签章）范炳 复核 李梅 盖章		分次偿还计划	日期	金额

编制会计凭证，见表1-14。

表1-14

记 账 凭 证

20××年1月25日　　　　　　　　　　　　　　　　第65号

摘要	总账科目	√	明细科目	√	借方金额	贷方金额	附单据1张
长期借款	银行存款	√			2 000 000.00		
	长期借款	√				2 000 000.00	
合　计					¥2 000 000.00	¥2 000 000.00	

财务主管：王红　　记账：李娜　　复核：梁明秀　　出纳：陈燕　　制证：范刚

例1-6

结算长期借款利息费用

(1) 今日收到工商银行的付款通知，结算用于专门建造办公楼房的长期借款的本季度利息27 755元（本月应予资本化利息6 250.12元），从本厂账户中划转。上两个月已计利息18 503.33元，并记入"长期借款"账户。该项工程至今仍在建造中。

(2) 附原始凭证，见表1-15。

表1-15

中国银行计收利息清单（付款通知）

20××年12月21日　　　　　　　　　　　　　编号：302-45536926

单位名称：彭城机床有限责任公司　　　　　　　结算户：2102322637

计息起讫日期：20××年9月21日至20××年12月20日

贷款户号	计息总积数	利率（月）	利息金额
30245536926	2 937 037.04	3.15‰	27 755.00

你单位上述应偿借款利息已从你单位户中划出

此致

单位盖章：

编制会计凭证，见表1-16。

表1-16

记 账 凭 证

20××年12月21日　　　　　　　　　　　　　　　第52号

摘要	总账科目	√	明细科目	√	借方金额	贷方金额	附单据1张
支付借款及利息	在建工程	√			6 250.12		
	财务费用	√			3 001.55		
	长期借款	√			18 503.33		
	银行存款	√				27 755.00	
合　计					¥27 755.00	¥27 755.00	

财务主管：王红　　记账：李娜　　复核：梁明秀　　出纳：陈燕　　制证：范刚

三、应付债券核算

(一) 应付债券的性质

企业可以依照法定程序,以对外发行债券的形式筹集资金。债券是依照法定程序发行的、约定在一定期限内还本付息的一种有价证券。应付债券是企业因发行债券筹措资金而形成的一种非流动负债。

(二) 应付债券的发行

应付债券的发行一般分为面值发行、溢价发行和折价发行3种发行方式。债券的发行价格受很多因素的影响。就企业内部而言,除了债券的面值、期限、票面利率、利息支付方式外,发行企业自身的信用状况、资本结构等也会影响债券的发行价格;就企业外部而言,资本市场上的利率水平、供求关系等也是影响债券发行价格的重要因素。债券的发行价格是按照现值理论进行计算的,计算公式为

$$债券发行价格 = 债券面值 \times 复利现值系数 + 每期利息 \times 年金现值系数$$

(三) 应付债券的账务处理

1. 应付债券发行

企业对发行债券应设置"应付债券"科目进行核算,并在该科目下设置"面值""利息调整""应计利息"等明细科目进行明细核算,对分期付息债券的利息还应设置"应付利息"科目进行核算。当企业发行债券时,按实际收到的款项,借记"银行存款"科目;按债券票面价值,贷记"应付债券——面值"科目。债券的溢价或折价,即发行价格与票面价值之间的差额,贷记或借记"应付债券——利息调整"科目。当发行费用大于发行期间冻结资金所产生的利息收入时,按发行费用减去发行期间冻结资金所产生的利息收入后的差额,根据发行债券筹集资金的用途,计入当期损益或有关资产科目;当发行费用小于发行期间冻结资金所产生的利息收入时,按发行期间冻结资金所产生的利息收入减去发行费用后的差额,视同发行债券的溢价收入,在债券存续期间于计提利息时摊销。

2. 计提利息和溢折价摊销

发行债券应计提的利息,借记"在建工程""财务费用"科目,贷记"应付债券——应计利息"或"应付利息"科目。在按面值发行的情况下,各期应确认的利息费用等于债券的票面利息。若企业债券按折价或溢价发行,则不能简单地按各期票面利息来确认利息费用,而必须将应付债券折价或溢价在各期摊销,以调整各期应确认的利息费用。企业债券折价与溢价的摊销方法有直线法与实际利率法两种,我国现行会计准则要求采用实际利率法。

(1) 直线法。它是将溢折价金额在债券期限内平均摊销计入各期间成本费用的方法。

(2) 实际利率法。它是指将期初债券的账面价值(面值加上未摊销的溢价或面值减去未摊销的折价)乘以债券发行时的实际利率,用以确定当期应确认的实际利息费用,再将其与当期的票面利息(名义利息)相比较,以两者的差额作为该期应摊销债券溢价或折价的金额。

企业溢价发行债券

(1) 20××年1月1日红海公司溢价发行债券,发行价格为313 377元,债券面值为300 000元,票面年利率为5%,市场年利率为4%,期限为5年,每年年末计息一次并付息,到期还本。采用实际利率法摊销债券溢价,发行债券筹集资金用于生产周转。

(2) 附原始凭证,见表1-17。

表1-17

债券溢价摊销表

单位:元

期次 1年	实付利息	利息费用	溢价摊销	未摊销溢价	账面价值
	(1) = 面值×5%	(2) = 期初(5)×4%	(3) = (1) - (2)	(4) = 期初(4)-(3)	(5) = 面值+(4)
发行时				13 377.00	313 377.00
1	15 000.00	12 535.08	2 464.92	10 912.08	310 912.08
2	15 000.00	12 436.48	2 563.52	8 348.56	308 348.56
3	15 000.00	12 333.94	2 666.06	5 682.50	305 682.50
4	15 000.00	12 227.30	2 772.70	2 909.80	302 909.80
5	15 000.00	12 090.20	2 909.80	0	300 000.00

编制会计凭证如下:

(1) 溢价发行债券,见表1-18。

表1-18

记 账 凭 证

20××年1月1日　　　　　　　　　　　　　第1号

摘要	总账科目	√	明细科目	√	借方金额 百十万千百十元角分	贷方金额 百十万千百十元角分	
发行债券	银行存款	√			3 1 3 3 7 7 0 0		附单据1张
	应付债券	√	面值			3 0 0 0 0 0 0 0	
	应付债券	√	利息调整			1 3 3 7 7 0 0	
	合 计				¥ 3 1 3 3 7 7 0 0	¥ 3 1 3 3 7 7 0 0	

财务主管:王红　　记账:李娜　　复核:梁明秀　　出纳:陈燕　　制证:范刚

(2) 第一年年末计息和溢价摊销，见表1-19。

表1-19

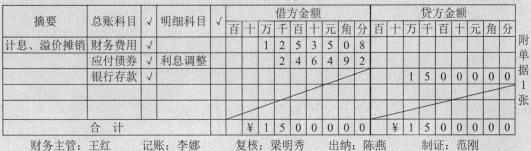

(3) 到期还本，见表1-20。

表1-20

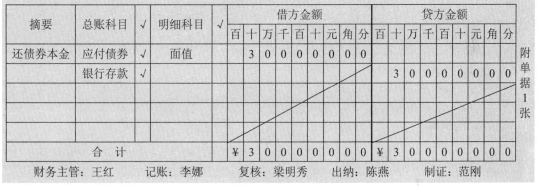

本章小结

本章主要介绍投入资本和借入资金等有关内容。基本要点如下：

(1) 投入资本。在我国，企业组织形式有3种，即独资企业、合伙企业和公司制企业。对于不同的企业组织形式，其投入资本的会计处理也不同。独资企业和合伙企业不是企业法人，企业的行为是个人行为，因此投入资本通过设置"业主权益"账户核算。公司制企业是企业法人，是纳税主体，它必须遵守公司法，因此在对投入资本进行会计处理时，需要设置"实收资本（或股本）"和"资本公积"等账户进行核算。对于以非现金资产投入的资本应按公允价值入账。

(2) 借入资金。企业借入资金的主要形式有向银行借入和发行公司债券两种。向银行借入资金，按借款时间的长短，分别设置"短期借款"和"长期借款"科目进行核算。"短期借款"科目只核算本金，而"长期借款"科目不仅核算本金，还核算利息。对于企业通过发行债券借入的资金，应设置"应付债券"科目进行核算，对债券的面值、应付利息和溢折价分别设置明细科目进行核算，对分期付息债券的利息还应设置"应付利息"科目进行核算。借款费用有费用化和资本化两种会计处理方法：当作为费用化会计处理时，计入当期损益；当作为资本化会计处理时，计入有关资产科目。

第 2 章

资产购置业务

学习目标

- 理解各项资产的含义、确认条件和计量标准。
- 熟悉在资产购置过程中涉及的主要会计凭证取得手续和填制方法。
- 掌握在购置过程中各项资产的账务处理。

技能要求

- 了解并正确辨别企业的各项资产。
- 掌握对不同来源渠道的资产的计量方法、运用存货的实际成本和计划成本计价的方法、在购置过程中相关的会计凭证的填制及对购置资产的账务处理方法。

学习指导

- 本章主要阐述各项资产的概念、种类、确认条件及计量标准等,通过实例介绍资产购置业务的会计实务操作方法。
- 本章的重点是能够根据《企业会计准则》对资产进行正确确认和计量、对其进行相关的账务处理。
- 本章的难点是资产购置业务的账务处理。

第一节 存货购置

企业为了进行产品生产,必须购置存货、机器设备、厂房和办公楼等各项资产。存货购置业务的核算是资产购置业务核算的主要内容。

一、存货核算概述

(一)存货的概念

《企业会计准则第1号——存货》(下文简称《存货》准则)规定:存货是指企业在日常活动中持有以备出售的产成品或商品、处在生产过程中的在产品、在生产过程中或提供劳务过程中耗用的材料和物资等,包括企业为产品生产和商品销售而持有的原材料、燃料、包装物、低值易耗品、在产品、自制半成品、产成品、商品等。存货通常在一年或超过一年的一个营业周期内被消耗或经出售转换为现金、银行存款或应收账款等资产,具有明显的流动性,属于流动资产。

(二)存货的确认

按照《存货》准则的规定,存货在同时满足以下两个条件时,才能加以确认:
(1)与该存货有关的经济利益很可能流入企业。
(2)该存货的成本能够可靠地计量。

在企业中,某项资产能被确认为存货,它不仅要符合存货的概念,而且还要同时满足上述存货确认的两个条件。在对存货进行确认时,不能仅根据法定所有权的归属来判断,还应当遵循实质重于形式的这一会计信息质量要求。

二、按实际成本计价核算

(一)存货实际成本的构成

存货实际成本计价法是指存货日常核算中收发凭证的填制和存货账簿的登记均按实际成本记录。存货实际成本的构成因其来源不同而有所不同。

1. 外购存货

对一般纳税人而言,外购存货的实际成本由买价和采购费用两部分构成。

(1)买价。买价是由供货单位开来的增值税发票所列的不含增值税的价款。
(2)采购费用。采购费用是企业在采购存货的过程中所发生的附带成本,主要包括:
①运杂费。其主要是指从供货单位将存货运达本企业所发生的、应由本企业负担的运输费、包装费、搬运费、装卸费和保险费等。
②运输途中的合理损耗。合理或定额内的损耗部分应当作为存货采购费用计入存货采购成本;不合理的或超定额的损耗不得计入存货成本,企业应向供应单位、运输机构或过失人索取赔偿;属于非常损失的,也不计入存货成本,而作为当期的损失。
③入库前的挑选整理费用。企业购入的存货,有些要经过挑选整理加工才能使用,在挑选整理加工过程中发生的人工费及其他费用应计入存货成本。
④购入存货应负担的税金和其他费用。税金主要是指按规定应由买方支付且应计入采

购成本的税金，包括关税、消费税、资源税、增值税等，但可作为进项税额抵扣的增值税不计入存货成本；其他费用是指除上述采购费用以外的与存货采购业务直接有关的费用。采购人员的差旅费、专设采购机构的经费虽然也属于存货的采购费用，但为了简化核算手续，不计入存货成本之内，而计入"管理费用"科目。

按照存货会计准则的规定，当发生非正常耗费的直接材料、直接人工、制造费用及不能归属于使存货达到目前场所和状态的其他支出，不计入存货成本，应当于发生时确认为当期损益。

2. 自制存货

自制存货的实际成本主要包括实际耗用的直接材料、直接人工和制造费用。直接人工是指企业在生产产品过程中直接从事产品生产的人员的职工薪酬。制造费用是指企业为生产产品或提供劳务而发生的各项间接费用。

3. 委托加工存货

委托加工存货的实际成本包括：①委托加工前的原材料或者半成品成本；②支付的加工费用；③发生的运输费、保险费、装卸费、不能抵扣的消费税等。

4. 投资者投入存货

投资者投入存货的成本按照投资合同或协议约定的价值确定，但投资合同或协议约定的价值不公允的除外。若投资合同或协议约定的价值不公允，则按公允价值计量。

5. 债务重组取得存货

债务重组取得存货的成本按照取得存货的公允价值计量。

6. 非货币性资产交换取得存货

非货币性资产交换取得存货的成本应视不同情况进行计量。

（1）当该项交易具有商业实质，且换入资产和换出资产的公允价值能够可靠计量时，则应当以公允价值加上应支付的相关税费和支付的补价（或减去收到的补价）作为存货成本。

（2）当公允价值不能可靠计量时，则应当以换出资产的账面价值加上应支付的相关税费和支付的补价（或减去收到的补价）作为存货成本。

按照存货会计准则的规定，非正常的耗费、仓储费用和不能归属的存货成本的支出不能作为存货成本。

7. 盘盈存货

盘盈存货的成本按照同类或类似存货的市场价值或公允价值计量。

（二）存货的账务处理

原材料按实际成本计价进行核算，应设置"原材料""在途物资"等账户。"原材料"账户用以核算企业库存的各种原材料的实际成本。借方登记已验收入库的各种原材料的实际成本，贷方登记已出库的各种原材料的实际成本，期末余额在借方表示期末结存的原材料的实际成本。企业可根据需要在"原材料"账户下分设"原料及主要材料""外购半成品""辅助材料""修理用备件"和"燃料"等二级账户，也可以进一步按原材料的品种规格分设三级账户，进行明细核算。"在途物资"账户主要用来核算企业已取得存货的所有权，但尚未到达或尚未验收入库的各种物资的实际成本。借方登记在途物资的买价和采购费用，贷方登记在途物资验收入库、发生短缺和毁损转出的实际成本，期末余额在借方表示在途物资的实际成本。在"在途物资"账户下，应按材料的品种规格设置明细账户，进行明细核算。

包装物和低值易耗品通过设置"周转材料"账户进行总分类核算,企业可在该账户下分设"包装物""低值易耗品"等二级账户进行明细核算。

 企业为采购材料,向银行申请签发银行本票

(1) 企业向工商银行申请签发银行本票一张,票面金额为25 000元,交给采购员李华,由他向江淮铝材厂采购铝管。

(2) 附原始凭证,见表2-1和表2-2。

表2-1

银行本票

中国工商银行　　　　　　　　　Ⅶ 210334

本　票　　　　　　　　　　　第 45 号

签发日期:贰零××年壹拾月零伍日

付款期 壹个月				
收款人:江淮铝材厂				
凭票即付　人民币:(大写)贰万伍仟元整				
转账 ✓	现金		科　目(付) 对方科目(收)	
			兑付日期20××年10月5日 出纳:王元　复核:郑晓　经办:李娜	

表2-2

中国工商银行九州市分行签发本票　①

申 请 书(存根)　　　　　　AA 222345

申请日期:20××年10月5日

受款单位或个人名称:江淮铝材厂	本票号码　Ⅶ 210334
申请本票金额(大写)贰万伍仟元整 签发	
申请人名称　彭城机床有限责任公司 申请人地址(或账号)九州市房忠路104号	
申请人签章:王小小　银行出纳:王元　复核:郑晓　记账:梁红　验印	

编制会计凭证,见表2-3。

表2-3

记 账 凭 证

20××年10月5日　　　　　　　　　　　　　　　　第11号

摘要	总账科目	√	明细科目	√	借方金额 百十万千百十元角分	贷方金额 百十万千百十元角分	附单据2张
取得银行本票	其他货币资金	√			2 5 0 0 0 0 0		
	银行存款	√				2 5 0 0 0 0 0	
合计					¥2 5 0 0 0 0 0	¥2 5 0 0 0 0 0	

财务主管:王红　　　记账:李娜　　　复核:梁明秀　　　出纳:陈燕　　　制证:范刚

例 2-2　原材料采购,通过银行本票结算

(1) 采购员李华持面额为25 000元的银行本票,向江淮市江淮铝材厂采购铝管(辅助材料类)35 000支,增值税专用发票列明价款为21 000元,税额为3 570元。货已验收入库,余款收到现金。

(2) 附原始凭证,见表2-4至表2-6。

表2-4

收 料 单

供货单位:江淮铝材厂　　　　　　　　　　　　　　　　　　　　　　　　No.2301802

发票号码:612334　　　　　20××年10月11日　　　　收货仓库:

| 材料类别 | 名称及规格 | 计量单位 | 数量 | | 实际成本 | |
			应收	实收	单价	金额
原材料	铝管	支	35 000	35 000	0.60	21 000.00
合计						¥21 000.00

质量检验:黄石磊　　　　　　　收料:张丽丽　　　　　　　制单:孙晓敏

表2-5

江苏省增值税专用发票
抵扣联

2300072140　　　　　　　　　　　　　　　　　　　　No.40032468

开票日期：20×× 年 10 月 7 日

购货方	名　　　　称：彭城机床有限责任公司 纳税人识别号：113355423116324 地址、电话：九州市房忠路104号（323654） 开户行及账号：工行淮海支行 　　　　　　　333213562323544	密码区	4<58*+69>9<64*6_6-19* 加密版本：01 1>465>37*4>16<5\59-27 2300072140 +5*5-86+5*48-5+5652*6> 40032468 01-2000101458747855>>165

货物或应税劳务名称	规格型号	单位	数量	单价	金额	税率	税额
铝管	GH120	支	35 000	0.60	21 000.00	17%	3 570.00
合　计					¥21 000.00		¥3 570.00

价税合计 （大写）	⊗贰万肆仟伍佰柒拾元整　　　　（小写）¥24 570.00

销货方	名　　　　称：江淮市江淮铝材厂 纳税人识别号：112355663241561 地址、电话：江淮市西江路58号（454678） 开户行及账号：工行西江支行 222321023606549

收款人：张进　　复核：李红　　开票人：孙小燕　　销货单位：（章）

表2-6

江苏省增值税专用发票
发票联

2300072140　　　　　　　　　　　　　　　　　　　　No.40032468

开票日期：20×× 年 10 月 7 日

购货方	名　　　　称：彭城机床有限责任公司 纳税人识别号：113355423116324 地址、电话：九州市房忠路104号（323654） 开户行及账号：工行淮海支行 　　　　　　　333213562323544	密码区	4<58*+69>9<64*6_6-19* 加密版本：01 1>465>37*4>16<5\59-27 2300072140 +5*5-86+5*48-5+5652*6> 40032468 01-2000101458747855>>165

货物或应税劳务名称	规格型号	单位	数量	单价	金额	税率	税额
铝管	GH120	支	35 000	0.60	21 000.00	17%	3 570.00
合　计					¥21 000.00		¥3 570.00

价税合计 （大写）	⊗贰万肆仟伍佰柒拾元整　　　　（小写）¥24 570.00

销货方	名　　　　称：江淮市江淮铝材厂 纳税人识别号：112355663241561 地址、电话：江淮市西江路58号（454678） 开户行及账号：工行西江支行 222321023606549

收款人：张进　　复核：李红　　开票人：孙小燕　　销货单位：（章）

编制会计凭证，见表2-7至表2-9。

表2-7

记 账 凭 证

20××年10月7日　　　　　　　　　　　　　　第15 1/2 号

摘要	总账科目	√	明细科目	√	借方金额 百十万千百十元角分	贷方金额 百十万千百十元角分
购入材料	在途物资	√	主要材料（铝管）		2 1 0 0 0 0 0	
	应交税费	√	增值税（进项）		3 5 7 0 0 0	
	其他货币资金	√	本票存款			2 4 5 7 0 0 0
	合　计				¥ 2 4 5 7 0 0 0	¥ 2 4 5 7 0 0 0

财务主管：王红　　记账：李娜　　复核：梁明秀　　出纳：陈燕　　制证：范刚

附单据1张

表2-8

记 账 凭 证

20××年10月7日　　　　　　　　　　　　　　第15 2/2 号

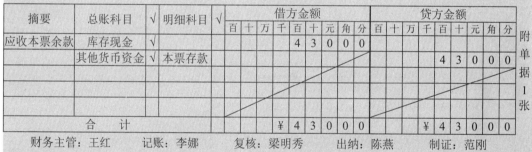

表2-9

记 账 凭 证

20××年10月8日　　　　　　　　　　　　　　第19号

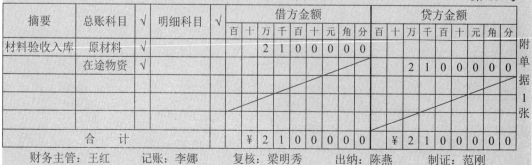

例 2-3 采用转账支票，结清银行本票的余额

(1) 采购员李华交来江淮铝材厂签发的转账支票一张，金额为400元，系结清用本票采购的铝管。会计科于当天存入工商银行。

(2) 附原始凭证，见表2-10。

表 2-10

中国工商银行进账单（回单）

20×× 年 10 月 8 日

出票人	全称	江淮铝材厂	收款人	全称	彭城机床有限责任公司
	账号	222321023606549		账号	333213562323544
	开户银行	江淮市工行西江支行		开户银行	九州市工行淮海支行
金额	人民币（大写）肆佰元整				￥ 4 0 0 0 0
票据种类	支票	票据张数	1		
票据号码	32163457				
复核：李娟		记账：万红			开户银行签章

（银行盖章：工行九州市淮海支行 20××.10.08 转讫）

编制会计凭证，见表2-11。

表 2-11

记 账 凭 证

20×× 年 10 月 8 日   第 20 号

摘要	总账科目	√	明细科目	√	借方金额 百十万千百十元角分	贷方金额 百十万千百十元角分	
结清本票余额	银行存款	√			4 0 0 0 0		附单据1张
	其他应收款		√			4 0 0 0 0	
合 计					￥ 4 0 0 0 0	￥ 4 0 0 0 0	

财务主管：王红　记账：李娜　复核：梁明秀　出纳：陈燕　制证：范刚

例 2-4

原材料采购，采用商业汇票结算

(1) 彭城机床有限责任公司从安东有色金属公司购入 8 吨铝锭（铝材类），增值税专用发票列明价款为 108 360 元、税额为 18 421.20 元，货已验收入库。安东公司代垫济南铁路运输公司的铝锭运费 1 200 元。安东公司签发一张商业汇票，由彭城机床有限责任公司承兑（该票据在 20×× 年 11 月 3 日到期）。

(2) 附原始凭证，见表 2-12 至表 2-18。

表 2-12

收 料 单

供货单位：安东有色金属公司　　　　　　　　　　　　　　　　　　No.2301655

发票号码：1120　　　　　　　20×× 年 10 月 10 日　　　　　收货仓库：

材料类别	名称及规格	计量单位	数量		实际成本	
			应收	实收	单价	金额
原材料	铝锭	吨	8	8	13 695.00	109 560.00
合　计						¥109 560.00

质量检验：黄石磊　　　　　　　收料：张丽丽　　　　　　　制单：孙晓敏

表 2-13

江苏省增值税专用发票

2300072140　　　　　　　　　发票联　　　　　　　　　No.52032412

开票日期：20×× 年 10 月 9 日

购货方	名　　称：彭城机床有限责任公司 纳税人识别号：113355423116324 地址、电话：九州市房忠路 104 号（323654） 开户行及账号：工行淮海支行 333213562323544	密码区	4<58*+69>9<64*6_1-35* 加密版本：01 1>213>37*4>16<5\59-27 2300072140 +5*5-86+5*48-5+5652*6> 52032412 01-2000101458747855>>165
货物或应税劳务名称	规格型号	单位	数量	单价	金额	税率	税额
铝锭	GL130	吨	8	13 545.00	108 360.00	17%	18 421.20
合　计					¥108 360.00		¥18 421.20
价税合计（大写）	⊗壹拾贰万陆仟柒佰捌拾壹元贰角整　　　（小写）¥126 781.20							
销货方	名　　称：安东有色金属公司 纳税人识别号：445423165656898 地址、电话：台南市西江路 411 号（565897） 开户行及账号：工行泰华支行 666512362692655	备注： 300200068 发票专用章						

收款人：何文化　　复核：张亚　　开票人：马东东　　销货单位：（章）

表 2-14

江苏省增值税专用发票

2300072140　　　　　　　　　　　　　　　　No.52032412

开票日期：20×× 年 10 月 9 日

购货方	名　　称：彭城机床有责任公司 纳税人识别号：113355423116324 地址、电话：九州市房忠路104号（323654） 开户行及账号：工行淮海支行 　　　　　　　333213562323544	密码区	4<58*+69>9<64*6_1-35* 加密版本：01 1>213>37*4>16<5\59-27 2300072140 +5*5-86+5*48-5+5652*6> 52032412 01-2000101458747855>>165

货物或应税劳务名称	规格型号	单位	数量	单价	金额	税率	税额
铝锭	GL130	吨	8	13545.00	108 360.00	17%	18 421.20
合　计					¥108 360.00		¥18 421.20

价税合计（大写）	⊗壹拾贰万陆仟柒佰捌拾壹元贰角整　　（小写）¥126 781.20

销货方	名　　称：安东有色金属公司 纳税人识别号：445423165656898 地址、电话：台南市新华路411号（565897） 开户行及账号：工行泰华支行 666512362692655

收款人：何文化　　复核：张亚　　开票人：马东东　　销货单位：（章）

表 2-15

江苏省增值税专用发票

2300072140　　　　　　　　　　　　　　　　No.40032468

开票日期：20×× 年 10 月 7 日

购货方	名　　称：彭城机床有责任公司 纳税人识别号：113355423116324 地址、电话：九州市房忠路104号（323654） 开户行及账号：工行淮海支行 　　　　　　　333213562323544	密码区	4<58*+69>9<64*6_6-19* 加密版本：01 1>465>37*4>16<5\59-27 2300072140 +5*5-86+5*48-5+5652*6> 40032468 01-2000101458747855>>165

货物或应税劳务名称	规格型号	单位	数量	单价	金额	税率	税额
国内货运服务	GH	吨	8	150.00	1 200.00	11%	132.00
合　计					¥1 200.00		¥132.00

价税合计（大写）	⊗壹仟叁佰叁拾贰元整　　（小写）¥1 332.00

销货方	名　　称：济南铁路局九州货运中心 纳税人识别号：112355663241561 地址、电话：江淮市西江路58号（454678） 开户行及账号：工行西江支行 222321023606549

收款人：张进　　复核：李红　　开票人：孙小燕　　销货单位：（章）

表2-16

江苏省增值税专用发票

2300072140　　　　　　　　　　　　　　　　No.40032468

开票日期：20××年10月7日

购货方	名　称	彭城机床有限责任公司	密码区	4<58*+69>9<64*6_6-19* 加密版本：01 1>465>37*4>16<5\59-27 2300072140 +5*5-86+5*48-5+5652*6> 40032468 01-2000101458747855>>165
	纳税人识别号	113355423116324		
	地址、电话	九州市房忠路104号（323654）		
	开户行及账号	工行淮海支行 333213562323544		

货物或应税劳务名称	规格型号	单位	数量	单价	金额	税率	税额
国内货运服务	GH	吨	8	150.00	1 200.00	11%	132.00
合　计					¥1 200.00		¥132.00

价税合计（大写）	⊗壹仟叁佰叁拾贰元整　　（小写）¥1 332.00

销货方	名　称	济南铁路局九州货运中心	备注：货票 gddfd6685446
	纳税人识别号	112355663241561	
	地址、电话	江淮市西江路58号（454678）	
	开户行及账号	工行西江支行 222321023606549	

收款人：张进　　复核：李红　　开票人：孙小燕　　销货单位：（章）

表2-17

商业承兑汇票　1

出票日期（大写）：贰零××年壹拾月零玖日　　汇票号码：2636

业务类型	委托收款（□邮划、□电划）托收承付（□邮划、□电划）				
付款人	全　称	彭城机床有限责任公司	收款人	全　称	安东有色金属公司
	账号或地址	333213562323544		账号或地址	666512362692655
	开户行	工行淮海支行		开户行	工行泰华支行

汇票金额	人民币（大写）壹拾贰万捌仟壹佰壹拾叁元贰角整	亿	千	百	十	万	千	百	十	元	角	分
					¥	1	2	8	1	1	3	2	0

汇票到期日	××年壹拾壹月零叁日	付款行	行号	1222
商品合同号			地址	淮海路632号

本汇票已经本单位承兑，到期无条件支付票款。本汇票请予以承兑，到期日付款。

承兑人盖章：　　　　　　　　　　　出票人签章：

承兑日期 20××年11月3日

表 2-18

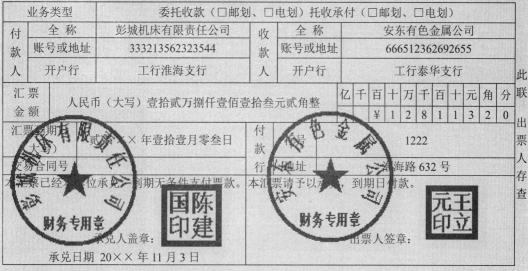

编制会计凭证，见表 2-19 和表 2-20。

表 2-19

记 账 凭 证

20××年10月9日　　　　　　　　　第 28 号

摘要	总账科目	√	明细科目	√	借方金额	贷方金额	附单据
购入材料	在途物资	√	主要材料（铝锭）		109560 00		3张
	应交税费	√	增值税（进项）		18553 20		
	应付票据	√	商业承兑			128113 20	
			合　计		¥128113 20	¥128113 20	

财务主管：王红　　记账：李娜　　复核：梁明秀　　出纳：陈燕　　制证：范刚

表 2-20

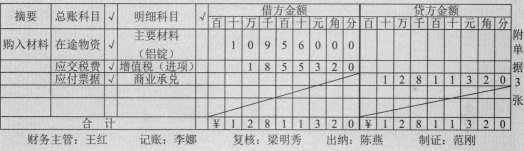

财务主管：王红　　记账：李娜　　复核：梁明秀　　出纳：陈燕　　制证：范刚

例 2-5 原材料采购，采用信汇方式结算

(1) 彭城机床有限责任公司从金陵钢铁公司购入钢板10吨，每吨单价为3 850元；购入圆钢10吨，每吨单价为2 500元。增值税税率为17%，增值税专用发票列明价款为63 500元、税额为10 795元，采用信汇方式结算，货物尚未验收入库。

(2) 附原始凭证，见表2-21至表2-23。

表2-21

江苏省增值税专用发票

2300072140　　　　　　　　　　　　　　　　　　　　　　　No.12032453

开票日期：20××年10月11日

购货方	名　称	彭城机床有限责任公司			密码区	4<58*+69>9<64*6_1-35* 加密版本：01 1>213>37*4>16<5\59-27　2300072140 +5*5-86+5*48-5+5652*6> 12032453 01-2000101458747855>>165		
	纳税人识别号	113355423116324						
	地址、电话	九州市房忠路104号（323654）						
	开户行及账号	工行淮海支行 333213562323544						
货物或应税劳务名称	规格型号	单位	数量	单价	金额	税率	税额	
钢板	LB58	吨	10	3850.00	38 500.00	17%	6 545.00	
圆钢	YK65	吨	10	2500.00	25 000.00	17%	4 250.00	
合　计					¥63 500.00		¥10 795.00	
价税合计（大写）	⊗柒万肆仟贰佰玖拾伍元整　　（小写）¥74 295.00							
销货方	名　称	金陵钢铁公司			备注：489623156			
	纳税人识别号	233612348966547						
	地址、电话	金陵市南汇路216号（878324）						
	开户行及账号	工行黄浦支行 222341232631425						

收款人：刘小梁　　复核：王辉　　开票人：卫莉　　销货单位：（章）

表2-22

中国工商银行信汇凭证（回单）　1

委托日期：20××年10月11日　　第2653号

付款人	全称	彭城机床有限责任公司	收款人	全称	金陵钢铁公司								
	账号	333213562323544		账号	222341232631425								
	汇出地点	江苏省九州市	汇入行名称	工行淮海支行		汇入地点	江苏省金陵市	汇出行名称	工行黄浦支行				
金额	人民币（大写）柒万肆仟贰佰玖拾伍元整					千	百	十	万	千	百	十	元 角 分
							7	4	2	9	5	0	0
汇款用途：购原材料													
上列款项已根据委托办理，如需查询，请持此回单来行面洽。					汇出行盖章 20××年10月11日								

单位主管：王化冰　会计：李梅　复核：陈平　记账：沙佩佩

表2-23

江苏省增值税专用发票

2300072140　　　　　　　　　　　　　　　No.12032453

开票日期：20×× 年 10 月 11 日

购货方	名　　　称：彭城机床有限责任公司 纳税人识别号：113355423116324 地址、电话：九州市房忠路104号（323654） 开户行及账号：工行淮海支行 　　　　　　　333213562323544	密码区	4<58*+69>9<64*6_1-35* 加密版本：01 1>213>37*4>16<5\59-27　2300072140 +5*5-86+5*48-5+5652*6> 12032453 01-2000101458747855>>165

货物或应税劳务名称	规格型号	单位	数量	单价	金额	税率	税额
钢板	LB58	吨	10	3 850.00	38 500.00	17%	6 545.00
圆钢	YK65	吨	10	2 500.00	25 000.00	17%	4 250.00
合　计					¥63 500.00		¥10 795.00

价税合计（大写）	⊗柒万肆仟贰佰玖拾伍元整　　　（小写）¥74 295.00

销货方	名　　　称：金陵钢铁公司 纳税人识别号：233612348966547 地址、电话：金陵市南汇路216号（878324） 开户行及账号：工行黄浦支行 222341232631425	备注： 489623156

收款人：刘小梁　　复核：王辉　　开票人：卫莉　　　销货单位：（章）

编制会计凭证，见表2-24。

表2-24

记 账 凭 证

20×× 年 10 月 11 日　　　　　　　　　　　第 38 号

摘要	总账科目	√	明细科目	√	借方金额									贷方金额									附单据
					百	十	万	千	百	十	元	角	分	百	十	万	千	百	十	元	角	分	
购入材料	在途物资	√					6	3	5	0	0	0	0										2张
	应交税费	√	增值税（进项）				1	0	7	9	5	0	0										
	应付票据	√														7	4	2	9	5	0	0	
合　　计					¥		7	4	2	9	5	0	0	¥		7	4	2	9	5	0	0	

财务主管：王红　　记账：李娜　　复核：梁明秀　　出纳：陈燕　　制证：范刚

例 2-6　包装物采购

(1) 技术科因工作需要，购买专用铝合金箱子3个，金额共计960元。科长陆昊持普通发票报销，出纳以现金付讫，箱子验收入库。

(2) 附原始凭证，见表2-25和表2-26。

表2-25

江苏省国家税务局通用机打发货票

发票代码 132640032468
发票号码 23566542
开票日期：20××-10-7

付款方名称：彭城机床有限责任公司				付款方识别号	
付款方地址：莲藕区大庆路162-1号				付款方电话：66562830	
开票项目	规格/型号	单位	数量	单价	金额
铝合金箱子	LE-05	个	3	320.00	960.00

备注：

总计金额：¥960.00　　　　　　　　　　　金额大写：玖佰陆拾元整

收款方名称：新龙商厦　　　　　　　　　收款方识别号：686959596862632

收款方银行名称：中国农业银行股份有限公司九州市新城支行　收款方地址：天达利大道56号

收款方电话：62566623　　　　　　　　　开票人：李成

查验码：569689458695845623256855 3　　查验址：http://cfsx.jsgs.gov.cn

表2-26

收料单

供货单位：新龙商厦　　　　　　　　　　　　　　　No.2301802
发票号码：1120　　　20××年10月11日　　　收货仓库：

材料类别	名称及规格	计量单位	数量		实际成本	
			应收	实收	单价	金额
包装物	铝合金箱子	个	3	3	320.00	960.00
合　计						¥960.00

质量检验：黄石磊　　　　　收料：张丽丽　　　　　制单：孙晓敏

编制会计凭证，见表2-27。

表2-27

记 账 凭 证

20××年10月11日　　　　　　　　　　　　　　　　　第39号

摘要	总账科目	√	明细科目	√	借方金额									贷方金额									
					百	十	万	千	百	十	元	角	分	百	十	万	千	百	十	元	角	分
购入箱子	周转材料	√	包装物						9	6	0	0	0									
	库存现金	√																9	6	0	0	0
合　计					¥				9	6	0	0	0	¥				9	6	0	0	0

附单据2张

财务主管：王红　　记账：李娜　　复核：梁明秀　　出纳：陈燕　　制证：范刚

例 2-7

原材料采购，用转账支票方式结算

（1）采购员秦嘉南在本市润华贸易公司购入铁托盘100个，金额为17 200元，用转账支票方式结算，铁托盘验收入库。

（2）附原始凭证，见表2-28至表2-30。

表2-28

江苏省国家税务局通用机打发货票

发票代码　562640032423

开票日期：20××-10-7　　行业分类：　　　　发票号码　11566546

付款方名称：	彭城机床有限责任公司				付款方识别号	
付款方地址：	莲藕区大庆路162-1号				付款方电话：66562830	
开票项目	规格/型号	单位	数量	单价	金额	
铁托盘	QI-023	个	100	172.00	17 200.00	

备注：

总计金额：¥17 200.00　　　　　　　　　　金额大写：壹万柒仟贰佰元整

收款方名称：润华贸易公司　　　　　　　　收款方识别号：586932396862632

收款方银行名称：中国建设银行股份有限公司九州市新城支行　　收款方地址：天达利大街56号

收款方电话：66566623　　　　　　　　　　开票人：郝杰

查验码：899689458695845623 2568536　　查验网址：http://etax.jsgs.gov.cn

第一联　发票联　付款方作为付款凭证

表 2-29

收 料 单

供货单位：润华贸易公司　　　　　　　　　　　　　　　　　　　　No. 2301655
发票号码：2147　　　　　　20××年10月12日　　　　收货仓库：

材料类别	名称及规格	计量单位	数量		实际成本	
			应收	实收	单价	金额
低耗品	铁托盘	个	100	100	172.00	17 200.00
	合　计					¥17 200.00

质量检验：黄石磊　　　　　　　　收料：张丽丽　　　　　　　　制单：孙晓敏

表 2-30

支票存根

中国工商银行
转账支票存根（苏）
Ⅵ Ⅱ 21033462
科目
对方科目
出票日期 20××年10月12日

| 收款人：润华贸易公司 |
| 金　额：¥17 200.00 |
| 用　途：支付货款 |

单位主管：肖良　会计：王海

编制会计凭证，见表 2-31。

表 2-31

记 账 凭 证

20××年10月12日　　　　　　　　　　　　　　　　　　　　第 42 号

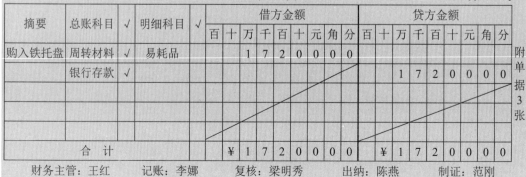

例 2-8

承付货款

(1) 承付上海量具股份有限公司货款 3 840 元。
(2) 附原始凭证，见表 2-32。

表 2-32

托收凭证（付款通知）5

委托日期 20×× 年 10 月 13 日

业务类型		委托收款（□邮划、□电划）		托收承付（□邮划、□电划）	
付款人	全称	彭城机床有限责任公司	收款人	全称	上海量具股份有限公司
	账号或地址	333213562323544		账号或地址	5555632563562145
	开户行	工行淮海支行		开户行	工行大光支行
金额	人民币（大写）叁仟捌佰肆拾元整				亿千百十万千百十元角分 ¥ 3 8 4 0 0 0
款项内容	货款	托收凭据名称	发货票	附寄单证张数	1 张
备注			付款人注意： 应于见票当日通知开户银行划款 如拒付，应在规定期限内将拒付理由书及原券证退交开户银行。 银行签章：		
复核：夏东　记账：李岚					

此联是付款人开户行给付款人的付款通知

编制会计凭证，见表 2-33。

表 2-33

记 账 凭 证

20×× 年 10 月 13 日　　　　　　　　　　第 45 号

摘要	总账科目	√	明细科目	√	借方金额									贷方金额								
					百	十	万	千	百	十	元	角	分	百	十	万	千	百	十	元	角	分
承付货款	应付账款	√	易耗品					3	8	4	0	0	0									
	银行存款	√															3	8	4	0	0	0
	合 计						¥	3	8	4	0	0	0			¥	3	8	4	0	0	0
财务主管：王红　　记账：李娜　　复核：梁明秀　　出纳：陈燕　　制证：范刚																						

附单据 1 张

预付货款

(1) 预付购置生铁的材料款 50 000 元。
(2) 附原始凭证，见表 2-34 和表 2-35。

表 2-34

预付款项申请单
20×× 年 10 月 15 日

申请金额：50 000.00	批准金额：50 000.00	预付方式：转账支票
收款单位：九州铁材厂	收款单位开户行：工行中南支行	账号：003265236489
预付内容：预购生铁		
合同（协议）总额：100 000 元		
附合同 壹 份，书面协议 壹 份，合同号 002364		
预计到货或工程完工时间：20×× 年 11 月 1 日		
批准人：涂前　　总经理：李农村		
执行情况		

单位主管：肖良　　申请人：万晓晓　　财务主管：张开天　　经办人：陈素

表 2-35

支票存根

中国工商银行
转账支票存根（苏）
Ⅶ Ⅱ 21033496
科目＿＿＿＿＿
对方科目＿＿＿＿＿
出票日期 20×× 年 10 月 15 日

收款人：九州铁材厂
金　额：¥50 000.00
用　途：预付购货款

单位主管：肖良　会计：王海

编制会计凭证，见表 2-36。

表 2-36

记 账 凭 证
20×× 年 10 月 15 日　　　　第 48 号

摘要	总账科目	√	明细科目	√	借方金额								贷方金额								附单据2张
					百	十	万	千	百	十	元	角	分	百	十	万	千	百	十	元	角	分	
预付货款	预付账款		九州铁材厂				5	0	0	0	0	0	0										
	银行存款	√														5	0	0	0	0	0	0	
合　计					¥	5	0	0	0	0	0	0	¥	5	0	0	0	0	0	0		

财务主管：王红　　记账：李娜　　复核：梁明秀　　出纳：陈燕　　制证：范刚

三、按计划成本计价核算

(一) 计划成本与实际成本的差异

存货的计划成本法是指存货在日常核算中的收发凭证的填制和存货账簿的登记均按计划成本记录。对存货计划成本与实际成本的差异,应在单独设置的账户中核算,并通过该账户将发出存货的计划成本调整成为实际成本。

存货计划成本的确定通常有两种方法:一是市价法,某项存货的计划成本单价是根据该期获得的市场单价加上一定比例的运杂费来确定的。二是成本调整法,以上年的平均实际采购成本或上年最后一次的实际成本为基础,加上预计当年的物价等变动因素来确定材料的计划单位成本。存货的计划单价一经确定之后,除有特殊情况作相应调整外,年内一般不作变动。

存货的计划成本毕竟是事先确定的,而存货的实际成本则是在存货采购过程中实际发生的,因此在实际核算的工作中,存货实际成本与其计划成本之间会经常产生差额,把这种差额称为存货成本差异,其计算公式为

$$存货成本差异 = 存货实际成本 - 存货计划成本$$

该公式的计算结果如果是正值,说明存货实际成本大于存货计划成本,通常把存货实际成本大于存货计划成本时的差异称为超支差异,也称为正差异;如果计算结果是负值,说明存货实际成本小于存货计划成本,通常把存货实际成本小于存货计划成本时的差异称为节约差异,也称为负差异。

(二) 存货按计划成本计价的总分类核算

为了进行原材料按计划成本计价的总分类核算,在总账中,除了设置"原材料"等账户外,还应增设"材料采购"和"材料成本差异"账户。"原材料"账户的核算内容,前已述及。有所不同的是,前面述及的"原材料"账户是按实际成本计价的,而这里所讲的"原材料"账户是按计划成本计价的。

"材料采购"账户主要用来核算企业外购材料的采购成本和计算材料的成本差异。借方登记材料采购的实际成本,贷方登记入库材料的计划成本、购入发生短缺与损耗材料的实际成本,然后将该账户的借、贷方进行对比。如果是借方差额,应从该账户的贷方转入"材料成本差异"账户的借方;如果是贷方差额,应从该账户的借方转入"材料成本差异"账户的贷方。月末结转完成本差异之后一般无余额,如果有余额也应在借方,表示在途物资的实际成本。入库材料成本差异的结转有两种方法:一是逐笔结转法,即每入库一次就随时结转其差异。这种方法适用于采购业务少的企业或采购量少的材料。二是综合结转法,即每笔入库材料产生的差异并不及时结转,而是定期汇总,于月末编制收料汇总表,然后根据汇总的差异数额,一次性将其结转。

"材料成本差异"账户主要用来核算企业各种材料的实际成本与计划成本的差异。借方登记入库材料的超支差异和出库材料应分摊的节约差异,贷方登记入库材料的节约差异和出库材料应分摊的超支差异。期末余额如果在借方,则表示库存材料的成本超支差异;如果在贷方,则表示库存材料的成本节约差异。在该账户下,一般应按存货种类、名称等设置明细账户,进行明细分类核算。

原材料采购,采用银行本票结算

(1)采购员李华用面额为 25 000 元的银行本票向江淮铝材厂采购铝管(辅助材料类)35 000 支,增值税专用发票列明价款为 21 000 元、税额为 3 570 元。货已验收入库,余款收到现金。

(2)附原始凭证,见表 2-37 至表 2-40。

表 2-37

收 料 单

供货单位:江淮铝材厂　　　　　　　　　　　　　　　　　　　　No.2301645
发票号码:40032468　　　　　20××年10月8日　　　　　收货仓库:

材料类别	名称及规格	计量单位	数量		实际成本		计划成本		差异
			应收	实收	单价	金额	单价	金额	
辅助材料	铝管	支	35 000	35 000	0.60	21 000.00	0.58	20 300.00	700.00
合　　计						¥21 000.00		¥20 300.00	¥700.00

质量检验:黄石磊　　　　　　　收料:张丽丽　　　　　　　制单:孙晓敏

表 2-38

江苏省增值税专用发票

2300072140　　　　　　　　　　　　　　　　　　　　　　　No.40032468

开票日期:20××年10月7日

购货方	名　　　称:彭城机床有限责任公司 纳税人识别号:113355423116324 地址、电话:九州市房忠路104号(323654) 开户行及账号:工行淮海支行 　　　　　　　　333213562323544	密码区	4<58*+69>9<64*6_6-19* 加密版本: 01 1>465>37*4>16<5\59-27 2300072140 +5*5-86+5*48-5+5652*6> 40032468 01-2000101458747855>>165

货物或应税劳务名称	规格型号	单位	数量	单价	金额	税率	税额
铝管	GH120	支	35 000	0.60	21 000.00	17%	3 570.00
合　计					¥21 000.00		¥3 570.00

价税合计(大写)	⊗贰万肆仟伍佰柒拾元整　　　(小写)¥24 570.00		
销货方	名　　　称:江淮市江淮铝材厂 纳税人识别号:112355663241561 地址、电话:江淮市西江路58号(454678) 开户行及账号:工行西江支行 2223210232606549		备注 236251687

收款人:张进　　复核:李红　　开票人:孙小燕　　　　　销货单位:(章)

表2-39

江苏省增值税专用发票

2300072140　　　　　　　　　　No.40032468

开票日期：20×× 年 10 月 7 日

购货方	名　　　称：彭城机床有限责任公司 纳税人识别号：113355423116324 地址、电话：九州市房忠路104号（323654） 开户行及账号：工行淮海支行 　　　　　　　333213562323544	密码区	4<58*+69>9<64*6_6-19* 加密版本：01 1>465>37*4>16<5\59-27 2300072140 +5*5-86+5*48-5+5652*6> 40032468 01-2000101458747855>>165

货物或应税劳务名称	规格型号	单位	数量	单价	金额	税率	税额
铝管	GH120	支	35 000	0.60	21 000.00	17%	3 570.00
合　计					¥21 000.00		¥3 570.00

价税合计（大写）	⊗贰万肆仟伍佰柒拾元整　　　　　（小写）¥24 570.00

销货方	名　　　称：江淮市江淮铝材厂 纳税人识别号：112355663241561 地址、电话：江淮市西江路58号（454678） 开户行及账号：工行西江支行 2223210232606549

收款人：张进　　复核：李红　　开票人：孙小燕　　销货单位：（章）

表2-40

中国工商银行 九州市分行签发本票　　①

申　请　书（存根）　　　　　　　　AA 222345

申请日期：20×× 年 10 月 5 日

受款单位或个人名称：江淮铝材厂　　　本票号码　Ⅶ 210334

申请 本票金额（大写）贰万伍仟元整

签发

　　　申请人名称　彭城机床有限责任公司
　　　申请人地址（或账号）九州市房忠路104号

申请人签章：王小小　　银行出纳：王元　　复核：郑晓　　记账：梁红　验印

编制会计凭证，见表2-41至表2-43。

表2-41

记 账 凭 证

20××年10月7日　　　　　　　　　　　　　　　第14 1/2 号

摘要	总账科目	√	明细科目	√	借方金额 百 十 万 千 百 十 元 角 分	贷方金额 百 十 万 千 百 十 元 角 分	
购入材料	材料采购	√	主要材料（铝管）		2 1 0 0 0 0 0		附单据1张
	应交税费		增值税（进项）		3 5 7 0 0 0		
	其他货币资金	√	本票存款			2 4 5 7 0 0 0	
	合　计				¥ 2 4 5 7 0 0 0	¥ 2 4 5 7 0 0 0	

　　财务主管：王红　　记账：李娜　　复核：梁明秀　　出纳：陈燕　　制证：范刚

表2-42

记 账 凭 证

20××年10月7日　　　　　　　　　　　　　　　第14 2/2 号

摘要	总账科目	√	明细科目	√	借方金额 百 十 万 千 百 十 元 角 分	贷方金额 百 十 万 千 百 十 元 角 分	
应收本票余款	库存现金	√			4 3 0 0 0		附单据1张
	其他货币资金	√	本票存款			4 3 0 0 0	
	合　计				¥ 　4 3 0 0 0	¥ 　4 3 0 0 0	

　　财务主管：王红　　记账：李娜　　复核：梁明秀　　出纳：陈燕　　制证：范刚

表2-43

记 账 凭 证

20××年10月8日　　　　　　　　　　　　　　　第18号

摘要	总账科目	√	明细科目	√	借方金额 百 十 万 千 百 十 元 角 分	贷方金额 百 十 万 千 百 十 元 角 分	
材料验收入库	原材料	√			2 0 3 0 0 0 0		附单据1张
	材料成本差异	√			7 0 0 0 0		
	材料采购	√				2 1 0 0 0 0 0	
	合　计				¥ 2 1 0 0 0 0 0	¥ 2 1 0 0 0 0 0	

　　财务主管：王红　　记账：李娜　　复核：梁明秀　　出纳：陈燕　　制证：范刚

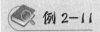

采用转账支票，结清银行本票的余额

(1) 采购员李华交来江淮铝材厂签发的转账支票一张，金额为400元，系结清用本票采购的铝管。会计科于当天存入工商银行。

(2) 附原始凭证，见表2-44。

表2-44

中国工商银行进账单（回单）
20××年10月8日

出票人	全称	江淮铝材厂	收款人	全称	彭城机床有限责任公司
	账号	222321023606549		账号	333213562323544
	开户银行	江淮市工行西江支行		开户银行	九州市工行淮海支行
金额	人民币（大写）肆佰元整				亿千百十万千百十元角分 　　　　　　￥400 00
票据种类	支票	票据张数	1		
票据号码	32163457				
复核：李娟　记账：万红					

编制会计凭证，见表2-45。

表2-45

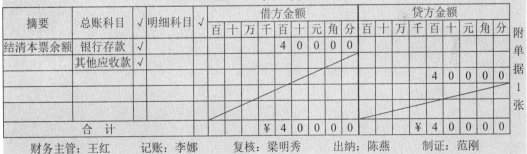

原材料采购，采用商业汇票结算

(1) 彭城机床有限责任公司签发并承兑商业汇票一张，向安东有色金属公司购入8吨铝锭（铝材类），增值税专用发票列明价款为108 360元、税额为18 421.20元，货已验收入库。安东有色金属公司代垫运费，济南铁路运输公司的铝锭运费为1 200元（票据在20××年11月3日到期）。

(2) 附原始凭证，见表2-46至表2-52。

表 2-46

江苏省增值税专用发票

2300072140　　　　　　　　　　　　　　　　　　No.52032412

开票日期：20××年 10 月 9 日

购货方	名称：彭城机床有限责任公司 纳税人识别号：1133355423116324 地址、电话：九州市房忠路 104 号（323654） 开户行及账号：工行淮海支行 　　　　　　　　333213562323544	密码区	4<58*+69>9<64*6_1-35* 加密版本：01 1>213>37*4>16<5\59-27　2300072140 +5*5-86+5*48-5+5652*6> 52032412 01-2000101458747855>>165

货物或应税劳务名称	规格型号	单位	数量	单价	金额	税率	税额
铝锭	GL130	吨	8	13 545.00	108 360.00	17%	18 421.20
合　计					¥108 360.00		¥18 421.20

价税合计（大写）	⊗壹拾贰万陆仟柒佰捌拾壹元贰角整　（小写）¥126 781.20

销货方	名称：安东有色金属公司 纳税人识别号：445423165656898 地址、电话：台南市新华路 411 号（565897） 开户行及账号：工行泰华支行　666512362692655	备注： 300200068

收款人：何文化　　复核：张亚　　开票人：马东东　　销货单位：（章）

表 2-47

江苏省增值税专用发票

2300072140　　　　　　　　　　　　　　　　　　No.52032412

开票日期：20××年 10 月 9 日

购货方	名称：彭城机床有限责任公司 纳税人识别号：1133355423116324 地址、电话：九州市房忠路 104 号（323654） 开户行及账号：工行淮海支行 　　　　　　　　333213562323544	密码区	4<58*+69>9<64*6_1-35* 加密版本：01 1>213>37*4>16<5\59-27　2300072140 +5*5-86+5*48-5+5652*6> 52032412 01-2000101458747855>>165

货物或应税劳务名称	规格型号	单位	数量	单价	金额	税率	税额
铝锭	GL130	吨	8	13 545.00	108 360.00	17%	18 421.20
合　计					¥108 360.00		¥18 421.20

价税合计（大写）	⊗壹拾贰万陆仟柒佰捌拾壹元贰角整　（小写）¥126 781.20

销货方	名称：安东有色金属公司 纳税人识别号：445423165656898 地址、电话：台南市新华路 411 号（565897） 开户行及账号：工行泰华支行　666512362692655	备注： 300200068

收款人：何文化　　复核：张亚　　开票人：马东东　　销货单位：（章）

表 2-48

收 料 单

供货单位：安东有色金属公司　　　　　　　　　　　　　　　　No.2301655
发票号码：2136353　　　　20××年 10 月 10 日　　　　　收货仓库：

材料类别	名称及规格	计量单位	数量		实际成本		计划成本		差异
			应收	实收	单价	金额	单价	金额	
原材料	铝锭	吨	8	8	13 695.00	109 560.00	13 500.00	108 000.00	1 560.00
合 计						¥109 560.00		¥108 000.00	¥1 560.00

质量检验：黄石磊　　　　　　　　收料：张丽丽　　　　　　　　制单：孙晓敏

表 2-49

江苏省增值税专用发票

2300072140　　　　　　　　　　　　　　　　　　　　　　　No.40032468

开票日期：20××年 10 月 7 日

购货方	名　　称：彭城机床有限责任公司 纳税人识别号：113355423116324 地址、电话：九州市房忠路 104 号（323654） 开户行及账号：工行淮海支行 　　　　　　　333213562323544	密码区	4<58*+69>9<64*6_6-19* 加密版本：01 1>465>37*4>16<5\59-27 2300072140 +5*5-86+5*48-5+5652*6> 40032468 01-2000101458747855>>165
货物或应税劳务名称	规格型号	单位	数量	单价	金额	税率	税额
国内货运服务	GH	吨	8	150.00	1 200.00	11%	132.00
合　计					¥1 200.00		¥132.00
价税合计（大写）	⊗壹仟叁佰叁拾贰元整　　（小写）¥1 332.00						
销货方	名　　称：济南铁路局九州货运中心 纳税人识别号：112355663241561 地址、电话：江淮市西江路 58 号（454678） 开户行及账号：工行西江支行 222321023606549						

收款人：张进　　复核：李红　　开票人：孙小燕　　销货单位：（章）

表 2-50

江苏省增值税专用发票

2300072140　　　　　　　　　　　　　　　No.40032468

开票日期：20××年10月7日

购货方	名　称：彭城机床有限责任公司 纳税人识别号：113355423116324 地址、电话：九州市房忠路104号（323654） 开户行及账号：工行淮海支行 　　　　　　　　333213562323544	密码区	4<58*+69>9<64*6_6-19* 加密版本：01 1>465>37*4>16<5\59-27　2300072140 +5*5-86+5*48-5+5652*6>　40032468 01-2000101458747855>>165

货物或应税劳务名称	规格型号	单位	数量	单价	金额	税率	税额
国内货运服务	GH	吨	8	150.00	1 200.00	11%	132.00
合　计					¥1 200.00		¥132.00

价税合计（大写）	⊗壹仟叁佰叁拾贰元整　　　（小写）¥1 332.00

销货方	名　称：济南铁路局九州货运中心 纳税人识别号：112355663241561 地址、电话：江淮市西江路58号（454678） 开户行及账号：工行西江支行 222321023606549

收款人：张进　　复核：李红　　开票人：孙小燕　　　销货单位：（章）

表 2-51

商业承兑汇票　1

出票日期（大写）：贰零××年壹拾月零玖日　　　汇票号码：2636

业务类型	委托收款（□邮划、□电划）托收承付（□邮划、□电划）		
付款人	全　称	彭城机床有限责任公司	
	账号或地址	333213562323544	
	开户行	工行淮海支行	
收款人	全　称	安东有色金属公司	
	账号或地址	666512362692655	
	开户行	工行泰华支行	

汇票金额	人民币（大写）壹拾贰万捌仟壹佰壹拾叁元贰角整	亿 千 百 十 万 千 百 十 元 角 分 ¥　　1 2 8 1 1 3 2 0

汇票到期日（大写）	贰零××年壹拾壹月零叁日	付款行	行号	1222
			地址	淮海路632号

本汇票已经本单位承兑，到期无条件支付票款。　　　本汇票请予以承兑，到期日付款。

承兑人盖章：（财务专用章）　　　　　　　　　　　出票人盖章：（财务专用章）

承兑日期 20××年11月3日

表 2-52

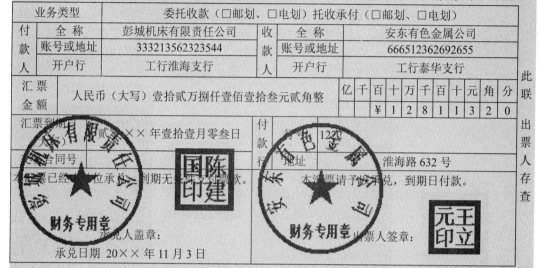

编制会计凭证，见表 2-53、表 2-54。

表 2-53

记 账 凭 证

20××年10月9日　　　　　　　　第 27 1/2 号

摘要	总账科目	√	明细科目	√	借方金额									贷方金额									附单据3张
					百	十	万	千	百	十	元	角	分	百	十	万	千	百	十	元	角	分	
购入材料	在途物资	√	主要材料（铝锭）			1	0	9	5	6	0	0	0										
	应交税费	√	增值税（进项）				1	8	5	5	3	2	0										
	应付票据	√	商业承兑												1	2	8	1	1	3	2	0	
	合 计				¥	1	2	8	1	1	3	2	0	¥	1	2	8	1	1	3	2	0	

财务主管：王红　　　记账：李娜　　　复核：梁明秀　　　出纳：陈燕　　　制证：范刚

表 2-54

记 账 凭 证

20××年10月10日　　　　　　　　第 27 2/2 号

摘要	总账科目	√	明细科目	√	借方金额									贷方金额									附单据1张
					百	十	万	千	百	十	元	角	分	百	十	万	千	百	十	元	角	分	
材料验收入库	原材料	√	主要材料（铝锭）			1	0	8	0	0	0	0	0										
	材料成本差异	√						1	5	6	0	0	0										
	材料采购	√													1	0	9	5	6	0	0	0	
	合 计				¥	1	0	9	5	6	0	0	0	¥	1	0	9	5	6	0	0	0	

财务主管：王红　　　记账：李娜　　　复核：梁明秀　　　出纳：陈燕　　　制证：范刚

例 2-13 原材料采购，采用信汇方式结算

（1）彭城机床有限责任公司向金陵钢铁公司购入钢板10吨，每吨单价为3 850元；购入圆钢10吨，每吨单价为2 500元。增值税率为17%，增值税专用发票列明价款和63 500元、税额为10 795元，采用信汇方式结算，货物尚未验收入库。

（2）附原始凭证，见表2-55至表2-57。

表 2-55

中国工商银行信汇凭证（回单） 1

委托日期：20××年10月17日　　　　第 2531 号

付款人	全称	彭城机床有限责任公司		收款人	全称	金陵钢铁公司	
	账号	333213562323544			账号	222341232631425	
	汇出地点	江苏省九州市	汇入行名称	工行淮海支行		汇入地点	江苏省金陵市	汇出行名称	工行黄浦支行
金额	人民币（大写）柒万肆仟贰佰玖拾伍元整					7 4 2 9 5 0 0	
汇款用途：购原材料							
上列款项已根据委托办理，如需查询，请持此回单来行面洽。					汇出行盖章 20××年10月17日		
单位主管：王化冰　会计：李梅　复核：陈平　记账：沙佩佩							

表 2-56

江苏省增值税专用发票

2300072140　　　　　　　　　　　　　　　　　　No.12032453

开票日期：20××年10月17日

购货方	名　称：彭城机床有限责任公司 纳税人识别号：113355423116324 地址、电话：九州市房忠路104号（323654） 开户行及账号：工行淮海支行 333213562323544	密码区	4<58*+69>9<64*6_1-35* 加密版本：01 1>213>37*4>16<5\59-27 2300072140 +5*5-86+5*48-5+5652*6> 12032453 01-2000101458747855>>165

货物或应税劳务名称	规格型号	单位	数量	单价	金额	税率	税额
钢板	LB58	吨	10	3 850.00	38 500.00	17%	6 545.00
圆钢	YK65	吨	10	2 500.00	25 000.00	17%	4 250.00
合　计					¥63 500.00		¥10 795.00
价税合计（大写）	⊗柒万肆仟贰佰玖拾伍元整　　（小写）¥74 295.00						

销货方	名　称：金陵钢铁公司 纳税人识别号：233612348966547 地址、电话：江淮市西江路216号（878324） 开户行及账号：工行西江支行 222341232631425	备注： 489623156

收款人：张进　　复核：李红　　开票人：孙小燕　　销货单位：（章）

表2-57

江苏省增值税专用发票

2300072140   发票联   No.12032453

开票日期：20××年10月17日

购货方	名　称	彭城机床有限责任公司	密码区	4<58*+69>9<64*6_1-35* 加密版本：01 1>213>37*4>16<5\59-27 2300072140 +5*5-86+5*48-5+5652*6> 12032453 01-2000101458747855>>165
	纳税人识别号	113355423116324		
	地址、电话	九州市房忠路104号（323654）		
	开户行及账号	工行淮海支行 333213562323544		

货物或应税劳务名称	规格型号	单位	数量	单价	金额	税率	税额
钢板	LB58	吨	10	3 850.00	38 500.00	17%	6 545.00
圆钢	YK65	吨	10	2 500.00	25 000.00	17%	4 250.00
合　计					¥63 500.00		¥10 795.00

价税合计（大写）	⊗柒万肆仟贰佰玖拾伍元整	（小写）¥74 295.00

销货方	名　称	金陵钢铁公司
	纳税人识别号	233612348966547
	地址、电话	金陵市南汇路216号（878324）
	开户行及账号	工行黄浦支行 222341232631425

收款人：刘小梁　　复核：王辉　　开票人：卫莉　　销货单位：（章）

第三联 发票联 购货方记税凭证

编制会计凭证，见表2-58。

表2-58

记账凭证

20××年10月17日　　　　　　　　　　　　第50号

摘要	总账科目	√	明细科目	√	借方金额										贷方金额									
					百	十	万	千	百	十	元	角	分	百	十	万	千	百	十	元	角	分
购入材料	材料采购	√					6	3	5	0	0	0	0									
	应交税费		增值税（进项）				1	0	7	9	5	0	0									
	银行存款	√														7	4	2	9	5	0	0
	合　计				¥	7	4	2	9	5	0	0		¥	7	4	2	9	5	0	0

附单据 3 张

财务主管：王红　　记账：李娜　　复核：梁明秀　　出纳：陈燕　　制证：范刚

购置包装物

(1) 技术科因工作需要，购买专用铝合金箱子3个，金额共计960元。科长陆昊持普通发票报销，出纳以现金付讫，箱子已验收入库。

(2) 附原始凭证，见表2-59和表2-60。

表 2-59

江苏省国家税务局通用机打发货票

开票日期：20××-10-7　　　　　　　　　发票代码　132640032468
　　　　　　　　　　　　　　　　　　　　发票号码　23566542

付款方名称：彭城机床有限责任公司				付款方识别号	
付款方地址：莲藕区大庆路162-1号				付款方电话：66562830	
开票项目	规格/型号	单位	数量	单价	金额
铝合金箱子	LE-05	个	3	320.00	960.00

备注：

总计金额：¥960.00　　　　　　　　　　　金额大写：玖佰陆拾元整

收款方名称：新龙商厦　　　　　　　　　收款方识别号：686959596862632

　　　　　　　　　　　　　　　　　　　收款方银行账号：

收款方银行名称：中国农业银行股份有限公司九州市新城支行　　收款方地址：天达利大街56号

收款方电话：62566623　　　　　　　　　开票人：李成

查验码：5696894586958456232568553　　查验网址：http://etax.jsgs.gov.cn

第一联　发票联　付款方作为付款凭证

表 2-60

收 料 单

供货单位：新龙商厦　　　　　　　　　　　　　　　　No.2301847

发票号码：1120　　　　20××年10月17日　　　　收货仓库：

材料类别	名称及规格	计量单位	数量		实际成本		计划成本		差异
			应收	实收	单价	金额	单价	金额	
包装物	铝合金箱子	个	3	3	320.00	960.00	330.00	990.00	30.00
合　计						¥960.00		¥990.00	¥-30.00

质量检验：黄石磊　　　　　　收料：张丽丽　　　　　　制单：孙晓敏

编制会计凭证，见表2-61、表2-62。

表2-61

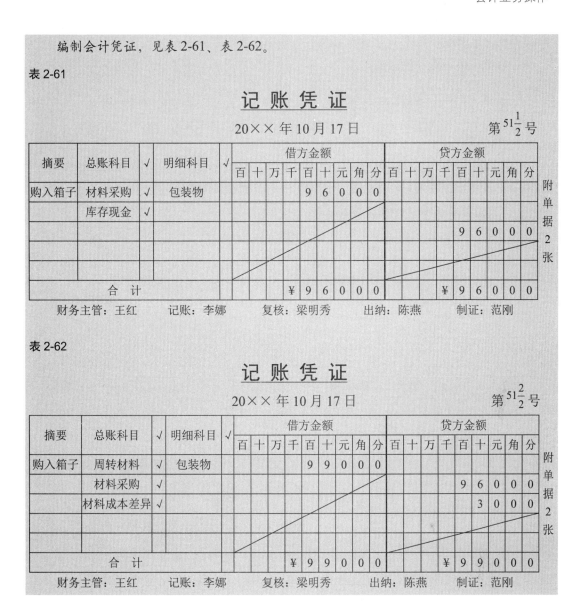

表2-62

第二节 金融资产购置

金融资产主要是指企业的现金、持有的其他单位的权益工具、从其他单位收取的现金或其他金融资产的合同权利在潜在有利的条件下与其他单位交换金融资产或金融负债的合同权利。

一、交易性金融资产核算

（一）交易性金融资产的概念

交易性金融资产是指企业为了在近期内出售而持有的金融资产。例如，为了利用闲置资金，以赚取价差为目的购入的股票、债券、基金和权证等。

满足以下条件之一的金融资产应当划分为交易性金融资产：

（1）取得该金融资产的目的，主要是为了在近期内出售。例如，企业以赚取差价为目的从二级市场购入的股票、债券和基金等。

（2）属于进行集中管理的可辨认金融工具组合的一部分，且有客观证据表明企业近期采用短期获利方式对该组合进行管理。在这种情况下，即使组合中有某个组成项目持有的期限稍长也不受影响。

（3）属于衍生工具，如国债期货、远期合同、股指期货等。当其公允价值变动大于零时，应将其相关变动金额确认为交易性金融资产，同时计入当期损益。

（二）交易性金融资产取得的账务处理

企业取得的交易性金融资产按其公允价值，借记"交易性金融资产——成本"科目，按发生的交易费用，借记"投资收益"科目；按已到付息期但尚未领取的利息或已宣告但尚未发放的现金股利，借记"应收利息"或"应收股利"科目；按实际支付的金额，贷记"银行存款"等科目。

例 2-15 外购交易性金融资产

（1）彭城机床有限责任公司向泰华证券交易所购买了中国石油化工股份有限公司当年发行的 3 000 股普通股作为交易性金融资产，每股价款为 15 元，另外支付股票交易手续费、交易佣金等共 232.3 元。

（2）附原始凭证，见表 2-63。

表 2-63

成交过户交割凭单

客户名称：彭城机床有限责任公司　　日期：20××年10月20日

证券代码	601857	证券名称	中国石油
买卖标志	买	成交价格 成交数量 成交编号	15.00 3 000 668063
股东代码	A600778003	成交金额 佣金	45 000.00 92.00
印花税 135.00 过户费 5.30 其他费 0		备注	
打印次数：1 次		打印日期：20××年10月20日	

编制会计凭证，见表2-64。

表2-64

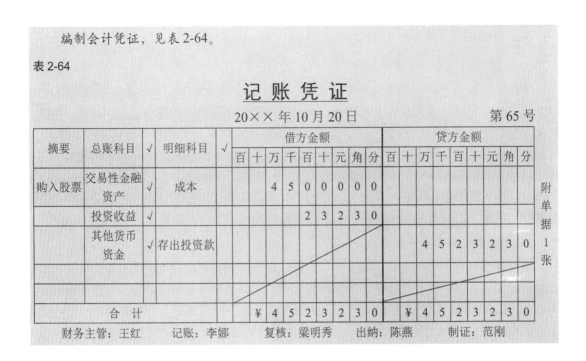

二、持有至到期投资核算

（一）持有至到期投资的概念

持有至到期投资是指到期日固定、回收金额固定或可确定，且企业有明确意图和能力持有至到期的非衍生金融资产，如国债、企业债券等。

作为持有至到期投资购入的债券，按债券还本付息方式，一般分为3种情况：①到期一次还本付息；②到期一次还本、分期付息；③分期还本、分期付息。不同类型的债券分别采用不同的确认与计量方法。

（二）持有至到期投资入账价值的确定

当持有至到期投资初始确认时，应当按照公允价值和相关交易费用之和进行计量，包括支付的购买价格、税金及手续费等相关费用。在取得债券时，实际支付的价款中含有已到付息期但尚未领取的利息，将其作为应收项目单独核算，不构成债权投资的实际成本。

当企业进行长期债券投资时，购入的债券有3种价格：①按债券的票面价值购入，即等价购入；②按高于债券的票面价值购入，即溢价购入；③按低于债券票面价值购入，即折价购入。这3种价格对债券发行公司而言，分别表述为等价发行（或称为面值发行）、溢价发行和折价发行。会计上对溢价或折价购入债券的实际支付的买价与债券面值的差额，应当在债券到期前分期摊销。债券投资存续期内的应收利息，以及在出售时收回的本息与债券账面成本和尚未收回的应计利息的差额，应当计入当期损益。

（三）取得持有至到期投资的账务处理

企业取得的持有至到期投资应按该投资债券的面值，借记"持有至到期投资——成本"科目；按支付的价款中包含的已到付息期但尚未领取的利息，借记"应收利息"科目；按实际支付的金额，贷记"银行存款"等科目；按其差额，借记或贷记"持有至到期投资——利息调整"科目。

三、可供出售金融资产核算

(一) 可供出售金融资产的概念

可供出售金融资产通常是指企业初始确认时即被指定为可供出售的非衍生金融资产，以及没有划分为以公允价值计量且变动计入当期损益的金融资产、持有至到期投资、贷款和应收款项的金融资产。可供出售金融资产分为可供出售债权工具和可供出售权益工具，可供出售债权工具是指企业取得的确认为可供出售金融资产的各种债权；可供出售权益工具是指企业取得的确认为可供出售金融资产的各种股权。

企业购入的股票、债券、基金等，根据其性质及企业管理者的意图，可以分别确认为交易性金融资产、持有至到期投资、长期股权投资和可供出售金融资产。

(二) 可供出售金融资产的账务处理

企业应当设置"可供出售金融资产"科目，反映可供出售金融资产的取得、处置、公允价值变动等情况，该科目应根据可供出售金融资产的类别和品种（如股票、债券、基金等），设置二级科目，并按"成本""公允价值变动"和"减值准备"等设置明细科目。

企业取得可供出售的金融资产，应按其公允价值与交易费用之和，借记本科目（成本），按支付的价款中包含的已宣告但尚未发放的现金股利，借记"应收股利"科目，按实际支付的金额，贷记"银行存款"等科目。企业取得的可供出售金融资产为债券投资的，应按债券的面值，借记本科目（成本），按支付的价款中包含的已到付息期但尚未领取的利息，借记"应收利息"科目，按实际支付的金额，贷记"银行存款"等科目，按差额，借记或贷记本科目（利息调整）。

资产负债表日，可供出售债券为分期付息、一次还本债券投资的，应按票面利率计算确定的应收未收利息，借记"应收利息"科目，按可供出售债券的摊余成本和实际利率计算确定的利息收入，贷记"投资收益"科目，按其差额，借记或贷记本科目（利息调整）。可供出售债券为一次还本付息债券投资的，应于资产负债表日按票面利率计算确定的应收未收利息，借记本科目（应计利息），按可供出售债券的摊余成本和实际利率计算确定的利息收入，贷记"投资收益"科目，按其差额，借记或贷记本科目（利息调整）。资产负债表日，可供出售金融资产的公允价值高于其账面余额的差额，借记本科目（公允价值变动），贷记"资本公积——其他资本公积"科目；公允价值低于其账面余额的差额做相反的会计分录。

确定可供出售金融资产发生减值的，按应减记的金额，借记"资产减值损失"科目，按应从所有者权益中转出原计入资本公积的累计损失金额，贷记"资本公积——其他资本公积"科目，按其差额，贷记本科目（公允价值变动）。对于已确认减值损失的可供出售金融资产，在随后会计期间内公允价值已上升且客观上与确认原减值损失事项有关的，应按原确认的减值损失，借记本科目（公允价值变动），贷记"资产减值损失"科目；但可供出售金融资产为股票等权益工具投资的（不含在活跃市场上没有报价、公允价值不能可靠计量的权益工具投资），借记本科目（公允价值变动），贷记"资本公积——其他资本公积"科目。

将持有至到期投资重分类为可供出售金融资产的，应在重分类日按其公允价值，借记本科目，按其账面余额，贷记"持有至到期投资"科目，按其差额，贷记或借记"资本公积——其他资本公积"科目。已计提减值准备的，还应同时结转减值准备。

出售可供出售的金融资产，应按实际收到的金额，借记"银行存款""存放中央银行款项"等科目，按其账面余额，贷记本科目（成本、公允价值变动、利息调整、应计利息），按应从所有者权益中转出的公允价值累计变动额，借记或贷记"资本公积——其他资本公积"科目，按其差额，贷记或借记"投资收益"科目。

（三）可供出售金融资产的期末计价

资产负债表日，可供出售金融资产应当按照公允价值计量，我国企业会计准则规定，可供出售金融资产公允价值与账面价值的差额，即公允价值的变动，不得计入当期损益，而应作为所有者权益变动，计入"其他综合收益"科目，借记或贷记"可供出售金融资产——公允价值变动"科目，贷记或借记"其他综合收益"科目。

第三节　长期股权投资

一、长期股权投资概述

长期股权投资是指通过投出各种资产从而取得被投资企业股权且不准备随时出售的投资，其主要目的是长远利益，从而影响或控制被投资企业。

按照投资企业对被投资企业的影响程度，投资企业与被投资企业的关系可以分为以下4种类型。

（一）控制

控制指企业拥有的通过参与被投资企业的相关活动而享有可变回报的权力，并且有能力运用该权力影响其回报金额。

企业参与被投资企业的相关活动，是指对被投资企业的回报产生重大影响的活动，通常包括商品或劳务的销售和购买、金融资产的管理、资产的购买和处置、研究与开发活动及融资活动等。企业如有能力主导被投资企业的相关活动，而不论其是否实际行使该权利，均视为拥有控制被投资企业的权力。

（二）共同控制

共同控制是指投资企业与其他合营方一同对被投资单位实施控制的权益性投资，即对合营企业投资。共同控制的实质是通过合同约定建立起来的、合营各方对合营企业共有的控制，是按照合同约定对某项经济活动所共有的控制，仅在与该项经济活动相关的重要财务和经营决策需要分享控制权的投资方一致同意时存在。被各投资方共同控制的企业，一般称为投资企业的合营企业。

（三）重大影响

重大影响指对一个企业的财务和经营决策有参与的权利，但并不能够控制或者与其他方一起共同控制这些决策的制定。

一般来说，投资企业在被投资企业的董事会中派有董事，或能够参与被投资企业的财务和经营决策的制定，则对被投资企业形成重大影响。在确定能否对被投资单位施加重大影响时，应当考虑投资企业和其他投资方持有的被投资企业当期可转换公司债券、当期可执行认股权证等潜在表决权因素。被投资企业如果受到投资企业的重大影响，一般称为投资企业的联营企业。

（四）无控制、无共同控制和无重大影响

无控制、无共同控制和无重大影响是指投资企业持有的对被投资单位不具有控制、共同控制或重大影响，在活跃市场中没有报价、公允价值且不能可靠计量的权益性投资。通常投资企业拥有被投资单位低于20%的表决权股份。

二、长期股权投资初始投资成本的确定

（一）企业合并形成的长期股权投资

对于企业合并形成的长期股权投资，初始投资成本的确定应区分企业合并的类型，通过同一控制下控股合并或非同一控制下控股合并类型的确定形成长期股权投资的初始投资成本。

1. 同一控制下企业合并形成的长期股权投资

（1）合并方以支付现金、转让非现金资产或承担债务方式作为合并对价的，应当在合并日按照取得被合并方所有者权益账面价值的份额作为长期股权投资的初始投资成本。长期股权投资的初始投资成本与支付的现金、转让的非现金资产及所承担债务的账面价值之间的差额，应当调整资本公积（资本溢价或股本溢价）；资本公积（资本溢价或股本溢价）的余额不足冲减的，应当调整留存收益。

（2）合并方以发行权益性证券作为合并对价的，应按合并日取得被合并方所有者权益账面价值的份额作为长期股权投资的初始投资成本，按发行股份的面值总额作为股本。长期股权投资的初始投资成本与所发行股份面值总额之间的差额，应当调整资本公积（资本溢价或股本溢价）；资本公积（资本溢价或股本溢价）不足冲减的，调整留存收益。

2. 非同一控制下企业合并形成的长期股权投资

非同一控制下的控股合并中，购买方应当将确定的企业合并成本作为长期股权投资的初始投资成本。企业合并成本包括购买方付出的资产、发生或承担的负债、发行的权益性证券的公允价值，以及为进行企业合并发生的各项直接相关费用之和。

通过多次交换交易，分步取得股权最终形成企业合并，企业合并成本为每一单项交换交易的成本之和。其中，在企业合并前对持有的长期股权投资采用成本法核算的，长期股权投资在购买日的成本应为原账面余额加上购买日为取得进一步的股份新支付对价的公允价值；在企业合并前对长期股权投资采用权益法等方法核算的，购买日应对在权益法下长期股权投资的账面余额进行调整，将有关长期股权投资的账面余额调整至最初取得的成本，在此基础上加上购买日新支付对价的公允价值作为购买日长期股权投资的成本。

（二）企业以非合并的其他方式取得的长期股权投资

1. 以支付现金方式取得的长期股权投资

长期股权投资的初始投资成本是按照实际支付的购买价款进行计量的，包括在购买过程中支付的手续费等必要支出，但所支付价款中包含的被投资单位已宣告但尚未发放的现金股利或利润应作为应收项目核算，不构成取得长期股权投资的成本。

2．以发行权益性证券方式取得的长期股权投资

长期股权投资成本为所发行权益性证券的公允价值，不包括应自被投资单位收取的、已宣告但尚未发放的现金股利或利润。在确定发行的权益性证券的公允价值时，所发行的权益性证券对于存在公开市场，有明确市价可供遵循的，应以该证券的市价作为确定其公允价值的依据，同时应考虑该证券的交易量、是否存在限制性条款等因素的影响；所发行权益性证券对于不存在公开市场，没有明确市价可供遵循的，则应以被投资单位的公允价值为基础确定权益性证券的价值。

为发行权益性证券支付给有关证券承销机构等的手续费、佣金等与权益性证券发行直接相关的费用，不构成取得长期股权投资的成本。该部分费用应自权益性证券的溢价发行收入中扣除，权益性证券的溢价收入不足冲减的，应冲减盈余公积和未分配利润。

3．以投资者投入方式取得的长期股权投资

长期股权投资成本应当按照投资合同或协议约定的价值进行计量，但合同或协议约定的价值不公允的除外。在确定投资者投入的长期股权投资的公允价值时，有关权益性投资存在活跃市场的，应当参照活跃市场中的市价确定其公允价值；如果不存在活跃市场，无法按照市场信息确定其公允价值的情况下，应当按照一定的估值技术等合理的方法确定的价值作为其公允价值。

4．以债务重组方式取得的长期股权投资

以非货币性资本交换方式取得的长期股权投资成本以公允价值进行计量。

5．以非货币性资产交换方式取得的长期股权投资

长期股权投资的初始投资成本应视不同情况进行计量：

（1）当该项交易具有商业实质，且换入资产和换出资产的公允价值能够可靠计量时，则应当以公允价值加上应支付的相关税费和支付的补价（或减去收到的补价）作为初始投资成本。

（2）当公允价值不可靠计量时，则应当以换出资产的账面价值加上应支付的相关税费和支付的补价（或减去收到的补价）作为初始投资成本。

三、长期股权投资取得的会计处理方法

《企业会计准则第2号——长期股权投资》准则规定了投资企业对被投资企业的影响程度、是否存在活跃市场及公允价值能否可靠取得等进行划分，应当分别采用成本法和权益法进行核算。

（一）成本法

成本法是指投资按投资成本计价的方法。在成本法下，长期股权投资以取得股权时的成本计价，其后，除了投资企业追加投资或收回投资等情形外，长期股权投资的账面价值保持不变。投资企业确认投资收益，仅限于所获得的被投资单位在投资后产生的累积净利润的分配额。成本法的适用范围是：①企业持有能够对被投资单位实施控制的长期股权投资；②投资企业对被投资单位不具有共同控制和重大影响，且在活跃市场中没有报价、公允价值不能可靠计量的长期股权投资。

（二）权益法

权益法是指投资最初以投资成本计价，以后根据投资企业享有的被投资单位所有者权

益份额的变动对投资的账面价值进行调整的方法。在权益法下，长期股权投资的账面价值随着被投资单位所有者权益的变动而变动，包括被投资单位实现的净利润或发生的净亏损及其他所有者权益项目的变动3种情况。权益法的适用范围是：投资企业对被投资单位具有共同控制或重大影响的长期股权投资，即对合营企业或联营企业的投资。

第四节　固定资产购置

一、固定资产的概念及确认条件

企业组织生产经营活动，除了具有相应的流动资产外，还必须拥有一定数量的固定资产，以满足企业生产经营的正常需要。

固定资产是指同时具有下列特征的有形资产：①是为生产商品、提供劳务、出租或经营管理而持有的；②使用寿命超过一个会计年度；③有形资产。

企业会计准则规定，确认为企业的固定资产应同时满足下列两个条件：

（1）与固定资产相联系的未来经济效益很可能流入企业。在实务中，主要通过判断与该固定资产所有权相关的风险和报酬是否转移到了企业来确定。但是，所有权是否转移，不是判断与固定资产所有权相关的风险和报酬转移到企业的唯一标志。企业还应该遵循实质重于形式的原则，来确认固定资产。例如，对于融资租入的固定资产，企业虽然不拥有固定资产的所有权，但与固定资产所有权相关的风险和报酬已转移到了企业（承租人），因此，承租企业将其作为自有资产进行核算。

（2）取得该资产的成本能够可靠地计量。即若企业能够合理地估计出固定资产的成本，则固定资产的成本能够可靠地计量。

二、固定资产的入账价值

固定资产的入账价值是指用货币量度来计算和反映固定资产的初始计量价值。由于取得固定资产的方式不同，所以其入账价值的确定方式也有所区别，但固定资产入账价值均不包括按规定可以抵扣的增值税额。

（一）外购的固定资产

外购的固定资产以实际支付的价款及为使该资产达到预期工作状态所支付的各项费用扣除可以抵扣的增值税作为原值，包括买价、相关税费、运杂费、安装调试费、保险费等实际支出。

（二）自行建造的固定资产

自行建造的固定资产，其原值应分为以下几种情况予以确定：

（1）自营方式建造的固定资产原值，包括直接材料、直接人工、直接机械施工费用等。为建造固定资产准备的各种物资应当将实际支付的买价、不能抵扣的增值税税额、运输费、保险费等相关税费作为实际成本。在自营工程中发生的报废损失及非常损失等，不计入该项资产原值,应确认为发生的当期损失。

(2)出包工程建造的固定资产,以实际支付的工程价款扣除可以抵扣的增值税作为原值。

此外,企业购建固定资产交纳的耕地占用税,应计入购建固定资产的原值;企业为购建固定资产而发生的借款利息和有关费用,以及外币借款折算差额,对于在固定资产尚未交付使用或已投入使用但尚未办理竣工决算之前发生,且符合资本化条件的,也应计入固定资产价值中。

(三)投资者投入的固定资产

应当按照投资合同或协议约定的价值确定,但合同或协议约定价值不公允的除外。

(四)融资租入的固定资产

固定资产应以租赁协议确定的价值加上承租方为租入固定资产所发生的运输费、途中保险费、安装调试费等作为入账价值。

(五)接受捐赠的固定资产

固定资产应以其公允价值作为原值。

(六)非货币性资产交换取得的固定资产

固定资产入账价值应视以下几种不同情况予以确认:

(1)当交易具有商业实质,且其换入固定资产的公允价值能够可靠地计量时,固定资产入账价值是公允价值加上应支付的相关税费和支付的补价(或减去收到的补价)。

(2)当交易不具有商业实质时,换入固定资产的入账价值应按照换出资产的账面价值确定。

(七)债务重组取得的固定资产

固定资产应当以公允价值入账。

企业已入账的固定资产除发生下列情况外,不得任意变动其原值:

(1)根据国家规定对固定资产重新估价。
(2)增加补充设备或改良装置。
(3)将固定资产的一部分拆除。
(4)按实际价值调整原来的暂估价值。
(5)发现原固定资产价值计价有误。

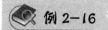

购置需要安装的固定资产

(1)彭城机床有限责任公司向金陵光华机械公司购置磨床一台,售价为 112 320.00 元,并支付九州建通安装公司安装费 38 012 元。

(2)附原始凭证,见表 2-65 至表 2-70。

表 2-65

中国工商银行信汇凭证（回单）1

委托日期：20×× 年 10 月 18 日　第 2836 号

付款人	全称	彭城机床有限责任公司			收款人	全称	金陵光华机械公司		
	账号	333213562323544				账号	666463823146522		
	汇出地点	江苏省九州市	汇入行名称	工行淮海支行		汇入地点	江苏省金陵市	汇入行名称	工行三江支行
金额	人民币（大写）壹拾壹万贰仟叁佰贰拾元整				千 百 十 万 千 百 十 元 角 分 ¥ 1 1 2 3 2 0 0 0				

汇款用途：购置设备

上列款项已根据委托办理，如需查询，请持次回单来行面洽。　　汇出行盖章

单位主管：王化冰　会计：李梅　复核：陈平　记账：沙佩佩　　200×× 年 10 月 18 日

表 2-66

山西省增值税专用发票

2600072140　　　　发票联　　　　No.03363626

开票日期：20×× 年 12 月 6 日

购货方	名　称：彭城机床有限公司 纳税人识别号：623569008652506 地址、电话：安阳市达桥路 68 号 686822 开户行及账号：工行远路支行 　　　　　　　830016005680689					密码区	1<63*-5>0<643*66563* 加密版本：01 5>565>25*4>11<5\45+6 2600075640 +64*5-8663*75+6*6/> 03363626 01-2530054844784>>236		
货物或应税劳务名称	规格型号	单位	数量	单价	金额		税率	税额	
机床	697HN-120	台	1	96 000.00	96 000.00		17%	16 320.00	
合计					¥96 000.00			¥16 320.00	
价税合计（大写）	⊗壹拾壹万贰仟叁佰贰拾元整　（小写）¥112 320.00								
销货方	名　称：金陵光华机械公司 纳税人识别号：260002320025887 地址、电话：五化路 562 号 30026580 开户行及账号：工行顺德路支行 300200222211160					备注	542369871		

表 2-67

山西省增值税专用发票

2600072140　　抵扣联　　No.03363626

开票日期：20×× 年 12 月 6 日

购货方	名　称：彭城机床有限公司 纳税人识别号：623569008652506 地址、电话：安阳市达桥路 68 号 686822 开户行及账号：工行远路支行 　　　　　　　　830016005680689	密码区	1<63*-5>0<643*66563* 加密版本：01 5>565>25*4>11<5\45+6 2600075640 +64*5-8663*75+6*6/>　03363626 01-2530054844784>>236

货物或应税劳务名称	规格型号	单位	数量	单价	金额	税率	税额
机床	697HN-120	台	1	96 000.00	96 000.00	17%	16 320.00
合　计					¥96 000.00		¥16 320.00

价税合计（大写）	⊗壹拾壹万贰仟叁佰贰拾元整　　（小写）¥112 320.00

销货方	名　称：金陵光华机械公司 纳税人识别号：260002320025887 地址、电话：五化路 562 号 30026580 开户行及账号：工行顺德路支行 300200222211160

第二联 抵扣联 购货方扣税凭证

表 2-68

支票存根

中国工商银行
转账支票存根（苏）
Ⅶ Ⅱ 21033501
科目
对方科目
出票日期 20×× 年 10 月 12 日

收款人：九州建通安装公司
金　额：¥38 012.00
用　途：付磨床安装费
单位主管：肖良　会计：王海

表 2-69

江苏省国家税务局通用机打发货票

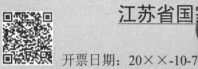

开票日期：20××-10-7　　行业分类：　　　发票代码 132640032468
　　　　　　　　　　　　　　　　　　　　　发票号码 23566542

付款方名称：彭城机床有限责任公司　　　　付款方识别号
付款方地址：莲藕区大庆路162-1号　　　　付款方电话：66562830

开票项目	规格/型号	单位	数量	单价	金额
安装磨床	组	台	1	38 012.00	38 012.00

备注：

总计金额：¥38 012.00　　　　　　　　　金额大写：叁万捌仟零壹拾贰元整

收款方名称：九州建通安装公司　　　　　　收款方识别号
　　　　　　　　　　　　　　　　　　　　收款方银行账号
收款方银行名称：中国工商银行股份有限公司九州市达城支行　　收款方地址：天达利大街5号

收款方电话：48566626　　　　　　　　　开票人：
查验码：6656894586958456232568563　　查验网址：http://etax.jsgs.gov.cn

第一联　发票联　付款方作为付款凭证

表 2-70

固定资产验收交接单

20××年10月18日　　No.00032163

资产编号	资产名称	型号、规格或结构面积	计量单位	数量	设备价值	安装费用	附加费用	合计
	磨床	697HN-120	台	1	96 000.00	38 012.00		134 012.00
	资产来源	外购	耐用年限				主要附属设备	HN210-30
	制造厂商	金陵光华机械公司	估计残值					HN230-42
	制造日期		折旧率					
	工程项目或使用部门		复杂系数	机械				

验收部门：设备处　　验收人：陈小波　　使用部门：一车间　　接管人：刘莉萍

编制会计凭证，见表2-71至表2-73。

表2-71

记 账 凭 证

20××年10月20日　　　　　　　　　　　第66号

摘要	总账科目	√	明细科目	√	借方金额 百十万千百十元角分	贷方金额 百十万千百十元角分	
购入设备	在建工程	√	磨床		9 6 0 0 0 0 0		附单据2张
	应交税费		应交增值税进项税额		1 6 3 2 0 0 0		
	银行存款					1 1 2 3 2 0 0 0	
	合　计				¥ 1 1 2 3 2 0 0 0	¥ 1 1 2 3 2 0 0 0	

财务主管：王红　　记账：李娜　　复核：梁明秀　　出纳：陈燕　　制证：范刚

表2-72

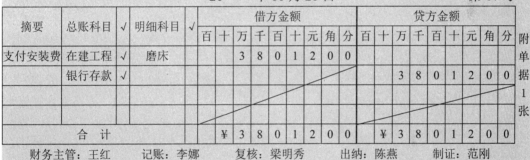

记 账 凭 证

20××年10月20日　　　　　　　　　　　第67号

摘要	总账科目	√	明细科目	√	借方金额 百十万千百十元角分	贷方金额 百十万千百十元角分	
支付安装费	在建工程	√	磨床		3 8 0 1 2 0 0		附单据1张
	银行存款	√				3 8 0 1 2 0 0	
	合　计				¥ 3 8 0 1 2 0 0	¥ 3 8 0 1 2 0 0	

财务主管：王红　　记账：李娜　　复核：梁明秀　　出纳：陈燕　　制证：范刚

表2-73

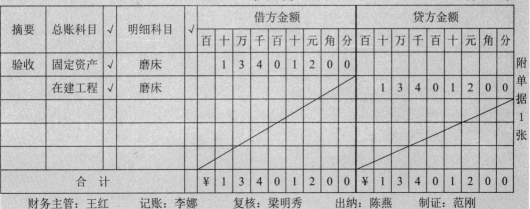

记 账 凭 证

20××年10月20日　　　　　　　　　　　第68号

摘要	总账科目	√	明细科目	√	借方金额 百十万千百十元角分	贷方金额 百十万千百十元角分	
验收	固定资产	√	磨床		1 3 4 0 1 2 0 0		附单据1张
	在建工程	√	磨床			1 3 4 0 1 2 0 0	
	合　计				¥ 1 3 4 0 1 2 0 0	¥ 1 3 4 0 1 2 0 0	

财务主管：王红　　记账：李娜　　复核：梁明秀　　出纳：陈燕　　制证：范刚

第五节 无形资产购置

一、无形资产的概念和确认

无形资产是指企业拥有或者控制的没有实物形态的可辨认的非货币性资产，通常包括专利权、非专利技术、商标权、著作权、特许权、土地使用权等。

一项资产在符合无形资产定义的前提下，只有同时满足下列两项条件才能确认为一项无形资产：

(1) 与该资产有关的经济利益很可能流入企业。

(2) 该无形资产的成本能够可靠地计量。

二、无形资产的计量

无形资产通常应当按照实际成本进行初始计量。对于不同来源取得的无形资产，其成本构成不尽相同，但无形资产的入账成本均不包括按规定可以抵扣的增值税额。

(一) 外购的无形资产

外购的无形资产包括购买价款、相关税费及直接归属于使该项资产达到预定用途所发生的其他支出。其中，直接归属于使该项资产达到预定用途所发生的其他支出，包括使无形资产达到预定用途所发生的专业服务费用、测试无形资产是否能够正常发挥作用的费用等。但下列各项不包括在无形资产的初始成本中：

(1) 为引入新产品进行宣传所发生的广告费、管理费用及其他间接费用。

(2) 无形资产达到预定用途后所发生的支出。

购买无形资产的价款对于超过正常信用条件延期支付、实际上具有融资性质的，采用分期付款方式，无形资产的成本为购买价款的现值。

(二) 投资者投入无形资产的成本

投资者投入无形资产的成本应当按照投资合同或协议约定的价值确定，在合同或协议约定价值不公允的情况下，应以无形资产的公允价值为准。

(三) 非货币性资产交换取得的无形资产

企业通过非货币性资产交换取得的无形资产包括以投资换入的无形资产、以存货换入的无形资产、以固定资产换入的无形资产、以无形资产换入的无形资产等。非货币性资产交换对于具有商业实质且公允价值能够可靠计量的，在发生补价的情况下，支付补价方应当以换出资产的公允价值加上支付的补价（即换入无形资产的公允价值）和应支付的相关税费作为换入无形资产的成本，收到补价方应当以换入无形资产的公允价值（或换出资产的公允价值减去补价）加上应支付的相关税费作为换入无形资产的成本。非货币性资产交换对于不具有商业实质或者虽然具有商业实质但换入资产和换出资产的公允价值均不能可靠计量的，应当以换出资产的账面价值为基础确定换入无形资产的成本，无论是否支付补价都不确认损益。

(四)债务重组取得的无形资产

债务重组取得的无形资产是指企业作为债权人取得的债务人用于偿还债务的非现金资产,以及企业作为无形资产管理的资产。通过债务重组取得的无形资产成本,应当以其公允价值入账。

(五)通过政府补助取得的无形资产

通过政府补助取得的无形资产成本应当按照公允价值计量;对于公允价值不能可靠取得的,按照名义金额计量。

(六)企业通过取得土地使用权取得的无形资产

当土地用于自行开发、建造厂房等地上建筑物时,土地使用权的账面价值不与地上建筑物合并计算其成本,而仍作为无形资产进行核算,土地使用权与地上建筑物分别进行摊销和提取折旧。

(七)企业自行开发的无形资产

企业自行开发的无形资产的初始成本包括符合资本化条件的研发费用、注册费用和律师费用等。

三、无形资产的账务处理

在企业取得无形资产时,按照取得的初始成本借记"无形资产"科目,贷记"银行存款""实收资本(或股本)"等有关科目。

例 2-17

购置一项专利权

(1)彭城机床有限责任公司购入一项新产品的专利权,价款为 115 000 元,通过转账支票进行结算。

(2)附原始凭证,见表 2-74 至表 2-76。

表 2-74

支票存根
中国工商银行
转账支票存根(苏)
Ⅶ Ⅱ 21033526
科目
对方科目
出票日期 20×× 年 10 月 12 日
收款人:广宇公司
金 额:¥121 900.00
用 途:购入专利
单位主管:肖良 会计:王海

表2-75

山西省增值税专用发票

2600072140　　　　　　　　　　　　　　　　　　　　No.03363626

开票日期：20×× 年 12 月 6 日

购货方	名　　　称：彭城机床有限责任公司 纳税人识别号：623569008652506 地址、电话：安阳市达桥路68号 686822 开户行及账号：工行远路支行 　　　　　　　830016005680689	密码区	1<63*-5>0<643*66563* 加密版本：01 5>565>25*4]11<5\45+6 2600075640 +64*5-8663*75+6*6/> 03363626 01-2530054365784>>565

货物或应税劳务名称	规格型号	单位	数量	单价	金额	税率	税额
加工设备	KJHU 专利	项	1	115 000.00	115 000.00	17%	6 900.00
合　计					¥115 000.00		¥6 900.00

价税合计 （大写）	⊗壹拾贰万壹仟玖佰元整　　（小写）¥121 900.00

销货方	名　　　称：九州市广宇科技开发公司 纳税人识别号：465002320022338 地址、电话：大关路62号 8002658 开户行及账号：工行一路支行 200300222212230	备注： （发票专用章）

第三联 发票联 购货方记账凭证

表2-76

山西省增值税专用发票

2600072140　　　　　　　　　　　　　　　　　　　　No.03363626

开票日期：20×× 年 12 月 6 日

购货方	名　　　称：彭城机床有限责任公司 纳税人识别号：623569008652506 地址、电话：安阳市达桥路68号 686822 开户行及账号：工行远路支行 　　　　　　　830016005680689	密码区	1<63*-5>0<643*66563* 加密版本：01 5>565>25*4]11<5\45+6 2600075640 +64*5-8663*75+6*6/> 03363626 01-2530054365784>>565

货物或应税劳务名称	规格型号	单位	数量	单价	金额	税率	税额
加工设备	KJHU 专利	项	1	115 000.00	115 000.00	17%	6 900.00
合　计					¥115 000.00		¥6 900.00

价税合计 （大写）	⊗壹拾贰万壹仟玖佰元整　　（小写）¥121 900.00

销货方	名　　　称：九州市广宇科技开发公司 纳税人识别号：465002320022338 地址、电话：大关路62号 8002658 开户行及账号：工行一路支行 200300222212230	备注： （发票专用章）

第二联 抵扣联 购货方扣税凭证

编制会计凭证,见表2-77。

表2-77

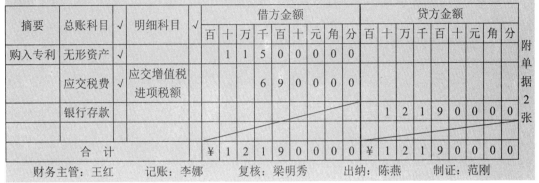

本 章 小 结

本章主要介绍存货购置、金融资产购置、长期股权投资、固定资产购置和无形资产购置等有关内容。基本要点如下:

(1) 存货购置。存货是指企业在日常活动中持有的以备出售的产成品或商品、处在生产过程中的在产品、在生产过程中或提供劳务过程中耗用的材料和物资等。在不同的存货计价方法下,取得存货的会计处理也不同。材料在实际成本计价法下,科目设置有"在途物资"和"原材料",按材料的实际成本入账;而在计划成本计价法下,科目设置有"材料采购""原材料"和"材料成本差异",并按材料的计划成本入账。

(2) 金融资产购置。金融资产主要是指企业的现金、持有的其他单位的权益工具、从其他单位收取现金或其他金融资产的合同权利、在潜在的有利条件下与其他单位交换金融资产或金融负债的合同权利。取得的交易性金融资产按公允价值入账,记入"交易性金融资产"科目,发生的交易费用记入"投资收益"科目。取得的持有至到期投资应按该投资债券的面值,借记"持有至到期投资——成本"科目;按支付的价款中包含的已到付息期但尚未领取的利息,借记"应收利息"科目;按实际支付的金额,贷记"银行存款"等科目;按其差额,借记或贷记"持有至到期投资——利息调整"科目。

(3) 长期股权投资。长期股权投资是指通过投出各种资产取得被投资企业股权且不准备随时出售的投资。长期股权投资会计处理方法有两种:成本法和权益法。在成本法下,长期股权投资以取得股权时的成本计价;其后,除了投资企业追加投资或收回投资等情形外,长期股权投资的账面价值保持不变。成本法的适用范围是投资企业对被投资企业实施控制、不具有重大影响或不具有共同控制。权益法是指投资最初以投资成本计价,以后根据投资企业享有被投资单位所有者权益份额的变动对投资的账面价值进行调整的方法。权益法的适用范围是投资企业对被投资企业具有重大影响或共同控制。

(4) 固定资产购置。固定资产是指为生产商品、提供劳务、出租或经营管理而持有的,且使用寿命超过一个会计年度的有形资产。对于取得的固定资产,当需要安装或建造时,按发生的成本记入"在建工程"科目,待达到预定使用状态时,将累计发生的固定资产成本从"在建工程"科目的贷方转入到"固定资产"科目的借方;当不需要安装时,按发生的固定资产成本记入"固定资产"科目的借方。

(5) 无形资产购置。无形资产是指企业拥有或者控制的没有实物形态的可辨认的非货币性资产,通常包括专利权、非专利技术、商标权、著作权、特许权、土地使用权等。取得的无形资产按其取得成本记入"无形资产"科目的借方。

第 3 章

生产过程业务

学习目标

- 了解生产过程中的主要业务所涉及的会计凭证取得的程序和填制方法。
- 掌握产品生产过程中料、工费的归集和分配,计算完工产品的成本及账务处理。

技能要求

- 了解生产过程中主要会计凭证取得的程序和填制方法。
- 理解周转材料的摊销方法。
- 掌握在不同的成本计价核算方法下,对发出存货的成本进行计算和账务处理,固定资产折旧计算和账务处理,职工薪酬内容、计算和账务处理,辅助生产费用与制造费用的归集和分配,生产费用在完工产品与在产品之间进行分配,能运用品种法对完工产品成本进行计算。

学习指导

- 本章主要阐述在实际成本计价核算与计划成本计价核算下存货发出成本的核算、职工薪酬的核算、固定资产折旧核算、辅助生产费用与制造费用的归集和分配、完工产品成本的计算和结转,以及在生产过程中涉及的主要会计凭证的取得程序和填制方法。
- 本章的重点是存货发出的核算、固定资产折旧核算、工资及福利费的核算、辅助生产费用与制造费用的归集和分配,以及产品成本的计算。
- 本章的难点是在计划成本计价法下发出存货成本的核算、辅助生产费用的归集和分配、完工产品成本的计算。

第一节 存货发出

一、按实际成本计价核算

(一) 存货发出的计价

存货按实际成本计价核算时,由于同一种存货取得的时间和地点不同,所以各批存货入库时的实际成本也就随之各异。而当发出存货时,该批存货可能含有多种不相同的单位成本。因此,必须采取一定的方法,正确计算发出存货的单位实际成本。《存货》准则规定,发出存货的计价方法有月末一次加权平均法、移动加权平均法、先进先出法和个别计价法。

1. 月末一次加权平均法

月末一次加权平均法是指企业以库存存货的数量为权数,平均计算其单位成本,以此作为发出存货的计价标准的一种方法。其计算公式为

$$加权平均单位成本 = \frac{期初结存存货实际成本 + 本期收入存货实际成本}{期初结存存货的数量 + 本期收入存货的数量}$$

$$加权平均单位成本 = 加权平均单位成本 \times 发出存货数量$$

采用一次加权平均法,核算简便,计算的平均单位成本比较合理,实际价值与市价不会偏差太大。但库存存货的平均单位成本的计算、发货凭证的计价、汇总账页的汇总与登记等工作都集中在月末一次计算,因此,这既加重了月末核算的工作量,又影响了核算的及时性。而另一种加权平均法,即移动加权平均法,就能克服上述缺点。

2. 移动加权平均法

移动加权平均法是指企业每取得一批存货,就重新计算一次存货的加权平均单位成本,并据此计算发出存货成本的一种方法。其计算公式为

$$加权平均单位成本 = \frac{上次结存存货实际成本 + 本次收入存货实际成本}{上期结存存货的数量 + 本次收入存货的数量}$$

$$发出存货实际成本 = 加权平均单位成本 \times 发出存货数量$$

采用移动加权平均法,可将发出存货的计价工作分散在月内进行,从而减轻了月末核算的工作量。但由于每取得一批存货,就要计算一次加权平均单位成本,这不仅计算复杂,而且加大了平时核算的工作量。

3. 先进先出法

先进先出法是指企业以先购进的存货先发出这一实物流转为前提,计算发出存货成本的一种计算方法。采用这种方法,先购入的存货成本在后购入的存货成本之前转出。

采用先进先出法的优点是:这种计价方法与存货流程相符,期末账面价值与市价相接近。另外,把计价的工作分散在月内进行,有利于均衡工作量,加速月末的结账工作。但是这种核算方法的手续较繁杂,加重了日常核算的工作量。

4. 个别计价法

个别计价法是按各个存货的个别成本对发出存货的成本进行计价的一种方法。采用这种方法,需要对收入的各批存货成本逐一加以辨认,并以此计算每批的发出存货和期末结存存货的成本。

个别计价法可使成本流动建立于货物流动的基础上，计价合理、准确，便于确定每批存货的盘盈或盘亏数量。其缺点在于：工作量太大，存货保管麻烦。因此，这种方法仅适用于那些具有可识别特征，而且数量不多、单价昂贵的商品，如珠宝、黄金或其他贵重物品等。

（二）**存货发出的账务处理**

存货发出后，应按其经济用途分别归集和分配到不同的费用成本账户中去。基本生产车间生产产品耗用的原材料，应借记"生产成本——基本生产成本"科目；辅助生产耗用的原材料，应借记"生产成本——辅助生产成本"科目；生产车间一般性耗用的原材料，应借记"制造费用"科目；行政管理部门耗用的原材料，应借记"管理费用"科目；企业施工部门工程耗用的原材料，应借记"在建工程"科目；专设销售机构耗用的原材料，应借记"销售费用"科目，同时按耗用原材料的实际成本贷记"原材料"科目。周转材料（包装物和低值易耗品）摊销方法有一次摊销法和五五摊销法。一次摊销法就是在领用时一次记入有关成本和费用，五五摊销法就是分别在领用和报废（或收不回来）时摊销其价值的50%。五五摊销法的账务处理是：领用时应按其账面价值，借记"周转材料——在用"科目，贷记"周转材料——在库"科目，同时，摊销账面价值的50%，其摊销额借记有关成本和费用等科目，贷记"周转材料——摊销"科目；报废时摊销账面价值的50%，其摊销额借记有关成本和费用等科目，贷记"周转材料——摊销"科目，同时，应按其账面价值，借记"周转材料——摊销"科目，贷记"周转材料——在用"科目；收回的残值，借记"原材料（或银行存款）"科目，贷记有关成本和费用等科目。

生产产品领用材料

（1）一车间生产产品D201KJ领用原材料铝锭2吨，二车间生产产品N101领用铜板1吨。
（2）附原始凭证，见表3-1和表3-2。

表3-1

领 料 单

领料部门：一车间
用　途：生产D201KJ　　　　20××年12月2日　　　　第3126号

品　名	规格型号	单　位	数量		单价	金额
			请领	实领		
铝锭	GL130	吨	2	2	13 684.50	27 369.00
合　计						¥27 369.00
物料号码			备注：			

领料部门负责人：张谦　　　领料人：王海霞　　　会计：王海　　　发料人：薛庆

表 3-2

领 料 单

领料部门：二车间
用　途：生产 N101　　　　20××年12月2日　　　　第 3127 号

品 名	规格型号	单位	数量		单价	金额
			请领	实领		
铜板	LB58	吨	1	1	29 620.00	29 620.00
合　计						¥29 620.00
物料号码		备注：				

领料部门负责人：张谦　　　领料人：陈杰　　　会计：王海　　　发料人：薛庆

编制会计凭证，见表3-3。

表 3-3

记 账 凭 证

20××年12月2日　　　　第 5 号

摘要	总账科目	√	明细科目	√	借方金额									贷方金额								
					百	十	万	千	百	十	元	角	分	百	十	万	千	百	十	元	角	分
生产产品领料	生产成本	√	D201KJ				2	7	3	6	9	0	0									
	生产成本	√	N101				2	9	6	2	0	0	0									
	原材料	√	主要材料（铝锭）													2	7	3	6	9	0	0
	原材料	√	主要材料（铜板）													2	9	6	2	0	0	0
合　计					¥	5	6	9	8	9	0	0		¥	5	6	9	8	9	0	0	

附单据 2 张

财务主管：王红　　　记账：李娜　　　复核：梁明秀　　　出纳：陈燕　　　制证：范刚

例 3-2

车间领用低耗品

(1) 机修车间领用工作服30套，采用五五摊销法；生产技术科领用牛皮纸和涂料，采用一次摊销法。

(2) 附原始凭证，见表3-4和表3-5。

表 3-4

领 料 单

领料部门：机修车间
用　途：工作服　　　　20××年12月2日　　　　第3128号

品　名	规格型号	单位	数量		单价	金额
			请领	实领		
工作服	GL130	套	30	30	120.00	3 600.00
合　计						¥3 600.00
物料号码	备注：					

领料部门负责人：张谦　　领料人：苏易天　　会计：王海　　发料人：江珊珊

表 3-5

领 料 单

领料部门：生产技术科
用　途：研制新产品　　　20××年12月2日　　　　第3129号

品　名	规格型号	单位	数量		单价	金额
			请领	实领		
牛皮纸	GL130	千克	10	10	70.05	700.50
专用涂料		千克	20	20	12.03	240.60
合　计						¥941.10
物料号码	备注：					

领料部门负责人：张谦　　领料人：兆国强　　会计：王海　　发料人：江珊珊

编制会计凭证，见表3-6至表3-8。

表 3-6

记 账 凭 证

20××年12月2日　　　　　　　　　　　　　　　第6号

摘要	总账科目	√	明细科目	√	借方金额									贷方金额								
					百	十	万	千	百	十	元	角	分	百	十	万	千	百	十	元	角	分
领用低耗品	周转材料	√	已用					3	6	0	0	0	0									
	周转材料	√	在库														3	6	0	0	0	0
合　计					¥			3	6	0	0	0	0	¥			3	6	0	0	0	0

财务主管：王红　　记账：李娜　　复核：梁明秀　　出纳：陈燕　　制证：范刚

附单据1张

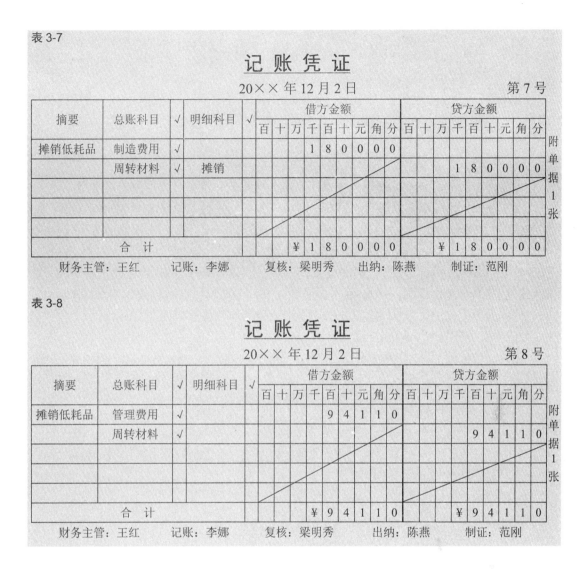

二、按计划成本计价核算

（一）存货发出计价

为了组织生产经营，当存货按计划成本计价发出核算时，应将本月所发生的各项存货发出的业务，按存货耗用用途加以归集分配，编制"发出存货分配表"，列明本月发出存货的计划成本及应分摊的存货成本差异额。"发出存货分配表"一般一式两联，其中一联作为存货发出核算的依据，另一联作为产品成本核算的依据或核算有关资产、费用的依据。编制"发出存货分配表"，需要列明发出存货应分摊的成本差异额。发出存货应分摊的成本差异额的计算公式为

$$存货成本差异率 = \frac{月初结存存货成本差异额 + 本月收入存货成本差异额}{月初结存存货计划成本 + 本月收入存货计划成本}$$

$$发出存货应分摊的成本差异额 = 发出存货的计划成本 \times 差异率$$

当存货成本差异额为超支差异时用正号；当存货成本差异额为节约差异时用负号。所以，当该公式的计算结果为正数时，即为正差异率，表示超支；当该公式的计算结果为负数时，即为负差异率，表示节约。

在存货按计划成本计价的情况下，存货发出的核算包括两个方面内容：一方面，应按发出存货的用途将其计划成本归集到有关成本、费用等账户中去；另一方面，要分摊其发出存货应分摊的材料成本差异额。超支差异从"材料成本差异"账户的贷方转出，节约差异从"材料成本差异"账户的借方转出。发出存货实际成本的计算公式为

发出存货实际成本＝发出存货的计划成本＋发出存货应分摊的成本差异额

（二）存货发出的账务处理

根据"材料发出汇总表"，结转发出原材料的计划成本，借记"生产成本""制造费用""管理费用""在建工程"和"其他业务成本"等账户，贷记"原材料"账户；分摊发出原材料成本超支差异，借记"生产成本""制造费用""管理费用""在建工程"和"其他业务成本"等账户，贷记"材料成本差异"账户；分摊发出原材料成本节约差异，借记"材料成本差异"账户，贷记"生产成本""制造费用""管理费用""在建工程"和"其他业务成本"等账户。

生产产品领用原材料，
月末根据"发出材料汇总表"编制会计分录

（1）一车间生产产品 D201KJ 领用原材料铝锭 2 吨，二车间生产产品 N101 领用铜板 1 吨。

（2）附原始凭证，见表 3-9 和表 3-10。

表 3-9

领 料 单

领料部门：一车间

用　　途：生产 D201KJ　　　　20×× 年 12 月 2 日　　　　第 3130 号

品名	规格型号	单位	数量		实际成本		计划成本	
			请领	实领	单价	金额	单价	金额
铝锭	GL130	吨	2	2	13 684.50	27 369.00	13 000.00	26 000.00
合　计						¥27 369.00		¥26 000.00
物料号码	备注：							

领料部门负责人：张谦　　　领料人：王海霞　　　会计：王海　　　发料人：薛庆

表3-10

领 料 单

领料部门：二车间
用　途：生产N101　　20××年12月2日　　第3131号

品　名	规格型号	单位	数量		实际成本		计划成本	
			请领	实领	单价	金额	单价	金额
铜板	LB58	吨	1	1	29 620.00	29 620.00	29 000.00	29 000.00
合　计						¥29 620.00		¥29 000.00
物料号码	备注							

领料部门负责人：张谦　　　领料人：王海霞　　　会计：王海　　　发料人：薛庆

由于是定期根据发出材料汇总表编制会计分录，所以在每次领用材料时无须编制会计分录。

例3-4

车间领用低耗品，
月末根据"发出材料汇总表"编制会计分录

(1) 机修车间领用工作服30套。
(2) 附原始凭证，见表3-11。

表3-11

领 料 单

领料部门：机修间
用　途：工作服　　20××年12月2日　　第3132号

品　名	规格型号	单位	数量		实际成本		计划成本	
			请领	实领	单价	金额	单价	金额
工作服	LB58	套	30	30	120.00	3 600.00	125.00	3 750.00
合　计						¥3 600.00		¥3 750.00
物料号码	备注							

领料部门负责人：张谦　　　领料人：王海霞　　　会计：王海　　　发料人：薛庆

由于是根据发出材料汇总表编制会计分录,所以在领用时无须编制会计分录。

例 3-5 结转发出存货的计划成本和成本差异

(1) 根据"领料单"编制企业的"原材料发出汇总表",并予以结转。
(2) 附原始凭证,见表 3-12 和表 3-13。

表 3-12

材料成本差异计算表

企业名称:彭城机床有限责任公司　　　20××年12月

类别	月初结存		本月收入		合计		成本差异率
	计划成本	成本差异	计划成本	成本差异	计划成本	成本差异	
原材料	1 329 250.00	50 474.97	774 420.00	-8 821.57	2 103 670.00	41 653.40	1.98%
周转材料	77 450.00	-2 913.00	3 000.00	-321.80	80 450.00	-3 234.80	-4.020 9%
合计							

会计主管:辛亚南　　　复核:李欣　　　制表:郑刚

表 3-13

原材料发出汇总表

企业名称:彭城机床有限责任公司　　　20××年12月

部门及用途	材料类别	计划成本					差异额 (差异率) 1.98%	实际成本
		主要材料	辅助材料	外购件	燃料	合计		
一车间	D201KJ	290 974.70				290 974.70		296 736.00
	D202KJ	211 617.96				211 617.96		215 808.00
	一般消耗				9 800.00	9 800.00		9 994.00
	小计					512 392.66	10 145.37	522 538.00
二车间	N101	149 480.58				149 480.58		152 440.30
	XZ112	229 800.00				229 800.00		234 350.04
	一般消耗			30 920.00		30 920.00		31 532.22
	小计					410 200.58	8 121.97	418 322.56

(续表)

部门及用途	材料类别	计划成本 主要材料	计划成本 辅助材料	计划成本 外购件	计划成本 燃料	计划成本 合计	差异额（差异率）1.98%	实际成本
装配车间	M54L	309 200.00				309 200.00		315 322.16
装配车间	H68Z	216 439.998				216 439.998		220 725.51
装配车间	一般消耗		8 000.00			8 000.00		8 158.40
装配车间	小计					533 639.998	10 566.07	544 206.07
供气车间	蒸汽				10 400.00	10 400.00		10 605.92
供气车间	一般消耗				60.00	60.00		61.19
供气车间	小计					10 460.00	207.11	10 667.11
机修车间	设备修理							
机修车间	一般消耗		400.00			400.00		407.92
机修车间	小计					400.00	7.92	407.92
管理部门			1 560.00			1 560.00	30.89	1 590.89
包装产品			2 040.00			2 040.00	40.39	2 080.39
合计						¥1 470 693.24	29 119.72	¥1 499 812.96

(1) 差异率和分摊的差异额计算。

$$原材料差异率 = \frac{月初原材料成本差异额 + 本月入库原材料成本差异额}{月初库存原材料计划成本 + 本月入库原材料计划成本} = \frac{41\,653.40}{2\,103\,670.0}$$

$$= 1.98\%$$

一车间领用原材料应负担的差异额 = 领用原材料计划成本 × 差异率
= 512 392.66 元 × 1.98% = 10 145.37 元

二车间领用原材料应负担的差异额 = 领用原材料计划成本 × 差异率
= 410 200.58 元 × 1.98% = 8 121.97 元

装配车间领用原材料应负担的差异额 = 领用原材料计划成本 × 差异率
= 533 639.998 元 × 1.98% = 10 566.07 元

供气车间领用原材料应负担的差异额 = 领用原材料计划成本 × 差异率
= 10 460.00 元 × 1.98% = 207.11 元

机修车间领用原材料应负担的差异额 = 领用原材料计划成本 × 差异率
= 400.00 元 × 1.98% = 7.92 元

管理部门领用原材料应负担的差异额 = 领用原材料计划成本 × 差异率
= 1 560.00 元 × 1.98% = 30.89 元

包装产品领用原材料应负担的差异额＝领用原材料计划成本 × 差异率
=2 040.00元 ×1.98%=40.39元

（2）编制会计凭证，见表3-14至表3-17。

表3-14

记 账 凭 证

20×× 年 12 月 31 日　　　　　　　　　　　第 $102\frac{1}{4}$ 号

摘要	总账科目	√	明细科目	√	借方金额 百十万千百十元角分	贷方金额 百十万千百十元角分	
领用材料	制造费用	√	一车间		5 1 2 3 9 2 6 6		附单据1张
			二车间		4 1 0 2 0 0 5 8		
			装配车间		5 3 3 6 4 0 0 0		
			机修车间		4 0 0 0 0		
			供气车间		1 0 4 6 0 0 0		
合 计							

财务主管：王红　　记账：李娜　　复核：梁明秀　　出纳：陈燕　　制证：范刚

表3-15

记 账 凭 证

20×× 年 12 月 31 日　　　　　　　　　　　第 $102\frac{2}{4}$ 号

摘要	总账科目	√	明细科目	√	借方金额 亿千百十万千百十元角分	贷方金额 亿千百十万千百十元角分	
领用材料	管理费用	√			1 5 6 0 0 0		附单据1张
	销售费用	√			2 0 4 0 0 0		
	原材料	√				1 4 7 0 6 9 3 2 4	
合 计					¥ 1 4 7 0 6 9 3 2 4	¥ 1 4 7 0 6 9 3 2 4	

财务主管：王红　　记账：李娜　　复核：梁明秀　　出纳：陈燕　　制证：范刚

表3-16

记 账 凭 证

20×× 年 12 月 31 日　　　　　　　　　　　第 $102\frac{3}{4}$ 号

摘要	总账科目	√	明细科目	√	借方金额 百十万千百十元角分	贷方金额 百十万千百十元角分	
分配价差	制造费用	√	一车间		1 0 1 4 5 3 7		附单据1张
			二车间		8 1 2 1 9 7		
			装配车间		1 0 5 6 6 0 7		
			机修车间		7 9 2		
			供气车间		2 0 7 1 1		
合 计							

财务主管：王红　　记账：李娜　　复核：梁明秀　　出纳：陈燕　　制证：范刚

表3-17

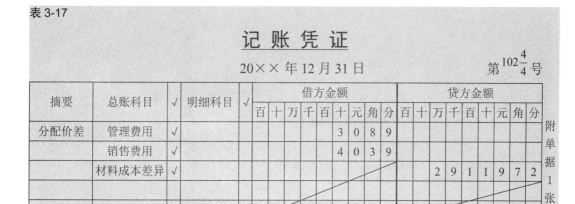

记 账 凭 证

20××年12月31日　　　第 102 4/4 号

摘要	总账科目	√	明细科目	√	借方金额	贷方金额	
					百十万千百十元角分	百十万千百十元角分	
分配价差	管理费用	√			3 0 8 9		附单据1张
	销售费用	√			4 0 3 9		
	材料成本差异	√				2 9 1 1 9 7 2	
	合　计				¥　2 9 1 1 9 7 2	¥　2 9 1 1 9 7 2	

财务主管：王红　　记账：李娜　　复核：梁明秀　　出纳：陈燕　　制证：范刚

例 3-6　结转发出周转材料的计划成本和成本差异

（1）根据"领料单"编制企业的"周转材料发出汇总表"，并予以结转和摊销。量具、刃具和工作服采用五五摊销法。

（2）附原始凭证，见表3-18。

表3-18

周转材料发出汇总表

企业名称：彭城机床有限责任公司　　　20××年12月

领用部门	类别	量具	刃具	工作服	其他	合计
一车间	计划总成本	1 500.00				
	本月差异率	-0.04				
	本月应负担差异额	-30.00				
	实际总成本	1 440.00				
	本月摊销额	720.00				
二车间	计划总成本		6 800.00			
	本月差异率		-0.04			
	本月应负担差异额		-136.00			
	实际总成本		6 528.00			
	本月摊销额		3 264.00			
装配车间	计划总成本			2 000.00		
	本月差异率			-0.04		
	本月应负担差异额			-40.00		
	实际总成本			1 920.00		
	本月摊销额			960.00		

(1) 本月发出低值易耗品实际成本计算。

低值易耗品差异率 = (月初低耗品成本差异额 + 本月入库低耗品成本差异额) / (月初库存低耗品计划成本 + 本月入库低耗品计划成本)

本月发出量具应负担的差异额 = 本月发出量具的计划成本 × 差异率
　　　　　　　　　　　　= (1 500÷2) 元 × (-0.04) =-30.00 元

本月发出量具的实际成本 = 本月发出量具的计划成本 × (1+ 差异率)
　　　　　　　　　　　=1 500 元 × (1-0.04) =1 440.00 元

本月应摊销的量具成本 =1 440.00 元 ÷2=720.00 元

本月发出刃具应负担的差异额 = 本月发出刃具的计划成本 × 差异率
　　　　　　　　　　　　= (6 800 元 ÷2) × (-0.04) =-136.00 元

本月发出刃具的实际成本 = 本月发出刃具的计划成本 × (1+ 差异率)
　　　　　　　　　　　=6 800 元 × (1-0.04) =6 528.00 元

本月应摊销的刃具成本 =6 528 元 ÷2=3 264.00 元

本月发出工作服应负担的差异额 = 本月发出工作服的计划成本 × 差异率
　　　　　　　　　　　　　= (2 000 元 ÷2) × (-0.04) =-40.00 元

本月发出工作服的实际成本 = 本月发出工作服的计划成本 × (1+ 差异率)
　　　　　　　　　　　　=2 000 元 × (1-0.04) =1 920.00 元

本月应摊销的工作服成本 =1 920 元 ÷2=960.00 元

(2) 编制会计凭证,见表 3-19 至表 3-21。

表 3-19

记 账 凭 证

20×× 年 12 月 31 日　　　　　　　　第 104 1/3 号

摘要	总账科目	√	明细科目	√	借方金额 百十万千百十元角分	贷方金额 百十万千百十元角分
领用低耗品	周转材料	√	已用		1 0 3 0 0 0 0	
	周转材料	√	在库			1 0 3 0 0 0 0
合 计					¥ 1 0 3 0 0 0 0	¥ 1 0 3 0 0 0 0

附单据 1 张

财务主管:王红　　记账:李娜　　复核:梁明秀　　出纳:陈燕　　制证:范刚

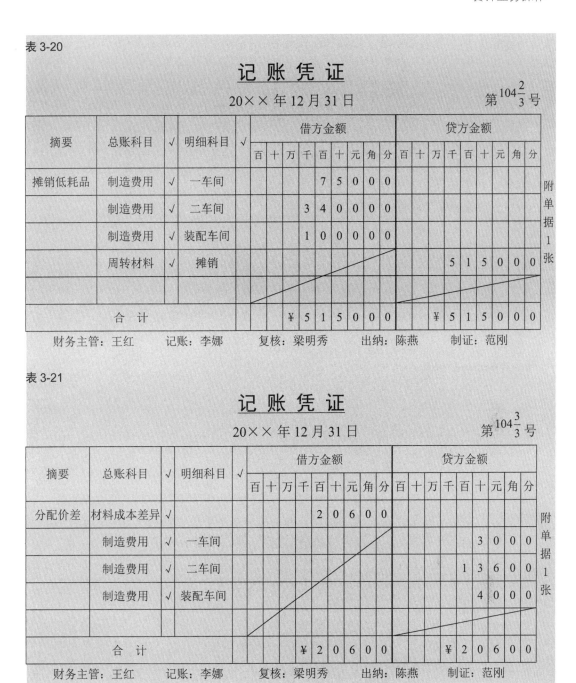

第二节 职工薪酬

一、职工薪酬的内容

职工薪酬是指职工在职期间和离职后提供给职工的全部货币性薪酬和非货币性薪酬，

既包括提供给职工本人的薪酬,也包括提供给职工配偶、子女或其他被赡养人的福利等。职工薪酬可分为短期职工薪酬、离职后福利、辞退福利和其他长期职工福利。短期薪酬指企业在职工提供相关服务的年度报告期间结束后12个月内需要全部予以支付的职工薪酬;离职后福利指企业为获得职工提供的服务而在职工退休或与企业解除劳动关系后,提供的各种形式的报酬和福利;辞退福利指企业在职工劳动合同到期之前解除与职工的劳动关系,或者为鼓励职工自愿接受裁减而给予职工的补偿;其他长期职工福利指除短期薪酬、离职后福利、辞退福利之外所有的职工薪酬,包括长期带薪缺勤、长期残疾福利、长期利润分享计划等。为了反映职工薪酬的发放和提取情况,应设置"应付职工薪酬"科目进行核算,该科目应按照职工薪酬的类别设置明细科目。

二、工资核算

(一)工资内容

工资包括企业职工的计时工资、计件工资、奖金、津贴和补贴、加班加点工资等。

1. 计时工资

计时工资是按照职工的计时工资标准和工作时间支付给职工的劳动报酬。

2. 计件工资

计件工资是按照计件工资标准和职工完成工作的数量支付给职工的劳动报酬。

3. 奖金

奖金是按照职工的超额劳动工作量和增收节支业绩支付给职工的劳动报酬,如生产奖、节约奖、劳动竞赛奖及其他奖金。

4. 津贴和补贴

津贴是为了补偿职工特殊或额外劳动消耗和其他特殊原因支付给职工的劳动报酬,如夜班津贴、班组长津贴等;补贴是为了保证职工工资水平不受物价上涨影响而支付给职工的劳动报酬,如肉价补贴、副食品价格补贴、房价补贴、粮价补贴等。

5. 加班加点工资

加班加点工资是按照规定的标准和职工加班加点的时间支付给职工的劳动报酬,如节日加班工资等。

6. 特殊情况下支付的工资

特殊情况下支付的工资是指根据劳动保险及其他规定,职工在非工作期间如病、工伤、产假、探亲假等规定假期内按一定标准支付的工资。

(二)应付工资的原始记录及结算

1. 应付工资核算的原始记录

为了正确计算工资,必须建立和健全各种职工工资核算的原始记录。应付工资核算的原始记录主要包括以下内容:

(1)工资卡。工资卡主要是记录工资级别、工资标准的记录,它反映职工的进厂时间、工种、工资级别、标准、工资变动情况及有关津贴等资料。

(2)考勤簿。考勤簿是登记职工出、缺勤情况的原始记录,是计算职工工资的主要依据。

(3)产量工时记录。产量工时记录是登记工人或小组在出勤时间内完成的产量和耗用工时的原始记录,它根据企业的生产类型不同,又可分为工作通知单、工序进程单、工作班产量记录等。

2. 应付工资结算

在实际工作中,企业办理职工的职工工资结算是通过编制"工资结算表"进行的,"工资结算表"按车间或部门编制。

为了反映整个企业职工工资的结算和支付情况,还要编制"工资结算汇总表",以掌握整个企业职工工资结算和支付情况,并以此作为向银行提取现金的依据。而为了反映职工工资分配情况,便于职工工资分配的总分类核算,还应根据"工资结算汇总表"编制"工资费用分配表"。应付工资的计算方法如下:

(1) 计时工资制度下应付工资的计算。在实行计时工资制的企业里,职工的工资都是按月工资计算的,不论当月实际天数多少,都按同样的标准计算工资。如果发生缺勤,则应按照有关规定在全勤月工资中扣除,具体计算公式为

$$应付工资 = 月标准工资 + 奖金 + 各种工资性津贴 - (事假日数 \times 日工资标准 + 病假日数 \times 日工资标准 \times 病假应扣工资比例)$$

日工资计算有两种方法:一种是每月按 30 天计算,即日工资 = 月工资 ÷ 30;另一种是每月按 21 天计算,即日工资 = 月工资 ÷ 21(全年 365 天,减去 104 个双休日和 11 个法定假日,再除以 12 个月,即为 21 天)。必须说明,采用前一种日工资计算应付工资时,节假日照付工资,缺勤期间的节假日要照扣工资;采用后一种日工资计算应付工资时,节假日不付工资,缺勤期间的节假日也不扣工资。

(2) 计件工资制下应付工资的计算。在实行计件工资制的企业里,职工的工资是根据当月生产的实际合格产品的数量乘以规定的计件单价计算的。由于材料缺陷原因而造成的废品(料废),应按照计件单价照付工资;由于加工过失而造成的废品(工废),则不支付工资。计件工资的计算公式为

$$应付计件工资 = \sum(合格品数量 \times 计件单件 + 料废品数量 \times 计件单价)$$

(三) 应付工资的账务处理

为了总括地反映企业与职工有关工资的结算和分配情况,企业应设置"应付职工薪酬——职工工资"账户,该账户借方登记实际支付给职工的工资报酬和各种代扣款项,贷方登记应付职工工资。凡是包括在职工工资总额内的各种工资、奖金、津贴等,不论当月是否实际支付,都要通过该科目核算。

对于在职工工资中代扣的各种款项,应按不同内容分别处理。对应该付给有关单位或部门的款项,如应由职工个人负担的社会保险费和住房公积金等,应先记入"应付职工薪酬—职工工资"账户借方和"其他应付款"账户贷方,待付给有关单位时,再记入"其他应付款"账户借方和"银行存款"账户贷方。对企业已先行垫付的款项,如职工借款、职工家属医药费等,因在垫付时已记入"其他应收款"账户的借方,故扣回时应贷记"其他应收款"账户。

三、福利费核算

企业职工从事生产经营活动除了领取劳动报酬以外,还享受一定的福利补助,如医疗费等。为了反映职工福利的支付与分配情况,应在"应付职工薪酬"科目下设置"职工福利"明细科目。

（一）应付福利费的支出

当企业发生福利费支出时，应借记"应付职工薪酬——职工福利"科目，贷记有关科目。

（二）应付福利费的分配

月末，企业应按照用途对发生的职工福利费进行分配。在各月实际发生的职工福利费相差不大的情况下，可以根据实际发生的金额进行分配；若各月发生的职工福利费相差较大，则应根据估计的金额进行分配。当企业分配职工福利费时，应借记"生产成本""制造费用""管理费用""销售费用""在建工程"和"研发支出"等科目，贷记"应付职工薪酬——职工福利"科目。

四、工会经费和职工教育经费核算

（一）工会经费和职工教育经费的计提

工会经费是按照国家规定由企业负担用于工会活动方面的经费。职工教育经费是按照国家规定由企业负担用于职工教育方面的经费。为反映工会经费和职工教育经费的提取和使用情况，应在"应付职工薪酬"科目下设置"工会经费"和"职工教育经费"明细科目。

当企业计提工会经费和职工教育经费时，应根据职工工资的一定比例计算，并按职工工资的用途进行分配，借记"生产成本""制造费用""管理费用""销售费用"和"在建工程"等科目，贷记"应付职工薪酬——工会经费（或职工教育经费）"科目。

（二）工会经费和职工教育经费的使用

当企业划拨工会经费时，应借记"应付职工薪酬——工会经费"科目，贷记"银行存款"科目。如果企业的工会经费由企业代管，则在发生工会经费支出时，借记"应付职工薪酬——工会经费"科目，贷记有关科目。

企业计提的职工教育经费一般由企业代管，在发生各项支出时，借记"应付职工薪酬——职工教育经费"科目，贷记有关科目。

例 3-7

计算职工工资

(1) 根据"工资卡""出勤统计表""奖金结算单"等原始凭证，计算职工工资。

(2) 附原始凭证，见表 3-22 至表 3-29。

表 3-22

一车间定额工时统计表
20××年 12 月

部　门	人　数	完成定额工时
车间办公室	3	540
第一生产小组	10	1 437
第二生产小组	43	7 270
合　计	56	9 247

审核：李莎　　　　　　　　　　　　　　　　制单：王淼

表 3-23

彭城机床有限责任公司职工工资卡
20××年12月

部门：一车间第一生产小组

姓名	职务	职称	工龄	基本工资			辅助工资	
				标准工资	岗位技能工资	日工资	津贴	工龄工资
吴新平	组长	工程师	16	600	340		80	16
林晓林	副组长	助工	18	540	300		80	18
王丹红	工人	技师	9	495	240		70	9
赵庆山	工人		7	360	200		70	7
张宝国	工人		6	360	200		70	6
刘清华	工人		6	360	200		70	6
沈丽娟	工人		5	300	200		70	5
王苏亚	工人		4	280	180		60	4
陈杰	工人		4	280	180		60	4
黄小哲	工人		2	260	160		60	2

审核：张天天　　　　　　　　　　　　　制单：王利

表 3-24

病假工资发放比例表
20××年12月

工　龄	不满2年	2～4年	4～6年	6～8年	8年以上
病假工资是标准工资的百分比	60%	70%	80%	90%	100%

表 3-25

出勤统计表
20××年12月

部门：一车间第一生产小组

姓名	出勤	病假	事假	探亲假	产假	婚假	丧假	工伤假	旷工	公假	迟到	加班	完成工时
吴新平	21									1			160
林晓林	22												176
王丹红	19		2	1									150
赵庆山	20		2										155
张宝国	16					6							120
刘清华					22								
沈丽娟	22												176
王苏亚	20	1	1										154
陈杰	21	1											170
黄小哲	22												176

统计员：马晓晓　　　　　　　　　　劳资科审核员：叶沙

表 3-26

房租、水电、公积金扣款表
20××年12月

姓 名	房租费	公积金	水 费		电 费		金额合计	备 注
			水 量	水 费	电 量	电 费		
吴新平	20.00	20.30	15	15	70	66.5	121.80	
林晓林	18.00	21.30	13	13	82	77.90	130.20	
王丹红	18.00	20.15	12	12	60	57.00	107.15	
赵庆山	13.50	13.70	9	9	55	52.25	88.45	
张宝国	12.50	13.35	10	10	70	66.50	102.35	
刘清华	11.00	13.05	10	10	62	58.90	92.95	
沈丽娟		13.05					13.05	
王苏亚	9.00	12.75	11	11	58	55.1	87.85	
陈杰	9.00	11.90	8	8	50	47.50	76.40	
黄小哲		7.50					7.50	
合 计							¥827.70	

审核：叶沙　　　　　　　　　　　制单：张欣欣

表 3-27

奖 金 结 算 单

部门：一车间第一生产小组　　　20××年12月

姓 名	完成工时	应付金额	签 章
吴新平	160	480.00	
林晓林	176	528.00	
王丹红	150	450.00	
赵庆山	155	465.00	
张宝国	120	360.00	
刘清华	0	0	
沈丽娟	176	528.00	
王苏亚	154	462.00	
陈杰	170	510.00	
黄小哲	176	528.00	
合 计	1 437	¥4 311.00	

审核：叶沙　　　　　　　　　　　制单：张欣欣

表 3-28

工资结算单
20××年12月31日

部门：一车间第一生产小组

序号	姓名	基本工资		辅助工资			加班工资	奖金	病假应扣工资	事假应扣工资	应付工资合计	代扣款项					实发工资	签章
		标准工资	岗位工资	津贴	工龄工资							房租费	公积金	水费	电费	小计		
1	吴新平	600	340	80	16			480.00			1 516.00	20.00	20.30	15.00	66.50	121.80	1 394.20	
2	林晓林	540	300	80	18			528.00			1 466.00	18.00	21.30	13.00	77.90	130.20	1 335.80	
3	王丹红	495	240	70	9			450.00			1 264.00	18.00	20.15	12.00	57.00	107.15	1 156.85	
4	赵庆山	360	200	70	7			465.00			1 102.00	13.50	13.70	9.00	52.25	88.45	1 013.55	
5	张宝国	360	200	70	6			360.00		36.19	959.81	12.50	13.35	10.00	66.50	102.35	857.46	
6	刘清华	360	200	70	6						636.00	11.00	13.05	10.00	58.90	92.95	543.05	
7	沈丽娟	300	200	70	5			528.00			1 103.00		13.05			13.05	1 089.95	
8	王苏亚	280	180	60	4			462.00	7.23	9.90	968.87	9.00	12.75	11.00	55.10	87.85	881.02	
9	陈杰	280	180	60	4			510.00			1 034.00	9.00	11.90	8.00	47.50	76.40	957.60	
10	黄小哲	260	160	60	2			528.00			1 010.00		7.50			7.50	1 002.50	

会计主管：辛亚南　　审核：叶沙　　制单：张欣欣

表 3-29

职工工资分配计算表

20×× 年 12 月

贷方科目：应付职工薪酬——工资　　　　　　　　　　　金额单位：元

借方科目	一车间	二车间	装配车间	机修车间	供气车间	管理部门	销售科
生产成本	42 315.81	53 829.22	32 000.00	5 000.30	15 000.00		
制造费用	6 235.90	8 300.50	4 200.00	12 560.30	3 610.90		
管理费用						23 000.00	
销售费用							42 000.00
合计	¥48 551.71	¥62 129.72	¥36 200.00	¥17 560.60	¥18 610.90	¥23 000.00	¥42 000.00

会计主管：辛亚南　　　　审核：叶沙　　　　　　制单：张欣欣

编制会计凭证，见表 3-30 至表 3-32。

表 3-30

记 账 凭 证

20×× 年 12 月 31 日　　　　　　　　　　　　　　　第 $107\frac{1}{3}$ 号

摘要	总账科目	√	明细科目	√	借方金额	贷方金额
分配工资	生产成本	√			1 5 5 7 0 5 3 3	
	制造费用	√	一车间		6 2 3 5 9 0	
			二车间		8 3 0 0 5 0	
			装配车间		4 2 0 0 0 0	
			供气车间		3 6 1 0 9 0	
	合 计					

附单据 1 张

财务主管：王红　　记账：李娜　　复核：梁明秀　　出纳：陈燕　　制证：范刚

表 3-31

记 账 凭 证

20×× 年 12 月 31 日　　　　　　　　　　　　　　　第 $107\frac{2}{3}$ 号

摘要	总账科目	√	明细科目	√	借方金额	贷方金额
分配工资	制造费用	√	机修车间		1 2 5 6 0 3 0	
	管理费用	√			2 3 0 0 0 0 0	
	销售费用	√			4 2 0 0 0 0 0	
	应付职工薪酬	√	工资			2 5 5 6 1 2 9 3
	合 计				¥2 5 5 6 1 2 9 3	¥2 5 5 6 1 2 9 3

附单据 1 张

财务主管：王红　　记账：李娜　　复核：梁明秀　　出纳：陈燕　　制证：范刚

表 3-32

记 账 凭 证

20××年12月31日　　　　　　第 $107\frac{3}{3}$ 号

摘要	总账科目	√	明细科目	√	借方金额 百十万千百十元角分	贷方金额 百十万千百十元角分	附单据1张
代扣款项	应付职工薪酬	√	工资		9 8 3 6 7 0		
	其他应付款	√				9 8 3 6 7 0	
	合　计				¥ 9 8 3 6 7 0	¥ 9 8 3 6 7 0	

财务主管：王红　　记账：李娜　　复核：梁明秀　　出纳：陈燕　　制证：范刚

提取现金，以备发放工资

(1) 从银行提取现金并发放工资。
(2) 附原始凭证，见表 3-33。

表 3-33

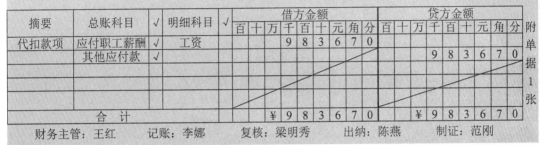

编制会计凭证，见表 3-34 和表 3-35。

表 3-34

记 账 凭 证

20××年12月11日　　　　　　第 $24\frac{1}{2}$ 号

摘要	总账科目	√	明细科目	√	借方金额 百十万千百十元角分	贷方金额 百十万千百十元角分	附单据1张
提现	库存现金	√			2 4 5 7 7 6 2 3		
	银行存款	√				2 4 5 7 7 6 2 3	
	合　计				¥ 2 4 5 7 7 6 2 3	¥ 2 4 5 7 7 6 2 3	

财务主管：王红　　记账：李娜　　复核：梁明秀　　出纳：陈燕　　制证：范刚

表 3-35

记 账 凭 证

20××年12月11日   第 24 2/2 号

摘要	总账科目	√	明细科目	√	借方金额 百十万千百十元角分	贷方金额 百十万千百十元角分	
发工资	应付职工薪酬	√			2 4 5 7 7 6 2 3		附单据1张
	库存现金	√				2 4 5 7 7 6 2 3	
合 计					¥ 2 4 5 7 7 6 2 3	¥ 2 4 5 7 7 6 2 3	

财务主管：王红　　记账：李娜　　复核：梁明秀　　出纳：陈燕　　制证：范刚

例 3-9

计算职工福利费

(1) 计提职工福利费。

(2) 附原始凭证，见表 3-36。

表 3-36 见下页所列。

(1) 计算福利费。

计提的职工福利费 = 应付工资总额 ×14%

计入生产成本的福利费 =155 705.33 元 ×14%=21 798.75 元

计入制造费用的福利费 =34 907.60 元 ×14%=4 887.06 元

计入管理费用的福利费 =23 000.00 元 ×14%=3 220.00 元

计入销售费用的福利费 =42 000.00 元 ×14%=5 880.00 元

(2) 编制会计凭证，见表 3-37。

表 3-37

记 账 凭 证

20××年12月31日   第 110 号

摘要	总账科目	√	明细科目	√	借方金额 百十万千百十元角分	贷方金额 百十万千百十元角分	
计提福利	生产成本	√			2 1 7 9 8 7 5		附单据1张
	制造费用	√			4 8 8 7 0 6		
	管理费用	√			3 2 2 0 0 0		
	销售费用	√			5 8 8 0 0 0		
	应付职工薪酬	√	职工福利			3 5 7 8 5 8 1	
合 计					¥ 3 5 7 8 5 8 1	¥ 3 5 7 8 5 8 1	

财务主管：王红　　记账：李娜　　复核：梁明秀　　出纳：陈燕　　制证：范刚

表 3-36

职工福利费计提表

20×× 年12月

贷方科目：应付职工薪酬——职工福利

金额单位：元

项目	一车间		二车间		装配车间		机修车间		供气车间		销售科	管理部门
	生产工人	管理人员	生产工人	管理人员	生产工人	管理人员	生产工人	管理人员	生产工人	管理人员		
计提基数	42 315.81	6 235.90	53 829.22	8 300.50	32 000.00	4 200.00	12 560.30	5 000.30	15 000.00	3 610.90	42 000.00	23 000.00
生产成本	5 924.213 4		7 536.0908		4 480.00		1 758.442		2 100.00			
制造费用		873.026		1 162.07		580.00		700.042		505.526		
管理费用												3 220.00
销售费用											5 880.00	
合计												

会计主管：辛亚南　　　　审核：叶沙　　　　制表：王成

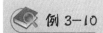

分配工会经费和职工教育经费

(1) 计提工会经费和职工教育经费。
(2) 附原始凭证,见表3-38。

表3-38

工会经费、职工教育经费计算分配表
20×× 年 12 月

项目	计提基数	应提工会经费（2%）	应提职工教育经费（1.5%）
生产成本	155 705.33	3 114.11	2 335.58
制造费用	34 907.60	698.15	523.61
管理费用	23 000.00	460.00	345.00
销售费用	42 000.00	840.00	630.00
合 计		¥5 112.26	¥3 834.19

会计主管：辛亚南　　　审核：叶沙　　　制表：张欣欣

(1) 计算工会经费和职工教育经费。

应计提的工会经费 = 应付工资 ×2%=255 612.93 元 ×2%=5 112.26 元

应计提的职工教育经费 = 应付工资 ×1.5%=255 612.93 元 ×1.5%=3 834.19 元

(2) 编制会计凭证,见表3-39和表3-40。

表3-39

记 账 凭 证
20×× 年 12 月 31 日　　　　第 $115\frac{1}{2}$ 号

摘要	总账科目	√	明细科目	√	借方金额 百十万千百十元角分	贷方金额 百十万千百十元角分	
计提工资附加费	生产成本	√			5 4 4 9 6 9		附单据1张
	制造费用	√			1 2 2 1 7 6		
	管理费用	√			8 0 5 0 0		
	销售费用	√			1 4 7 0 0 0		
	应付职工薪酬		工会经费			5 1 1 2 2 6	
	合 计						

财务主管：王红　　记账：李娜　　复核：梁明秀　　出纳：陈燕　　制证：范刚

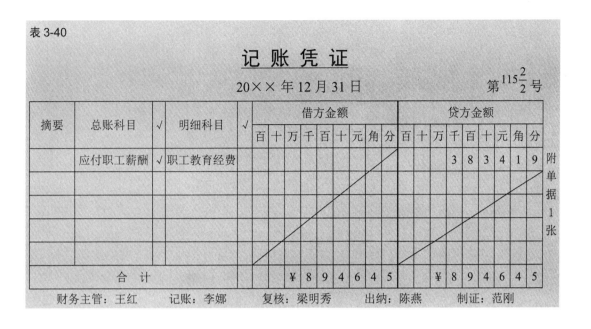

第三节 固定资产折旧

固定资产折旧是指固定资产由于损耗而减少的价值。固定资产的损耗分为有形损耗和无形损耗两种。有形损耗是指固定资产在使用过程中由于使用和自然力的影响而引起固定资产使用价值与价值上的损耗；无形损耗是指由于科学技术进步等原因引起的固定资产价值上的损耗。

固定资产与存货不同，它的价值不是一次转移计入产品成本或费用；而是在长期使用过程中，随着损耗程度，以折旧费项目分期计入产品成本或费用，并通过取得相应的收入而得到补偿。

一、固定资产折旧的计提范围

《企业会计准则》规定，除以下情况外，企业应对所有固定资产计提折旧：
（1）已提足折旧仍继续使用的固定资产。
（2）按规定单独估价作为固定资产入账的土地。

企业通常为简化计提折旧时，应以月初可提取折旧的固定资产账面原值为依据。具体方法为：本月内增加的固定资产，本月不提折旧，从投入使用的下月起按月计提折旧；本月内减少的固定资产，本月照提折旧，从减少月份的下月起停止计提折旧。

二、固定资产折旧的计算方法

常用的固定资产折旧的计算方法可以分为两种：直线法和加速折旧法。

（一）直线法

直线法是指按照时间或完成的工作量平均计提折旧的方法，主要包括平均年限法和工作量法。

1. 平均年限法

平均年限法又名直线法，是指按照固定资产的预计使用年限平均计提折旧的方法。采用该方法计提折旧，应考虑3个影响因素，即原值、预计使用年限、预计净残值。其计算公式为

$$某项固定资产年折旧额 = \frac{固定资产原值 - 预计净残值}{预计使用年限}$$

预计净残值也可用固定资产原值乘以预计的净残值率进行计算。

$$预计净残值 = 原值 \times 预计净残值率$$

若已知折旧率，则固定资产折旧额的计算公式为

$$年折旧额 = 固定资产原值 \times 年折旧率$$

$$月折旧率 = \frac{年折旧率}{12}$$

$$月折旧额 = 固定资产原值 \times 月折旧率$$

固定资产折旧率有个别折旧率、分类折旧率和综合折旧率之分。

个别折旧率是指某项固定资产在一定期间内的折旧额与该固定资产原值的比率；分类折旧率是指固定资产分类折旧额与该类固定资产原值的比率；综合折旧率是指某一期间内全部固定资产折旧额与全部应计提折旧的固定资产原值的比率。企业可根据具体情况分别计算不同的折旧率来计算相应的折旧额。

平均年限法可使固定资产折旧均衡地分摊到使用年限内的各会计期间，计算也较简便，适用于对有形损耗均衡发生的固定资产。

2. 工作量法

工作量法是按固定资产实际工作量计算每期应提折旧额的一种方法。工作量可以是工作小时、行驶里程和工作台班等。其计算公式为

$$单位工作里折旧额 = \frac{固定资产原值 - 预计清理费 - 预计残值收入}{预计工作总量}$$

工作量法实质上也属于直线法，只不过是按照固定资产所完成的工作量计算每期的折旧额。该方法一般适用于价值较大的大型精密机床以及运输设备等固定资产的折旧计算。

（二）加速折旧法

采用加速折旧法计提折旧，在固定资产使用的初期计提折旧较多而在后期计提折旧较少，它是相对加速折旧的方法。由于许多固定资产在其使用的早期具有较高的效率与技术优势，可以为企业获得较多的收入；但随着时间的推移，效能逐渐降低，技术优势消失，甚至被淘汰。因此，采用加速折旧法还能使收入与费用相互匹配。

1. 双倍余额递减法

双倍余额递减法是在不考虑固定资产残值的情况下，根据各期期初固定资产净值和双倍的平均年限法折旧率计算固定资产折旧额的方法。采用该方法计算折旧需注意，在固定资产预计使用期限期满的前两年内，将固定资产净值扣除预计净残值后的余额在最后的两年平均摊销。其计算公式为

$$双倍直线折旧率 = \frac{2}{预计使用年限}$$

固定资产年折旧额＝固定资产期初账面价值 × 双倍直线折旧率

2. 年数总和法

年数总和法又称为合计年限法，是以固定资产原值扣除净残值后的余额为依据，乘以一个逐年递减的折旧率，从而计算每年折旧额的方法。其计算公式为

$$年折旧率 = \frac{尚可使用年限}{年数总合}$$

年折旧额＝（固定资产原值 - 预计清理费 + 预计残值收入）× 年折旧率

加速折旧法的共同特点是：前期多提折旧，后期少提折旧。其中，双倍余额递减法各年的折旧率不变，作为计提折旧依据的期初净额逐年递减，而且在使用年限期满的前两年内，将固定资产账面净值扣除净残值后在最后两年内平均计提折旧；年数总和法则是各年计提折旧的依据均为固定资产的原值扣除净残值后的余额，但折旧率却逐年降低。

企业在计提折旧时，可以根据具体情况选择各种折旧计算方法，但按照可比性原则，某种折旧方法一经确定，不应随意变更。

需要注意的是，在我国，土地不是商品，没有价值，一般不应确认为固定资产。企业只有土地使用权，确认为无形资产。企业固定资产中如果存在"土地"，一般属于历史遗留问题，也不计提折旧，因为土地的价值没有损耗，还会增值。

三、固定资产折旧的账务处理

根据固定资产折旧计提范围的规定，当月增加的固定资产，当月不提折旧；当月减少的固定资产，当月仍提折旧。因此，企业各月计算提取折旧时，可以在上月计提折旧的基础上，对上月固定资产增减变动情况进行调整后计算当月应计提的折旧额。

当月固定资产应计提的折旧额的计算公式为

当月固定资产应计提的折旧额 ＝ 上月固定资产应计提的折旧额 ＋ 上月增加固定资产应计提的折旧额 － 上月减少固定资产应计提的折旧额

为简化核算的工作量，在我国的会计实务中，各月计提折旧的工作一般是通过编制"固定资产折旧计算表"来完成的。编制会计分录时，借记"制造费用"等科目，贷记"累计折旧"科目。

"累计折旧"是固定资产的备抵账户，当计提固定资产折旧额和增加固定资产而相应增加其已提折旧时，记入该账户的贷方；当因出售、报废清理、盘亏等原因减少固定资产应转销其所提折旧额时，记入该账户的借方。该账户的余额反映企业现有固定资产的累计折旧额。在资产负债表上，"累计折旧"作为固定资产的减项单独列示。

计提固定资产折旧

（1）本月计提固定资产折旧。一车间的机器设备采用双倍余额递减法提取折旧额，原值为 2 200 000 元，预计使用年限为 10 年，预计净残值为 500 元，已使用一年；房屋及建筑物采用平均年限法，预计使用年限为 40 年，无残值。其他部门按照原来计算的月折旧率计提折旧。

（2）附原始凭证，见表 3-41。

表 3-41

固定资产折旧提存计算表

企业名称：彭城机床有限责任公司 20×× 年 12 月

项目			月初应计提折旧的固定资产原价	折旧	
				月折旧率/(%)	月折旧额/元
制造费用	一车间	房屋及建筑物	800 000		1 666
		机器设备	2 200 000		29 333
		小 计	3 000 000		30 999
	二车间	房屋及建筑物	1 000 000	0.2	2 000
		机器设备	7 000 000	0.5	35 000
		小 计	8 000 000		37 000
	装配车间	房屋及建筑物	1 000 000	0.2	2 000
		机器设备	5 500 000	0.5	27 500
		小 计	6 500 000		29 500
	机修车间	房屋及建筑物	800 000	0.2	1 600
		机器设备	2 000 000	0.4	8 000
		小 计	2 800 000		9 600
	供气车间	房屋及建筑物	800 000	0.2	1 600
		机器设备	2 200 000	0.3	6 600
		小 计	3 000 000		8 200
管理费用	厂部	房屋及建筑物	11 800 000	0.2	23 600
		机器设备	4 700 000	0.5	23 500
		小 计	16 500 000		47 100
其他业务成本		租出房屋	200 000	0.2	400
合 计		房屋及建筑物	16 400 000		
		机器设备	23 600 000		
总 计			40 000 000		¥162 799.00

会计主管：辛亚南　　　　复核：王晓磊　　　　制表：方方

(1) 折旧的计算。

一车间机器设备本月计提折旧：

年折旧率 = 2 ÷ 预计使用年限 = (2 ÷ 10) × 100% = 20%

本年折旧额 = 固定资产账面价值 × 20% = (2 200 000 - 440 000) 元 × 20% = 352 000 元

本月折旧额 = 年折旧额 ÷ 12 = 352 000 元 ÷ 12 = 29 333 元

一车间房屋及建筑物本月计提折旧：

年折旧额 = (固定资产原值 - 预计残值) ÷ 预计使用年限 = 800 000 元 ÷ 40 = 20 000 元

本月折旧额＝年折旧额÷12=20 000元÷12=1 666元

(2) 编制会计凭证，见表3-42、表3-43。

表3-42

记 账 凭 证

20××年12月31日　　　　　　　　第117 1/2 号

摘要	总账科目	√	明细科目	√	借方金额 百十万千百十元角分	贷方金额 百十万千百十元角分	
提折旧	制造费用	√	一车间		3 0 9 9 9 0 0		附单据1张
			二车间		3 7 0 0 0 0 0		
			装配车间		2 9 5 0 0 0 0		
			机修车间		9 6 0 0 0 0		
			供气车间		8 2 0 0 0 0		
	合 计						

财务主管：王红　　记账：李娜　　复核：梁明秀　　出纳：陈燕　　制证：范刚

表3-43

记 账 凭 证

20××年12月31日　　　　　　　　第117 2/2 号

摘要	总账科目	√	明细科目	√	借方金额 百十万千百十元角分	贷方金额 百十万千百十元角分	
提折旧	管理费用	√			4 7 1 0 0 0 0		附单据1张
	其他业务成本	√			4 0 0 0 0		
	累计折旧	√				1 6 2 7 9 9 0 0	
	合 计				¥ 1 6 2 7 9 9 0 0	¥ 1 6 2 7 9 9 0 0	

财务主管：王红　　记账：李娜　　复核：梁明秀　　出纳：陈燕　　制证：范刚

第四节　辅助生产费用的归集和分配

一、辅助生产费用归集

企业一般按照辅助生产提供产品和劳务的种类设立辅助生产车间，如供电车间、供汽车间和机修车间等。辅助生产车间生产产品和提供劳务而发生的各项费用支出，先通过"生产成本——辅助生产成本"明细账户借方进行核算，然后按其提供服务的对象进行分配后从"生产成本——辅助生产成本"明细账户贷方转出。

二、辅助生产费用分配

分配辅助生产成本的方法通常有直接分配法、交互分配法、计划成本分配法、代数分配法和顺序分配法 5 种。

（一）直接分配法

直接分配法是指把各辅助生产车间发生的费用，直接分配给辅助生产车间以外的各受益对象，而不考虑各辅助生产车间之间相互提供产品或劳务的情况。其计算公式为

$$单位成本（分配率）=\frac{待分配辅助生产费用}{辅助生产劳务总量-其他辅助生产劳务耗用量}$$

（二）交互分配法

交互分配法应先根据各辅助生产内部相互供应的数量和交互分配前的费用分配率（单位成本）进行一次交互分配，然后将各辅助生产车间交互分配后的实际费用（即交互分配前的费用加上交互分配转入的费用，再减去交互分配转出的费用）按对外提供劳务的数量，在辅助生产以外的各受益单位之间进行分配。其计算公式为

$$交互分配前单位成本（分配率）=\frac{待分配辅助生产费用}{辅助生产劳务总量}$$

$$交互分配后单位成本（分配率）=\frac{待分配辅助生产费用+分入辅助生产费用-分出辅助生产费用}{辅助生产劳务总量-分出辅助生产劳务量}$$

（三）计划成本分配法

计划成本分配法应先按辅助生产车间提供劳务的数量和计划单位成本分配为各受益单位（包括其他辅助生产车间在内）提供的劳务费用，再计算辅助生产实际发生的费用（包括辅助生产内部交互分配转入的费用在内）与按计划成本分配转出的费用的差额，即辅助生产的成本差异。为简化分配工作，辅助生产的成本差异全部调整计入管理费用，不再分配给各受益单位。

（四）代数分配法

代数分配法是运用代数中多元一次联立方程的原理，在辅助生产车间之间相互提供产品或劳务的情况下的一种辅助生产成本费用的分配方法。采用这种分配法，首先，应根据各辅助生产车间相互提供产品和劳务的数量，求解联立方程式，计算辅助生产产品或劳务的单位成本；然后，根据各受益单位（包括辅助生产内部和外部各单位）耗用产品或劳务的数量和单位成本，计算分配的辅助生产费用。

（五）顺序分配法

顺序分配法是指各辅助生产车间之间的费用分配是按照受益多少的顺序依次排列。受益少的排在前，先将费用分配出去；受益多的排在后面，后将费用分配出去。排在前面的辅助生产车间不承担排在后面的生产车间所提供的费用，而排在后面的辅助生产车间则承担排在前面的生产车间所分入的费用。

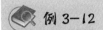
例 3-12　　辅助生产费用的归集和分配

（1）采用交互分配法，分配辅助生产费用。
（2）附原始凭证，见表 3-44 和表 3-45。

表 3-44

辅助生产车间供应劳务数量汇总表

20××年 12月

企业名称：彭城机床有限责任公司

耗用单位		劳务项目	
		供气/立方米	修理/小时
供气车间			100
机修车间		45 000	
一车间	产品耗用	0	0
	一般耗用	50 000	600
二车间	产品耗用	0	0
	一般耗用	42 000	1 200
装配车间	产品耗用	0	0
	一般耗用	40 000	1 000
管理部门		6 000	200
合　计		183 000	3 100

会计主管：辛亚南　　　　　审核：沙南方　　　　　制表：王成

表 3-45

辅助生产费用分配表

（交互分配法）

20××年 12月

企业名称：彭城机床有限责任公司

项目	计量单位	数量	分配率	辅助车间		基本车间一般耗用			管理部门
				供气	修理	一车间	二车间	装配车间	
直接发生费用				43 072.80	41 480.90				
交互分配									
供气车间	立方米	183 000	0.235 4	-10 593.00	+10 593.00				
机修车间	小时	3 100	13.380 9	+1 338.09	-1 338.09				
对外分配费用				33 817.89	50 735.81				
对外分配									
供气车间	立方米	138 000	0.245 1			12 255.00	10 294.20	9 804.00	1 464.69
机修车间	小时	3 000	16.911 9			10 147.14	20 294.28	16 911.90	3 382.49
合　计						22 402.14	30 588.48	26 715.90	4 847.18

会计主管：辛亚南　　　　　审核：沙南方　　　　　制表：王成

(1) 分配辅助生产费用。

① 计算交互分配前的单位成本。

供气车间气的单位成本（分配率）= 交互分配前发生的费用 ÷ 提供的劳务数量总额
$$= 43\ 072.8\ 元 ÷ 18\ 3000\ 立方米 = 0.235\ 4\ 元/立方米$$
机修车间机修的单位成本（分配率）= 交互分配前发生的费用 ÷ 提供的劳务数量总额
$$= 41\ 480.9\ 元 ÷ 3\ 100\ 小时 = 13.380\ 9\ 元/小时$$

② 交互分配。
供气车间分配的机修费 = 接受的机修劳务数量 × 分配率 = 100 小时 × 13.380 9 元/小时 = 1 338.09 元
机修车间分配的气费 = 接受的气数量 × 分配率 = 45 000 立方米 × 0.2354 元/立方米 = 10 593 元

③ 计算交互分配后的单位成本。

供气车间气的单位成本（分配率）= $\dfrac{（分配前费用 + 分入费用 - 分出费用）}{（提供的劳务数量总额 - 对辅助车间提供的数量）}$

$$= (43\ 072.8 + 1\ 338.09 - 10\ 593)\ 元 ÷ (183\ 000 - 45\ 000)\ 元$$
$$= 0.245\ 1$$

机修车间机修的单位成本（分配率）=（分配前费用 + 分入费用 - 分出费用）÷（提供的劳务数量总额 - 对辅助车间提供的数量）
$$= (41\ 480.9 + 10\ 593 - 1\ 338.09)\ 元 ÷ (3\ 100 - 100)\ 小时 = 16.911\ 9\ 元/小时$$

④ 对外分配（分配金额尾数在"管理费用"中调整）。
一车间分配的气费 = 接受的气数量 × 分配率 = (50 000 × 0.245 1) 元 = 12 255 元
一车间分配的机修费 = 接受的机修劳务数量 × 分配率 = (600 × 16.911 9) 元 = 10 147.14 元
二车间分配的气费 = 接受的气数量 × 分配率 = (42 000 × 0.245 1) 元 = 10 294.2 元
二车间分配的机修费 = 接受的机修劳务数量 × 分配率 = (1 200 × 16.911 9) 元 = 20 294.28 元
装配车间分配的气费 = 接受的气数量 × 分配率 = (40 000 × 0.245 1) 元 = 9 804 元
装配车间分配的机修费 = 接受的机修劳务数量 × 分配率 = (1 000 × 16.911 9) 元 = 16 911.9 元
管理部门分配的气费 = 接受的气数量 × 分配率 = (6 000 × 0.245 1) 元 = 1 464.69 元
管理部门分配的机修费 = 接受的机修劳务数量 × 分配率 = (200 × 16.911 9) 元 = 3 382.49 元

(2) 编制会计凭证，见表3-46至表3-48。

表3-46

记 账 凭 证

20×× 年 12 月 31 日　　　　　　　　　　第 121½ 号

摘要	总账科目	√	明细科目	√	借方金额									贷方金额									
					百	十	万	千	百	十	元	角	分	百	十	万	千	百	十	元	角	分
分配辅助费用	辅助生产成本	√	供气					1	3	3	8	0	9									
			机修					1	0	5	9	3	0	0								
	辅助生产成本	√	供气														1	0	5	9	3	0	0
			机修														1	3	3	8	0	9
合　计					¥		1	1	9	3	1	0	9	¥		1	1	9	3	1	0	9

附单据2张

财务主管：王红　　记账：李娜　　复核：梁明秀　　出纳：陈燕　　制证：范刚

表 3-47

记 账 凭 证

20××年12月31日　　　　　　　　　　第 121 2/2 号

摘要	总账科目	√	明细科目	√	借方金额 百十万千百十元角分	贷方金额 百十万千百十元角分	
单据附在第 121 1/2 号分配辅助费用	制造费用	√	一车间		2 2 4 0 2 1 4		附单据 121 1/2 张
	生产费用		二车间	√	3 0 5 8 8 4 8		
	辅助生产成本	√	装配车间		2 6 7 1 5 9 0		
	管理费用				4 8 4 7 1 8		
	辅助生产成本	√	供气			3 3 8 1 7 8 9	
合　计							

财务主管：王红　　记账：李娜　　复核：梁明秀　　出纳：陈燕　　制证：范刚

表 3-48

记 账 凭 证

20××年12月31日　　　　　　　　　　第 121 2/2 号

摘要	总账科目	√	明细科目	√	借方金额 百十万千百十元角分	贷方金额 百十万千百十元角分	
	辅助生产成本	√	机修			5 0 7 3 5 8 1	附单据 121 1/2 张
合　计					¥ 8 4 5 5 3 7 0	¥ 8 4 5 5 3 7 0	

财务主管：王红　　记账：李娜　　复核：梁明秀　　出纳：陈燕　　制证：范刚

第五节　制造费用的归集和分配

一、制造费用归集

　　制造费用包括企业各个生产单位（分厂、车间）为组织和管理生产所发生的生产单位管理人员的工资、福利费、工会经费、职工教育经费、生产单位房屋建筑物、机器设备等的折旧费、修理费、租赁费（不包括融资租赁费）、机物料消耗、低值易耗品摊销、取暖费、水电费、办公费、差旅费、运输费、保险费、设计制图费、试验检验费、劳动保护费、季节性及修理期间的停工损失和其他制造费用。将发生的制造费用归集到"制造费用"科目的借方。

二、制造费用分配

分配制造费用的方法有很多,通常采用的方法有生产工人工时比例法、生产工人工资比例法、机器工时比例法和年度计划分配率法等。

(一) 生产工人工时比例法

生产工人工时比例法是按照各种产品所用生产工人工时的比例分配制造费用的一种方法。其计算公式为

$$制造费用(分配率) = \frac{制造费用总额}{车间产品生产工时总额}$$

$$某种产品应分配制造费用 = 该种产品生产工时 \times 制造费用分配率$$

按生产工人工时比例分配是较为常用的一种分配方法,它能将劳动生产率的高低与产品负担费用的多少联系起来,分配结果比较合理。

(二) 生产工人工资比例法

生产工人工资比例法是以各种产品的生产工人工资的比例分配制造费用的一种方法。其计算公式为

$$制造费用(分配率) = \frac{制造费用总额}{车间产品生产工人工资总额}$$

$$某种产品应分配制造费用 = 该种产品工人工资 \times 制造费用分配率$$

这种方法适用于各种产品生产机械化程度大致相同的情况,否则会影响费用分配的合理性。

(三) 机器工时比例法

机器工时比例法是按照生产各种产品所用机器设备运转时间的比例分配制造费用的方法。这种方法适用于产品生产的机械化程度较高的车间。采用这种方法,必须具备各种产品所用机器工时的原始记录,该方法的计算原理与生产工人工时比例法相同。

(四) 年度计划分配率法

年度计划分配率法是按照年度开始前确定的年度计划分配率对制造费用进行分配的方法。当采用此方法时,无论哪个月实际发生多少制造费用,每月生产的产品中分配的制造费用都是按年度计划分配率进行分配的,在年末调整按年度计划分配率分配的制造费用与全年实际发生的制造费用之差,通常为简化核算将其差计入管理费用。其计算公式为

$$年度计划分配率 = \frac{年度制造费用计划总额}{年度各种产品计划产量定额工时总额}$$

$$某月某产品制造费用 = 该月该种产品实际产量的定额工时数 \times 年度计划分配率$$

这种分配方法核算工作简便,特别适用于季节性生产的车间。但是,采用这种分配方法要求计划工作水平较高,否则会影响产品成本计算的正确性。

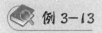

例 3-13

制造费用的归集和分配

(1) 按生产工时分配基本生产车间的制造费用。

(2) 附原始凭证，见表 3-49 至表 3-52。

表 3-49

生产工时统计汇总表

20×× 年 12 月

编制单位：彭城机床有限责任公司

车间 产品	一车间	二车间	装配车间
D201KJ	420		
D202KJ	380		
N101		7 648	
XZ112		2 244	
M54L			4 836
H68Z			1 852
合　计	800	9 892	6 688

会计主管：辛亚南　　　　　审核：沙南方　　　　　制表：王成

表 3-50

制造费用分配表

20×× 年 12 月

车间：一车间

产品名称	分配标准（生产工时）	分配率	分配金额
D201KJ	420		44 321.97
D202KJ	380		40 100.80
合　计	800	105.528 5	¥84 422.77

会计主管：辛亚南　　　　　审核：沙南方　　　　　制表：王成

表 3-51

制造费用分配表

20×× 年 12 月

车间：二车间

产品名称	分配标准（生产工时）	分配率	分配金额
N101	7 648		166 857.95
XZ112	2 244		48 958.18
合　计	9 892	21.817 2	¥215 816.13

会计主管：辛亚南　　　　　审核：沙南方　　　　　制表：王成

表 3-52

制造费用分配表
20××年12月

车间：装配车间

产品名称	分配标准（实际工时）	分配率	分配金额
M54L	4 836		103 028.08
H68Z	1 852		39 456.07
合 计	6 688	21.304 4	¥142 484.15

会计主管：辛亚南　　　　审核：沙南方　　　　制表：王成

(1) 分配制造费用（分配时做尾数调整）。

一车间制造费用分配率＝待分配费用÷实际工时＝84 422.77元÷800小时＝105.528 5元/小时

D201KJ＝实际工时×分配率＝（420×105.528 5）元＝44 321.97元

D202KJ＝实际工时×分配率＝（380×105.528 5）元＝40 100.80元

二车间制造费用分配率＝待分配费用÷实际工时＝215 816.13元÷9 892小时＝21.8172元/小时

N101＝实际工时×分配率＝（7 648×21.817 2）元＝166 857.95元

XZ112＝实际工时×分配率＝（2 244×21.817 2）元＝48 958.18元

装配车间制造费用分配率＝待分配费用÷实际工时＝142 484.15元÷6 688小时＝21.304 4元/小时

M54L＝实际工时×分配率＝（4 836×21.304 4）元＝103 028.08元

H68Z＝实际工时×分配率＝（1 852×21.304 4）元＝39 456.07元

(2) 编制会计凭证，见表 3-53 和表 3-54。

表 3-53

记 账 凭 证
20××年12月31日　　　　　　　　　第 125- 号

摘要	总账科目	√	明细科目	√	借方金额 百十万千百十元角分	贷方金额 百十万千百十元角分	
分配制造费用	基本生产成本	√	D201KJ		4 4 3 2 1 9 7		附单据4张
			D202KJ		4 0 1 0 0 8 0		
			N101		1 6 6 8 5 7 9 5		
			XZ112		4 8 9 5 8 1 8		
合 计							

财务主管：王红　　记账：李娜　　复核：梁明秀　　出纳：陈燕　　制证：范刚

表 3-54

记 账 凭 证

20××年12月31日　　　第 $125\frac{2}{2}$ 号

摘要	总账科目	√	明细科目	√	借方金额 百十万千百十元角分	贷方金额 百十万千百十元角分	
分配制造费用	基本生产成本	√	M54L		1 0 3 0 2 8 0 8		附单据 $125\frac{1}{2}$ 张
			H68Z		3 9 4 5 6 0 7		
	制造费用	√	一车间			8 4 4 2 7 7	
			二车间			2 1 5 8 1 6 3	
			装配车间			1 4 2 4 8 4 5	
	合 计				¥ 4 4 2 7 2 3 0 5	¥ 4 4 2 7 2 3 0 5	

财务主管：王红　　记账：李娜　　复核：梁明秀　　出纳：陈燕　　制证：范刚

第六节　完工产品成本的计算与结转

一、生产费用在完工产品与在产品之间的分配

应计入产品成本的各项费用支出，通过上述各个步骤的分配与归集，都已集中登记在基本生产成本明细账（或称为产品成本计算单）中，构成产品的本期发生成本。企业应根据在产品数量的多少、各月在产品数量变化的大小、各项费用比重的大小及定额管理基础的好坏等具体条件，选择既合理又较简便的分配方法，在完工产品与月末在产品之间分配生产费用。

在完工产品与在产品之间分配费用通常采用的分配方法有不计算在产品成本法、年初固定成本计算在产品成本法、在产品按所耗原材料费用计价法、约当产量法、在产品按完工产品成本计算法、在产品按定额成本计算法、定额比例法。

1. 不计算在产品成本法

当采用这种分配方法时，月末虽有在产品，但不计算在产品成本。这种分配方法适用于月末在产品数量很小，算不算在产品成本对完工产品的影响都很小，管理上不要求计算在产品成本的情况。

2. 年初固定成本计算在产品成本法

当采用这种分配方法时，各月末在产品的成本固定不变。这种方法适用于在产品数量较少，或者在产品数量虽大但各月之间在产品数量变动不大，月初、月末在产品的差额不大，算不算月末在产品成本的差额对完工产品成本影响都不大的情况。

3. 在产品按所耗原材料费用计价法

当采用这种分配方法时，月末在产品只计算分配的原材料费用，不计算所耗用的加工费用，而产品的加工费用全部计入完工产品成本中。这种方法适用于各月末在产品数量相

当大,月末在产品数量变化也较大,同时原材料费用在成本中比重较大的产品。

4. 约当产量法

约当产量法是指月末将在产品的数量按其完工程度折合成相当于完工产品的数量,然后将本月生产成本总额按照在产品约当产量与完工产品产量的比例进行分配,计算完工产品和在产品的成本。这种方法适用于每月月末在产品数量较多,并且数量很不稳定的企业。计算公式为

$$在产品约当产量 = 在产品数量 \times 完工程度(\%)$$

$$某项费用分配率 = \frac{该项费用总额}{完工产品产量 + 在产品约当产量}$$

$$完工产品该项费用 = 完工产品数量 \times 费用分配率$$

$$在产品该项费用 = 费用总额 - 完工产品费用$$

当使用约当产量法时,在产品的约当产量要分别按成本项目进行,因为产品的投料方式不都是一样的。例如,有些产品在开始生产时,原材料就全部投入了(原材料一次投入),这时在产品中所含原材料费用与产成品所含原材料费用是一样的,不必约当,其他费用则必须按生产进度计算约当产量,进行分配;而有些产品的原材料则随着生产的进程而逐步投入,这时原材料费用和其他费用一样,都必须进行约当,可同用一个约当产量来进行分配。

5. 在产品按完工产品成本计算法

这种方法是将在产品视同完工产品分配费用。这种分配方法适用于月末在产品已经接近完工,或者产品已经加工完毕,但尚未验收或包装入库的产品。

6. 在产品按定额成本计算法

月末在产品成本按定额成本计算后,从本月生产成本总额(月初在产品成本加本月发生生产成本)中减去月末在产品成本,即为当月全部完工产品成本。这种方法适用于定额管理基础比较好,各项消耗定额或费用定额比较准确、稳定,而且各月在产品数量变动不大的产品。

7. 定额比例法

这种计算方法是将产成品的数量和在产品的数量分别乘以各项消耗定额,计算出产成品和在产品定额耗用量,然后根据实际耗用量与定额耗用量之比求得分配率,在完工产品和在产品之间进行分配。按定额耗用量比例在完工产品和在产品之间分配生产成本时,直接材料项目按材料消耗定额计算,其他成本项目按直接工时消耗定额计算。其计算公式为

$$消耗量分配率 = \frac{月初在产品实际消耗量 + 本月实际消耗量}{完工产品定额消耗量 + 月末在产品定额消耗量}$$

$$完工产品实际消耗量 = 完工产品定额消耗量 \times 消耗量分配率$$

$$完工产品费用 = 完工产品实际消耗量 \times 单位费用$$

$$月末在产品实际消耗量 = 月末在产品定额消耗量 \times 消耗量分配率$$

$$月末在产品费用 = 月末在产品实际消耗量 \times 单位费用$$

这种方法适用于各项消耗定额比较准确,且各月在产品数量变动较大的企业。

二、产品成本的计算方法

企业应根据其生产经营的特点、生产经营的组织类型和成本管理要求,来确定产品成本的计算方法。产品成本的基本计算方法有以下几种。

1. 品种法

品种法是以产品的品种作为成本的计算对象,归集和分配生产费用,来计算产品成本的一种方法。这种方法一般适用于单步骤、大量生产的企业,如发电、采掘等企业。

2. 分批法

分批法是以产品的批别作为成本的计算对象,归集和分配生产费用,来计算产品成本的一种方法。这种方法一般适用于单件、小批生产的企业,如重型机械制造、造船等企业。

3. 分步法

分步法是以产品的步骤作为成本的计算对象,归集和分配生产费用,来计算产品成本的一种方法。这种方法一般适用于多步骤、连续式生产的企业,如纺织、冶金等企业。

三、完工产品成本的结转

在计算出当期完工产品单位成本后,应当根据完工产品的数量和计算确定的完工产品的单位成本,计算确定并结转本期完工产品的总成本。在结转本期完工产品时,借记"库存商品"科目,贷记"生产成本"科目。

例 3-14 完工产品的计算和结转

(1)企业生产产品所用的材料是在开始生产时一次投入的。D201KJ 产品和 D202KJ 产品采用约当产量法计算完工产品成本;N101 产品和 XZ112 产品因月末在产品数量很少,不计算在产品成本;M54L 产品和 H68Z 产品采用在产品定额成本法计算完工产品成本。

(2)附原始凭证,见表 3-55 至表 3-63。

表 3-55

一车间产量资料

20×× 年 12 月

单位:台

产品名称 项目	D201KJ	D202KJ
月初在产品	2	3
本月投产	22	15
本月完工	20	14
月末在产品	4	4
月末在产品完工率	50%	50%
月末在产品投料率	100%	100%
备注	期末在产品成本按约当产量法计算	

表 3-56

基本生产成本计算表

20×× 年 12 月

产品名称：D201KJ

完工产品：20
未完工产品：4

成本项目		直接材料	直接动力	直接人工	制造费用	合计
月初在产品成本		34 000.00	8 000.00	900.00	12 600.00	¥55 500
本月发生生产费用		296 736.00	32 153.94	16 635.56	61 423.824	¥406 949.324
生产费用合计		330 736.00	40 153.94	17 535.56	74 023.82	¥462 449.324
完工产品	总成本	275 613.33	36 503.581 8	15 941.418 2	67 294.38	¥395 352.71
	单位成本	13 780.67	1 825.179 1	797.070 9	3 364.72	¥19 775.64
月末在产品成本		55 122.67	3 650.358 2	1 594.141 8	6 729.44	¥67 096.61

会计主管：辛亚南　　　　审核：沙南方　　　　制表：王成

表 3-57

基本生产成本计算表

20×× 年 12 月

产品名称：D202KJ

完工产品：14
未完工产品：4

成本项目		直接材料	直接动力	直接人工	制造费用	合计
月初在产品成本		13 600.00	7 200.00	780.00	8 400.00	¥29 980
本月发生生产费用		215 808.00	2 135.96	11 090.38	40 949.216	¥269 983.556
生产费用合计		229 408.00	28 635.96	11 870.38	49 349.22	¥299 963.556
完工产品	总成本	178 428.44	19 340.086 1	10 386.582 5	43 180.57	¥251 335.68
	单位成本	12 744.89	1 381.434 7	741.898 8	3 084.33	¥17 952.553 5
月末在产品成本		50 979.56	9 025.873 9	1 483.797 5	6 168.65	¥269 288.23

会计主管：辛亚南　　　　审核：沙南方　　　　制表：王成

表 3-58

基本生产成本计算表

20×× 年 12 月

产品名称：N101

完工产品：120
未完工产品：

成本项目		直接材料	直接动力	直接人工	制造费用	合计
月初在产品成本		0	0	0	0	0
本月发生生产费用		152 440.30	14 428.05	20 385.47	25 312.644	¥212 566.464
生产费用合计		152 440.30	14 428.05	20 385.47	25 312.644	¥212 566.464
完工产品	总成本	152 440.30	14 428.05	20 385.47	25 312.644	¥212 566.464
	单位成本	270.33	120.23	169.88	210.934	¥1 771.387 2
月末在产品成本		0	0	0	0	0

会计主管：辛亚南　　　　审核：沙南方　　　　制表：王成

表 3-59

基本生产成本计算表

20××年12月

产品名称：XZ112　　　　　　　　　　　　　　　　　　　完工产品：12
　　　　　　　　　　　　　　　　　　　　　　　　　　　　未完工产品：

成本项目		直接材料	直接动力	直接人工	制造费用	合计
月初在产品成本		0	0	0	0	0
本月发生生产费用		234 350.04	6 183.45	8 736.06	10 848.276	¥260 117.826
生产费用合计		234 350.04	6 183.45	8 736.06	10 848.276	¥260 117.826
完工产品	总成本	234 350.04	6 183.45	8 736.06	10 848.276	¥260 117.826
	单位成本	19 529.17	515.287 5	728.005	904.023	¥21 676.485 5
月末在产品成本		0	0	0	0	0

会计主管：辛亚南　　　　审核：沙南方　　　　制表：王成

表 3-60

装配车间产量资料

20××年12月

单位：台

产品名称 项目	M54L	H68Z
月初在产品	4	3
本月投产	20	14
本月完工	20	15
月末在产品	4	2
月末在产品材料定额成本	55 400.00	29 900.00
月末在产品动力定额成本	1 560.00	700.00
月末在产品人工定额成本	1 120.00	520.00
月末在产品制造费用定额成本	5 800.00	2 520.00
备注	期末在产品成本按在产品定额成本法计算	

表 3-61

基本生产成本计算表

20××年12月

产品名称：M54L　　　　　　　　　　　　　　　　　　　完工产品：20
　　　　　　　　　　　　　　　　　　　　　　　　　　　未完工产品：4

成本项目		直接材料	直接动力	直接人工	制造费用	合计
月初在产品成本		139 000.00	3 000.00	1 500.00	21 000.00	¥164 500
本月发生生产费用		315 322.16	14 486.94	11 251.80	48 602.21	¥389 663.11
生产费用合计		454 322.16	17 486.94	12 751.80	69 602.21	¥554 163.11
完工产品	总成本	398 922.16	15 926.94	11 631.80	63 802.21	¥490 283.11
	单位成本	19 946.108	796.347	581.59	3 190.110 5	¥24 514.16
月末在产品单位定额成本		13 850.00	390.00	280.00	1 450.00	¥514 797.265 5
月末在产品成本		¥55 400.00	¥1 560.00	¥1 120.00	¥5 800.00	¥63 880.00

会计主管：辛亚南　　　　审核：沙南方　　　　制表：王成

表 3-62

基本生产成本计算表

20×× 年 12 月

完工产品：15
未完工产品：2

产品名称：H68Z

成本项目		直接材料	直接动力	直接人工	制造费用	合计
月初在产品成本		33 500.00	1 800.00	800.00	12 000.00	¥48 100
本月发生生产费用		220 725.51	9 657.96	7 501.2	32 401.472	¥270 286.142
生产费用合计		254 220.51	11 457.96	8 301.2	40 587.56	¥318 386.142
完工产品	总成本	224 320.51	10 757.96	7 781.2	38 067.56	¥280 927.23
	单位成本	14 954.700 7	717.197 3	518.746 7	2 537.837 3	¥18 728.482
月末在产品单位定额成本		14 950.00	350.00	260.00	1 260.00	¥299 655.712
月末在产品成本		¥29 900.00	¥700.00	¥520.00	¥2 520.00	¥33 640.00

会计主管：辛亚南　　　　审核：沙南方　　　　制表：王成

表 3-63

产成品成本汇总表

20×× 年 12 月

企业名称：彭城机床有限责任公司

产品名称	计量单位	数量	直接材料和动力	直接人工	制造费用	单位成本	总成本
D201KJ	台	20	312 116.91	15 941.418 2	67 294.38	19 767.635 5	¥395 352.71
D202KJ	台	14	197 768.25	10 386.582 5	43 180.57	17 952.548 6	¥251 335.68
N101	件	120	166 868.08	20 385.47	25 312.644	1 771.387 2	¥212 566.464
XZ112	件	12	240 533.49	8 736.06	10 848.276	21 676.485 5	¥260 117.826
M54L	台	20	414 849.10	11 631.80	63 802.21	24 514.16	¥490 283.11
H68Z	台	15	235 078.47	7 781.2	38 067.56	18 728.482	¥280 927.23

会计主管：辛亚南　　　　审核：沙南方　　　　制表：王成

（1）计算产品成本。

① 一车间。

a. D201KJ 产品。

直接材料费用的分配率 =330 736.00 元 ÷（20+4）台 =13 780.666 7 元/台

完工产品的材料费 =（20×13 780.666 7）元 =275 613.33 元

在产品的材料费 =（4×13 780.666 7）元 =55 122.67 元

直接动力费的分配率 =40 153.94 元 ÷（20+4×50%）台 =1 825.179 1 元/台

完工产品的动力费=（20×1 825.179 1）元=36 503.58元

在产品的动力费=（2×1 825.179 1）元=3 650.36元

直接人工费的分配率=17 535.56元÷（20+4×50%）台=797.070 9元/台

完工产品的直接人工费=（20×797.070 9）元=15 941.42元

在产品的直接人工费=（2×797.070 9）元=1 594.14元

制造费用的分配率=74 023.82元÷（20+4×50%）台=3 364.719 1元/台

完工产品的制造费用=（20×3 364.719 1）元=67 294.38元

在产品的制造费用=（2×3 364.719 1）元=6 729.44元

完工产品的总成本=（275 613.33+36 503.58+15 941.42+67 294.38）元=395 352.71元

b. D202KJ产品。

直接材料费用的分配率=229 408.00元÷（14+4）台=12 744.888 9元/台

完工产品的材料费=14×12 744.888 9=178 428.44元

在产品的材料费=4×12 744.888 9=50 979.56元

直接动力费的分配率=28 635.96元÷（14+4×50%）台=1 789.747 5元/台

完工产品的动力费=14×1 789.747 5=25 056.47元

在产品的动力费=2×1 789.747 5=3 579.50元

直接人工费的分配率=11 870.38元÷（14+4×50%）台=741.898 8元/台

完工产品的直接人工费=14×741.898 8=10 386.58元

在产品的直接人工费=2×741.898 8=1 483.80元

制造费用的分配率=49 349.22元÷（14+4×50%）台=3 084.326 3元/台

完工产品的制造费用=14×3 084.326 3=43 180.57元

在产品的制造费用=2×3 084.326 3=6 168.65元

完工产品的总成本=178 428.44+25 056.47+10 386.58+43 180.57=257 052.06元

② 二车间。

a. N101产品。

完工产品的总成本=152 440.30+14 428.05+20 385.47+25 312.644=212 566.46元

b. XZ112产品。

完工产品的总成本=234 350.04+6 183.45+8 736.06+10 848.276=260 117.83元

③装配车间。

a. M54L产品。

完工产品成本=全部生产费用−在产品生产费用

=（454 322.16+17 486.94+12 751.80+69 602.21）−

（55 400.00+1 560.00+1 120.00+5 800.00）

=490 283.11元

b. H68Z产品。

完工产品成本=全部生产费用−在产品生产费用

=（254 220.51+11 457.96+8 301.2+40 587.56）−

（29 900.00+700.00+520.00+2 520.00）

=280 927.23元

(2) 编制会计凭证，见表3-64至表3-66。

表3-64

记 账 凭 证

20××年12月31日　　　　　　　　　　　　　第130 1/3 号

摘要	总账科目	√	明细科目	√	借方金额 百十万千百十元角分	贷方金额 百十万千百十元角分
结转完工产品成本	库存商品	√	D201KJ		3 9 7 0 5 2 0 6	
			D202KJ		2 5 7 0 5 2 0 7	
			N101		2 1 2 5 6 6 4 6	
			XZ112		2 6 0 1 1 7 8 3	
			M54L		4 9 0 2 8 3 1 1	
合　计						

财务主管：王红　　记账：李娜　　复核：梁明秀　　出纳：陈燕　　制证：范刚

表3-65

记 账 凭 证

20××年12月31日　　　　　　　　　　　　　第130 2/3 号

摘要	总账科目	√	明细科目	√	借方金额 百十万千百十元角分	贷方金额 百十万千百十元角分
结转完工产品成本	库存商品	√	H68Z		2 8 0 9 2 7 2 3	
	生产成本	√	D201KJ			3 9 5 3 5 2 7 1
			D202KJ			2 5 7 0 5 2 0 6
			N101			2 1 2 5 6 6 4 6
			XZ112			2 6 0 1 1 7 8 3
			M54L			4 9 0 2 8 3 1 1
合　计						

财务主管：王红　　记账：李娜　　复核：梁明秀　　出纳：陈燕　　制证：范刚

表3-66

记 账 凭 证

20××年12月31日　　　　　　　　　　　　　第130 3/3 号

摘要	总账科目	√	明细科目	√	借方金额 万千百十万千百十元角分	贷方金额 万千百十万千百十元角分
	生产成本	√	H68Z			2 8 0 9 2 7 2 3
合　计					¥ 1 8 9 0 5 8 3 0 2	¥ 1 8 9 0 5 8 3 0 2

财务主管：王红　　记账：李娜　　复核：梁明秀　　出纳：陈燕　　制证：范刚

本 章 小 结

　　本章主要介绍存货发出核算、应付职工薪酬核算、固定资产折旧核算、辅助生产费用的归集和分配、制造费用的归集和分配、完工产品成本的计算与结转等有关内容。基本要点如下：

　　(1) 存货发出核算。存货计价核算方法有：实际成本计价法和计划成本计价法。在实际成本计价法下，存货发出的主要计价方法有：月末一次加权平均法、移动加权平均法、先进先出法和个别计价法。当发出材料进行会计处理时，借记有关成本费用科目，贷记"原材料"科目。在计划成本计价法下，通过计算差异率，分配计算发出存货的实际成本。当发出材料进行会计处理时，借记有关成本费用科目，贷记"原材料"和"材料成本差异"科目。

　　(2) 职工薪酬核算。职工薪酬是指职工在职期间和离职后提供给职工的全部货币性薪酬和非货币性薪酬，既包括提供给职工本人的薪酬，也包括提供给职工配偶、子女或其他被赡养人的福利等。为了反映职工薪酬的发放和提取情况，设置"应付职工薪酬"科目进行核算，按职工薪酬承担对象分别记入有关成本费用科目。

　　(3) 固定资产折旧核算。固定资产的计算方法主要有：平均年限法、工作量法、双倍余额递减法和年数总和法。计提固定资产折旧的会计处理：按受益对象，借记有关成本费用科目，贷记"累计折旧"科目。

　　(4) 辅助生产费用的归集和分配。辅助生产车间生产产品和提供劳务而发生的各项费用支出称为辅助生产费用。设置"辅助生产成本"科目用于归集和分配辅助生产费用，按受益对象，借记有关成本费用科目。辅助生产费用的分配方法通常有：直接分配法、交互分配法、计划成本分配法、代数分配法、顺序分配法。

　　(5) 制造费用的归集和分配。制造费用包括企业各个生产单位（分厂、车间）为组织和管理生产所发生的各项费用支出。制造费用通常采用的分配方法有：生产工人工时比例法、生产工人工资比例法、机器工时比例法和年度计划分配率法等。设置"制造费用"科目归集和分配制造费用。

　　(6) 完工产品成本的计算与结转。完工产品成本的基本计算方法有品种法、分步法和分批法。当结转完工产品成本的会计处理时，借记"库存商品"科目，贷记"生产成本"科目。

第4章

销售过程业务

学习目标

- 理解营业收入的含义和确认条件、费用核算的内容、利润的含义和利润的构成。
- 掌握营业收入、营业成本、税费、利润及利润分配的账务处理。

技能要求

- 熟悉在销售业务过程中主要的会计凭证取得的程序和填制方法。
- 掌握在不同的销售方式下销售商品收入的确认和账务处理方法,采用实际成本计价方法或计划成本计价方法对销售成本进行计算和结转,以及在销售过程中涉及的税费、利润与利润分配的计算和账务处理。

学习指导

- 本章主要阐述营业收入和费用及利润的概念、营业收入确认的条件、费用核算的内容、利润的构成和计算及利润的分配、在销售中涉及的税费计算,以及营业收入和成本、税费、利润分配的账务处理。
- 本章的重点是营业收入、营业成本、税费及利润分配的账务处理。
- 本章的难点是营业收入确认的条件、税金的计算、利润分配的账务处理。

第一节 营业收入

一、营业收入的定义和分类

（一）营业收入的定义

收入有狭义收入和广义收入之分。《企业会计准则》将收入定义为狭义收入，即营业收入。营业收入是指企业在销售商品、提供劳务和让渡资产使用权等日常活动中形成的、会导致所有者权益增加的、与所有者投入资本无关的经济利益的总流入。广义收入是指在会计期间经济利益的总流入，其表现形式为因资产增加或负债减少而引起的所有者权益的增加，但不包括与所有者出资等有关的资产增加或负债减少。

（二）营业收入的分类

营业收入有不同的分类，按照企业从事日常活动的性质，可分为销售商品收入、提供劳务收入、让渡资产使用权收入、建造合同收入等；按照企业从事的日常活动在企业的重要性，可分为主营业务收入、其他业务收入等。

二、营业收入的确认条件

销售商品收入同时满足下列条件的，才能予以确认：

（1）企业已将商品所有权上的主要风险和报酬转移给购货方。

企业已将商品所有权上的主要风险和报酬转移给购货方，是指与商品所有权有关的主要风险和报酬同时转移给了购货方。其中，与商品所有权有关的风险是指商品发生减值或毁损等形成的损失，与商品所有权有关的报酬是指商品价值增加或通过使用商品等形成的经济利益。

（2）企业既没有保留通常与所有权相联系的继续管理权，也没有对已售出的商品实施有效控制。

在通常情况下，企业在售出商品后不再保留与商品所有权相联系的继续管理权，也不再对售出商品实施有效控制，商品所有权上的主要风险和报酬已经转移给购货方，应在发出商品时确认收入。

（3）收入的金额能够可靠地计量。

收入的金额能够可靠地计量，是指收入的金额能够合理地估计。如果收入的金额不能够合理估计，就无法确认收入。

（4）相关的经济利益很可能流入企业。

相关的经济利益很可能流入企业，是指销售商品价款收回的可能性大于不能收回的可能性，即销售商品价款收回的可能性超过50%。

（5）相关的已发生或将发生的成本能够可靠地计量。

在通常情况下，与销售商品相关的已发生或将发生的成本能够合理地估计。

商品在不同的销售方式下销售收入的确认标准如下：

（1）交款提货销售。通常在收到货款收入并将发票账单和提货单交给买方后确认收入。

（2）委托代销。通常在收到受托方的代销清单时确认收入。

（3）预收款销售。通常在商品发出时确认收入，在此之前的预收货款应确认为负债。

（4）分期收款销售。通常按合同规定的收款日期确认收入。

（5）托收承付结算方式销售。通常在商品已发出、劳务已提供并将发票账单提交银行，办妥托收手续后确认收入。

（6）附有销售退回条件的商品销售。应在商品发出时，将估计不会发生退货的部分确认收入；估计可能发生退货的部分，不确认收入，作发出商品处理。如果企业不能合理地确定退货的可能性，则在售出商品退货期满时确认收入。

（7）一次收款的销售。通常在提供商品或劳务完成时确认收入。

三、营业收入的账务处理

在确认营业收入时，其不同的营业收入应记入不同的账户，产生的主营业务收入应记入"主营业务收入"账户的贷方，产生的其他业务收入应记入"其他业务收入"账户的贷方。

例 4-1

在交款提货方式下销售商品

（1）销售商品 D201KJ 和 M54L，通过转账支票进行结算。

（2）附原始凭证，见表 4-1 和表 4-2。

表 4-1

江苏省增值税专用发票

2300072140	此联不作报销、抵扣税凭证使用	No.48126216
开票日期： 年 10 月 2 日		

购货方	名称：九州贸易公司 纳税人识别号：211130896275455 地址、电话：海中路 211 号（342288） 开户行及账号：工行淮海支行 101111342536202	密码区	5<3-7+*56>9<64\5*09 加密版本：01 7>4*21\5>16\5-5\81*36 2300072140 -5*1+2\6-58-544*2\89* 48126216 41-200000365665848>>21

货物或应税劳务名称	规格型号	单位	数量	单价	金额	税率	税额
机床	D201KJ	台	5	23 800.00	119 000.00	17%	20 230.00
机床	M54L	台	4	28 000.00	112 000.00	17%	19 040.00
合 计					¥231 000.00		¥39 270.00

价税合计（大写）	⊗贰拾柒万零贰佰柒拾元整　（小写）¥270 270.00		
销货方	名称：彭城机床有限责任公司 纳税人识别号：113355423116324 地址、电话：九州市房忠路 104 号（323654） 开户行及账号：工行淮海支行　333213562323544	备注	彭城机床有限责任公司 663529418 发票专用章

收款人：徐丽丽	复核：陈杰亚	开票人：钱芳	销货单位：

表 4-2

中国工商银行进账单（收款通知）

20××年10月2日

出票人	全称	彭城机床有限责任公司	收款人	全称	九州贸易公司
	账号	333213562323544		账号	101111342536202
	开户银行	九州市工行淮海支行		开户银行	九州市工行淮海支行

金额	人民币（大写）贰拾柒万零贰佰柒拾元整	亿	千	百	十	万	千	百	十	元	角	分
					¥	2	7	0	2	7	0	0	0

票据种类	支票	票据张数	1
票据号码	11332665		

开户银行签章

复核：李娟　　记账：万红

编制会计凭证，见表4-3。

表 4-3

记 账 凭 证

20××年10月2日　　　　　　　　第5号

摘要	总账科目	√	明细科目	√	借方金额									贷方金额									
					百	十	万	千	百	十	元	角	分	百	十	万	千	百	十	元	角	分	
销售产品	银行存款	√				2	7	0	2	7	0	0	0										
	主营业务收入	√	D201KJ												1	1	9	0	0	0	0	0	附单据2张
			M54L	√											1	1	2	0	0	0	0	0	
	应交税费		增值税（销项）	√													3	9	2	7	0	0	
合　计					¥	2	7	0	2	7	0	0	0	¥	2	7	0	2	7	0	0	0	

财务主管：王红　　记账：李娜　　复核：梁明秀　　出纳：陈燕　　制证：范刚

例 4-2

在交款提货方式下销售材料

(1) 销售材料，收到现金，并存入银行。

(2)附原始凭证,见表4-4和表4-5。

表4-4

中国工商银行现金交款单(回单) 1

20××年10月10日

收款人	全称	彭城机床有限责任公司		款项来源		销货款			
	账号	333213562323544	开户银行	工行	交款人	陈宝国			

人民币(大写):贰仟叁佰肆拾元整	百十万千百十元角分
	¥ 2 3 4 0 0 0

票面	一百元	五十元	十元	伍元	贰元	壹元	伍角	贰角	壹角	伍分	贰分	壹分	合计金额
把数(百张)													
零张数	23		4										
合计金额	2 300		40										¥2 340.00

（银行盖章：工行徐州市淮海支行 20××.10.10 现金收讫）

表4-5

江苏省国家税务局通用机打发货票

发票代码 132640032468

开票日期：20××-10-10   行业分类：   发票号码 23566542

付款方名称：彭城机床有限责任公司	付款方识别号
付款方地址：莲藕区大庆路162-1号	付款方电话：66562830

开票项目	规格/型号	单位	数量	单价	金额
材料	C012	吨	1	2 340.00	2 340.00

备注：

总计金额：¥2 340.00   金额大写：贰仟叁佰肆拾元整

收款方名称：新龙商厦   收款方识别号：686959596862632

收款方银行名称：中国农业银行股份有限公司九州市新城支行 收款方地址：天达利大街56号

收款方电话：62566623   开票人：李成

查验码：569689458695845623 2568553   查验网址：http://etax.jsgs.gov.cn

第一联 发票联 付款方作为付款凭证

编制会计凭证，见表4-6。

表4-6

记 账 凭 证

20××年10月10日　　　　　　　　　　　第33号

摘要	总账科目	√	明细科目	√	借方金额 百十万千百十元角分	贷方金额 百十万千百十元角分	
销售材料	银行存款	√			2 3 4 0 0 0		附单据2张
	其他业务收入	√				2 0 0 0 0 0	
	应交税费	√				3 4 0 0 0	
	合计				¥ 2 3 4 0 0 0	¥ 2 3 4 0 0 0	

财务主管：王红　　记账：李娜　　复核：梁明秀　　出纳：陈燕　　制证：范刚

例 4-3

在委托收款方式下销售商品

(1) 发出商品，代垫运费，并办妥托收手续。

(2) 附原始凭证，见表4-7至表4-10。

表4-7

彭城机床有限责任公司
垫付费用报账凭证

No.005683

委托单位：九州市运输公司　　　　20××年10月5日

摘　要	运杂费项目	金　额 万千百十元角分	备注：
代垫锡山贸易公司	铁（公）路运输费	1 0 0 0 0 0	
	装卸搬运费		
	包装材料费		
	服务费		
	保险费	2 0 0 0 0	
	合计	¥ 1 2 0 0 0 0	

人民币（大写）壹仟贰佰元整　　　　（小写）¥1 200.00

复核：左国庆　　　　　　　　　　　　　　　　　制单：张艺平

表 4-8

江苏省增值税专用发票

2300072140　　此联不作报销、扣税税凭证使用　　No.12506217

开票日期：20×× 年 10 月 2 日

购货方	名　　称	锡山贸易公司	密码区	5#3-7+*56>9<64\5*23　加密版本：01 8>4*01/3>16\5-5\81*11　2300072140 +5*1+2\6-58-544*2\85*　12506217 36-205500361115848>>08
	纳税人识别号	423115606529338		
	地址、电话	梅园中路 506 号（613211）		
	开户行及账号	工行锡山支行 323532261654287		

货物或应税劳务名称	规格型号	单位	数量	单价	金额	税率	税额
机床	D201KJ	台	1	23 800.00	23 800.00	17%	4 046.00
机床	M54L	台	2	28 000.00	56 000.00	17%	9 520.00
合　　计					¥79 800.00		¥13 566.00

价税合计（大写）	⊗玖万叁仟叁佰陆拾陆元整　　（小写）¥93 366.00

销货方	名　　称	九州市彭城机床有限责任公司
	纳税人识别号	113355423116324
	地址、电话	九州市房忠路 104 号（323654）
	开户行及账号	工行淮海支行　333213562323544

收款人：徐丽丽　　复核：陈杰亚　　开票人：钱芳　　销货单位：

第一联　记账联　销货方记账凭证

表 4-9

托收凭证（回单）　1

委托日期 20×× 年 10 月 6 日

业务类型		委托收款（□邮划、□电划）托收承付（□邮划、□电划）			
付款人	全　称	锡山贸易公司	收款人	全　称	彭城机床有限责任公司
	账号或地址	323532261654287		账号或地址	333213562323544
	开户行	工行锡山支行		开户行	工行淮海支行

金额	人民币（大写）玖万肆仟伍佰陆拾陆元整	亿	千	百	十	万	千	百	十	元	角	分
					¥	9	4	5	6	6	0	0

款项内容	销货款	托收凭据名称	发货票	附寄单证张数	2张

备注：	付款人注意： 应于见票当日通知开户银行划款。 如拒付，应在规定期限内将拒付理由书及债务证明退交开户银行。 银行签章：
复核：刘华　记账：王芳	

此联是收款人开户行给收款人的回单

表 4-10

支票存根

中国工商银行
转账支票存根（苏）
VII 21033496
科目
对方科目
出票日期 20×× 年 10 月 5 日

| 收款人：九州市运输公司 |
| 金　额：￥1 200.00 |
| 用　途：代垫运杂费 |

单位主管：肖良　会计：吕维

编制会计凭证，见表 4-11。

表 4-11

记 账 凭 证

20×× 年 10 月 6 日　　　　　　　　　　　　第 12 号

摘要	总账科目	√	明细科目	√	借方金额 百十万千百十元角分	贷方金额 百十万千百十元角分	
销售产品	应收账款	√			9 4 5 6 6 0 0		附单据 4 张
	主营业务收入	√	D201KJ			2 3 8 0 0 0 0	
			M54L			5 6 0 0 0 0 0	
	应交税费	√	增值税（销项）			1 3 5 6 6 0 0	
	银行存款	√				1 2 0 0 0 0	
合　计					￥9 4 5 6 6 0 0	￥9 4 5 6 6 0 0	

财务主管：王红　　记账：李娜　　复核：梁明秀　　出纳：陈燕　　制证：范刚

例 4-4　　　　　　在预收货款方式下销售商品

(1) 向九州贸易公司预收货款。
(2) 附原始凭证，见表 4-12。

表 4-12

中国工商银行进账单（收款通知）

20××年10月12日

出票人	全称	彭城机床有限责任公司	收款人	全称	九州贸易公司
	账号	333213562323544		账号	101111342536202
	开户银行	九州市工行淮海支行		开户银行	九州市工行淮海支行

金额	人民币（大写）肆仟陆佰捌拾元整	亿 千 百 十 万 千 百 十 元 角 分
		¥ 4 6 8 0 0

票据种类	支票	票据张数	1	开户银行签章
票据号码	356895			

复核：李娟　　记账：万红

编制会计凭证，见表4-13。

表 4-13

记 账 凭 证

20××年10月12日　　　　　　　　　　第43号

摘要	总账科目	√	明细科目	√	借方金额										贷方金额										
					百	十	万	千	百	十	元	角	分		百	十	万	千	百	十	元	角	分	
预收货款	银行存款	√					4	6	8	0	0	0												
	预收账款		√														4	6	8	0	0	0	
合计					¥		4	6	8	0	0	0		¥		4	6	8	0	0	0			

附单据1张

财务主管：王红　　记账：李娜　　复核：梁明秀　　出纳：陈燕　　制证：范刚

例 4-5

货款已预收，发出商品

(1) 向九州贸易公司销售 N101 商品，货款已预收。

(2) 附原始凭证，见表4-14。

表 4-14

江苏省增值税专用发票

2300072140　　此联不作报销、扣税凭证使用　　No.12506312

开票日期：20×× 年 10 月 12 日

购货方	名　　称：九州贸易公司 纳税人识别号：211130896275455 地址、电话：海中路 211 号（342288） 开户行及账号：工行淮海支行 　　　　　　　101111342536202	密码区	5*3-7+*34>9<64\5*76　加密版本：01 3>4*01/3>16\5-5\81*43　2300072140 -5*1+2\6-58-544*2\85*　12506312 43-685500361115847>>91

货物或应税劳务名称	规格型号	单位	数量	单价	金额	税率	税额
刀具	N101	件	2	2 000.00	4 000.00	17%	680.00
合　计					¥4 000.00		¥680.00

价税合计（大写）	⊗肆仟陆佰捌拾元整　　（小写）¥4 680.00

销货方	名　　称：九州市彭城机床有限责任公司 纳税人识别号：113355423116324 地址、电话：九州市房忠路 104 号（323654） 开户行及账号：工行淮海支行　333213562323544	备注： 200036872

收款人：徐丽丽　　复核：陈杰亚　　开票人：钱芳　　销货单位：

编制会计凭证，见表 4-15。

表 4-15

记 账 凭 证

20×× 年 10 月 12 日　　　　　　　　　　　　　　　第 44 号

摘要	总账科目	√	明细科目	√	借方金额 百十万千百十元角分	贷方金额 百十万千百十元角分
销售产品	预收账款	√	九州贸易		4 6 8 0 0 0	
	主营业务收入	√	N101			4 0 0 0 0 0
	应交税费	√	增值税（销项）			6 8 0 0 0
	合　计				¥ 4 6 8 0 0 0	¥ 4 6 8 0 0 0

附单据 1 张

财务主管：王红　　记账：李娜　　复核：梁明秀　　出纳：陈燕　　制证：范刚

例 4-6

采用商业汇票结算方式销售商品

(1) 向云港浦江机械厂销售 M54L 产品，采用商业汇票结算。

(2) 附原始凭证，见表 4-16 和表 4-17。

表 4-16

江苏省增值税专用发票

2300072140　　此联不作报销、扣税凭证使用　　No.12501102

开票日期：20×× 年 10 月 14 日

购货方	名　称：云港浦江机械厂 纳税人识别号：412365466219987 地址、电话：浦东路 69 号（532165） 开户行及账号：工行浦东支行 　　　　　　363112345676207	密码区	5*3-7+*34>9<64\5*76　加密版本：01 3>4*01/3>16\5-5\81*43 2300072140 -5*1+2\6-58-544*2\85* 12501102 43-685500361115847>>91

货物或应税劳务名称	规格型号	单位	数量	单价	金额	税率	税额
机床	M54L	台	1	28 000.00	28 000.00	17%	4 760.00
合计					¥28 000.00		¥4 760.00

价税合计（大写）	⊗叁万贰仟柒佰陆拾元整　　（小写）¥32 760.00

销货方	名　称：九州市彭城机床有限责任公司 纳税人识别号：113355423116324 地址、电话：九州市房忠路 104 号（323654） 开户行及账号：工行淮海支行　333213562323544

收款人：徐丽丽　　复核：陈杰亚　　开票人：钱芳　　销货单位：

表 4-17

商业承兑汇票　3

出票日期（大写）：贰零×× 年壹拾月壹拾肆日　　汇票号码：2712

	业务类型	委托收款（□邮划、□电划）托收承付（□邮划、□电划）		
付款人	全　称	云港浦江机械厂	全　称	彭城机床有限责任公司
	账号或地址	363112345676207	账号或地址	333213562323544
	开户行	工行浦东支行	开户行	工行淮海支行

汇票金额	人民币（大写）叁万贰仟柒佰陆拾元整	亿 千 百 十 万 千 百 十 元 角 分 ¥　　　　3 2 7 6 0 0 0

汇票到期日（大写）	贰零×× 年壹拾月壹拾肆日	付款行	3020
交易合同号		地址	浦东路 108 号
本汇票已经本单位承兑，到期无条件支付票款。		本汇票请予以承兑，到期日支付票款。	
承兑人盖章：		出票人签章：	
承兑日期 20×× 年 11 月 14 日			

编制会计凭证，见表4-18。

表4-18

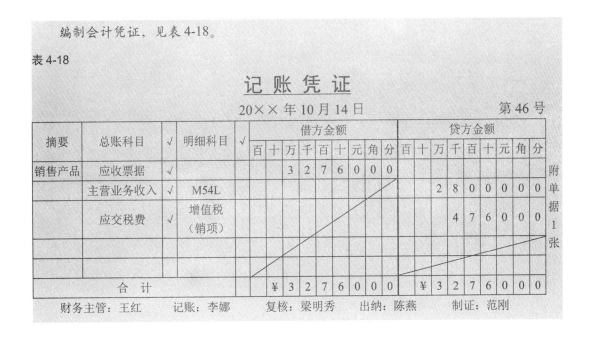

第二节 费用与税金

费用有狭义和广义之分。广义的费用泛指企业在各种日常活动中发生的所有耗费；狭义的费用仅指与本期营业收入相配比的那部分耗费。费用的确认以权责发生制为基础。

一、销售成本核算

（一）销售成本的概念

在销售成立时，企业因获取销售收入而产生销售成本，销售成本包括商品销售成本和其他业务成本。相对制造业而言，商品销售成本称为主营业务成本，是指由已售的商品、自制的半成品和提供的工业性劳务而产生的销售成本。其他业务成本是指由企业材料销售、代购代销、无形资产出租、固定资产出租、包装物出租、对外运输等非工业性劳务而产生的销售成本。

（二）销售成本的账务处理

按照《企业会计准则》规定，主营业务和其他业务的实际成本的计算可采用个别计价法、一次加权平均法、移动加权平均法、先进先出法和毛利率法等，也可以按计划成本的计算方法，通过计算销售成本的差异率来计算销售成本。计算销售成本的方法与计算发出存货成本的方法基本相同，销售成本的结转方法有定期结转法和逐笔结转法。企业一般设置"主营业务成本"科目和"其他业务成本"科目分别核算主营业务成本和其他业务成本。

 例 4-7

计算并结转商品的销售成本

(1) 计算并结转本月已销售的商品成本。
(2) 附原始凭证，见表4-19。

表 4-19

产品销售成本计算表

20××年12月

企业名称：彭城机床有限责任公司

产品名称	单位	月初结存		本月入库		本月销售		
		数量	总成本	数量	总成本	数量	加权平均单位成本	总成本
D201KJ	台	2	39 400.00	20	395 352.71	18	19 761.49	355 706.82
M54L	台	4	97 600.00	22	490 283.11	22	22 610.89	497 439.58
合计								¥853 146.40

会计主管：辛亚南　　　　　复核：姚森　　　　　制表：易莉

(1) 计算商品的销售成本（采用全月一次加权平均法计算单位成本）。

D201KJ 的加权平均单位成本 =（39 400+395 352.71）元 ÷（2+20）台 =197 61.49 元/台

D201KJ 的销售成本 =（18×19 761.49）元 =355 706.82 元

M54L 的加权平均单位成本 =（97 600+490 283.11）元 ÷（4+22）台 =22 610.89 元/台

M54L 的销售成本 =（22×22 610.89）元 =497 439.58 元

(2) 编制会计凭证，见表 4-20。

表 4-20

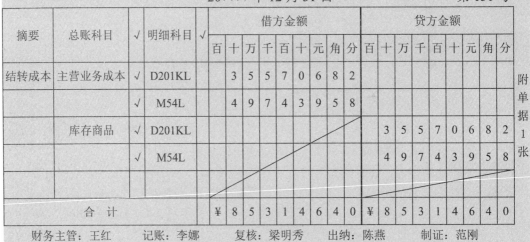

二、管理费用核算

（一）管理费用的内容

管理费用是指企业为组织和管理企业生产经营活动所发生的各项费用，包括公司经费、行政管理人员工资、福利费、工会经费、职工教育经费、劳动保险费、待业保险费、董事会费、咨询费、审计费、诉讼费、排污费、绿化费、税费、土地使用费（海域使用费）、土地损失补偿费、技术转让费、技术开发费、无形资产摊销、开办费摊销、业务招待费、存货盘亏（减盘盈）及毁损和报废、涉外费、商标注册费、上交上级管理费及其他管理费用。

业务招待费指企业为业务经营的合理需要而支付的费用。按税法规定，在下列限额内据实列入管理费用（超过部分作为纳税调整项目）：全年销售净额在 1 500 万元（不含 1 500 万元）以下的，不超过年销售净额的 5‰；超过 1 500 万元（含 1 500 万元）但不足 5 000 万元的，不超过该部分的 3‰；超过 5 000 万元（含 5 000 万元）但不足 1 亿元的，不超过该部分的 2‰；超过 1 亿元（含 1 亿元）的，不超过该部分的 1‰。根据规定，餐饮服务适用 6% 的增值税税率。购进餐饮服务的进项税额不得从销项税额中抵扣。

（二）管理费用的账务处理

企业发生的管理费用在"管理费用"科目核算，并在"管理费用"科目按费用项目设置明细账进行明细核算。借方登记管理费用的发生额，贷方登记管理费用的转出额。期末，"管理费用"科目的余额结转"本年利润"科目后无余额。

例 4-8 核算管理费用

(1) 支付业务招待费。
(2) 附原始凭证，见表 4-21 和表 4-22。

表 4-21

```
         支票存根
   中国工商银行
   转账支票存根（苏）
   Ⅶ Ⅱ 21034012
   科目
   对方科目
   出票日期 20×× 年 12 月 12 日
   ┌─────────────────────┐
   │ 收款人：清闲实业公司 │
   ├─────────────────────┤
   │ 金  额：¥660.00      │
   ├─────────────────────┤
   │ 用  途：付招待费     │
   └─────────────────────┘
   单位主管：肖良  会计：王海
```

表4-22

江苏省国家税务局通用机打发货票

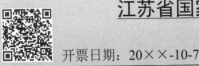

开票日期：20××-10-7　　行业分类：

发票代码　132640032468
发票号码　23566542

| 付款方名称：彭城机床有限责任公司 | 付款方识别号 |
| 付款方地址：莲藕区大庆路162-1号 | 付款方电话：66562830 |

开票项目	规格/型号	单位	数量	单价	金额
卷烟	FG	条	1	660.00	660.00

备注：
总计金额：¥660.00　　　　　　　　　　　金额大写：陆佰陆拾元整
收款方名称：新龙商厦　　　　　　　　　收款方识别号：726959596862111
　　　　　　　　　　　　　　　　　　　收款方银行账号：
收款方银行名称：中国中交通银行股份有限公司九州商城城支行　收款方地址：利大街56号
收款方电话：68566666　　　　　　　　　开票人：张洁
查验码：20068945869584562325?855　　　查验网址：http://etax.jsgs.gov.cn

第一联　发票联　付款方作为付款凭证

编制会计凭证，见表4-23。

表4-23

记账凭证

20××年12月12日　　　　　　　　　　　　　　　　　第30号

摘要	总账科目	√	明细科目	√	借方金额 百十万千百十元角分	贷方金额 百十万千百十元角分
付招待费	管理费用	√			6 6 0 0 0	
	银行存款	√				6 6 0 0 0
	合计				¥ 　　　6 6 0 0 0	¥ 　　　6 6 0 0 0

财务主管：王红　　记账：李娜　　复核：梁明秀　　出纳：陈燕　　制证：范刚

附单据2张

例4-9

存货盘亏的账务处理

（1）对材料物资进行年终盘点，其盘点结果是：主要材料盘亏计划成本为1 500元；在产品盘亏为500元，其中直接材料计划成本为350元，直接人工为100元，制造费用为50元（材料的成本差异率为1.98%）。

（2）附原始凭证，见表4-24至表4-26。

表 4-24

存货实存账存对比表

20×× 年 12 月 31 日

企业名称：彭城机床有限责任公司

存货类别	名称	计量单位	实 存		账 存		盘 盈		盘 亏		备注
			数量	金额	数量	金额	数量	金额	数量	金额	
原材料	L110	千克	7	3 500.00	10	5 000.00			3	1 500.00	
在产品	E21	支	0	0	1	500.00			1	500.00	
											实际总金额
合 计										¥2 000.00	¥2 357.36
处理意见	清查小组					审批部门					

表 4-25

材料差异额分摊计算表

20×× 年 12 月 31 日

企业名称：彭城机床有限责任公司

材料类别	名称及规格	材料计划成本	（12）月价差率	分摊差异额
原材料	L110	1 500.00	1.98%	29.70
在产品	E21	350.00	1.98%	6.93
合 计				¥36.63

审核：王楠　　　　　　　　　　　　　　　　　　　　制表：王晓梅

表 4-26

增值税进项税额扣减计算表

20×× 年 12 月 31 日

企业名称：彭城机床有限责任公司

进项税目	扣减原因	扣减类别	扣减依据		增值税率	扣减金额
			原进项税额	当期实际成本		
	存货盘亏	进项税抵扣	320.73	1 886.63	17%	320.73
合 计						¥320.73

会计主管：辛亚南　　　　审核：王楠　　　制表：王晓梅

(1) 计算盘亏存货损失。

盘亏存货应分摊的价差 =（1 500+350）元 ×1.98%=36.63 元

增值税进项税额扣减额 = [（1 500+350）×（1+1.98%）] 元 ×17%=320.73 元

(2) 编制会计凭证，见表4-27。

表4-27

记 账 凭 证

20××年12月31日　　　　　　　　　　第138号

摘要	总账科目	√	明细科目	√	借方金额 百十万千百十元角分	贷方金额 百十万千百十元角分	
盘亏存货	待处理财产损溢	√			2 3 5 7 3 6		附单据3张
	原材料	√				1 5 0 0 0 0	
	生产成本	√				5 0 0 0 0	
	应交税费	√	增值税（进项税额转出）			3 2 0 7 3	
	材料成本差异	√				3 6 6 3	
	合　计				¥ 2 3 5 7 3 6	¥ 2 3 5 7 3 6	

财务主管：王红　　记账：李娜　　复核：梁明秀　　出纳：陈燕　　制证：范刚

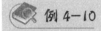

例 4-10

结转盘亏资产损失

(1) 经上级批准，转销盘亏存货损失。
(2) 附原始凭证，见表4-28。

表4-28

存货实存账存对比表

20××年12月31日

企业名称：彭城机床有限责任公司

存货类别	名称	计量单位	实存 数量	实存 金额	账存 数量	账存 金额	盘盈 数量	盘盈 金额	盘亏 数量	盘亏 金额	备注
原材料	L110	千克	7	3 500.00	10	5 000.00			3	1 500.00	实际总金额 ¥2 357.36
在产品	E21	支	0	0	1	500.00			1	500.00	
合　计										¥2 000.00	
处理意见	清查小组				审批部门 盘亏存货损失作为管理费用。						

编制会计凭证，见表4-29。

表4-29

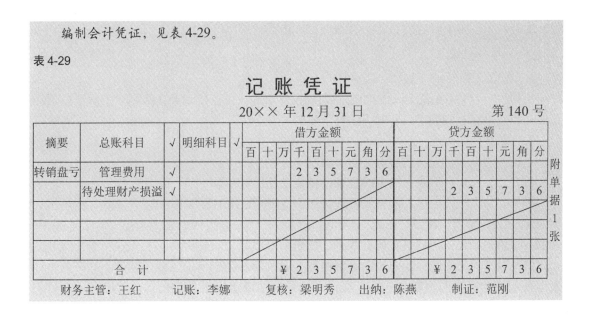

三、财务费用核算

（一）财务费用的内容

财务费用是指企业为筹集生产经营所需资金等而发生的筹资费用，包括利息支出（减利息收入）、汇兑损益及相关的手续费（调剂外汇手续费、金融机构手续费）、企业发生的现金折扣或收到的现金折扣等。

（二）财务费用的核算

企业发生的财务费用，在"财务费用"科目中核算，并在"财务费用"科目中按费用项目设置明细账进行明细核算。"财务费用"科目借方登记财务费用的发生额，贷方登记财务费用的转出额。在会计期末，"财务费用"科目余额结转到"本年利润"科目后无余额。

四、销售费用核算

（一）销售费用的内容

销售费用是指企业在销售产品和材料、提供劳务的过程中发生的各项费用，包括在企业销售商品过程中发生的保险费、运输费、装卸费、包装费、委托代销手续费、广告费、展览费、租赁费（不含融资租赁费）和销售服务费用、销售部门人员工资、职工福利费、工会经费、职工教育经费、差旅费、办公费、折旧费、修理费、物料消耗、低值易耗品摊销及其他经费。

（二）销售费用的账务处理

企业应设置"销售费用"科目核算销售费用，并在"销售费用"科目中按费用项目设置明细账进行明细核算。它的借方登记产品销售费用的发生额，贷方登记产品销售费用的转出额。在会计期末，"销售费用"科目余额结转到"本年利润"科目后无余额。

五、税金的核算

应交税费是指企业在生产经营过程中产生的应向国家缴纳的各种税费，主要包括增值税、消费税、城市维护建设税、教育费附加和所得税等。

(一) 增值税核算

1. 纳税义务人

增值税是以各项经营活动的增值额为征税对象的一种流转税。在我国境内从事各项经营活动以及进口货物的单位和个人为增值税纳税义务人。

2. 增值税税率

增值税税率按照业务内容分为以下几档：

(1) 17%。一般纳税人销售或者进口货物以及租赁有形动产，适用的税率为17%。

(2) 13%。一般纳税人销售或者进口下列货物，适用的税率为13%：粮食、食用植物油；自来水、暖气、冷气、热水、煤气、石油液化气、天然气、沼气、居民用煤炭制品；图书、报纸、杂志；饲料、化肥、农药、农机、农膜。

(3) 11%。交通运输、邮政、基础电信、建筑、不动产租赁服务、销售不动产、转让土地使用权，适用的税率为11%。交通运输是指使用运输工具将货物或者旅客送达目的地，使其空间位置得到转移的业务活动，包括陆路运输服务、水路运输服务、航空运输服务、管道运输服务和铁路运输服务。

(4) 6%。除上述经营活动以外的其他经营活动，适用的税率为6%，包括现代服务，金融服务及出售、租赁无形资产等。现代服务是指围绕制造业、文化产业、现代物流产业等提供技术性、知识性服务的业务活动，包括研发和技术服务、信息技术服务、文化创意服务、物流辅助服务、租赁服务、鉴证咨询服务、广播影视服务、商务辅助服务和其他现代服务等。金融服务是指经营金融保险的业务活动，包括贷款服务、直接收费金融服务、保险服务和金融商品转让。

(5) 零税率。一般纳税人出口货物及其他跨境应税服务，税率为零。需要说明的是，企业在同一项经营活动中涉及不同税率的业务，应就高确认增值税税率。例如，企业销售商品，同时负责送货并收取运费，则销售商品的收入和运费收入均应按照17%确定应交增值税。企业的不同经营活动分别涉及不同税率的业务，如果企业能够将不同业务进行单独和准确的核算，能够判断不同业务价格的合理性，则可以分别使用不同的税率。例如，某企业既销售商品，也对外提供运输服务，商品销售和运输服务均能够进行单独和准确的核算，能够确认各项价格的合理性，则销售商品按照17%确定应交增值税，提供运输服务按照11%确定应交增值税。

3. "应交税费——应交增值税"科目和"应交税费——未交增值税"科目的设置

(1) "应交税费——应交增值税"科目设置。应交增值税对于一般纳税人来说，在一般情况下属于一种价外税，即销售货物和提供应税劳务收取的增值税不计入销售收入，购进货物和接受应税劳务支付的增值税一般也不计入货物和劳务的成本，在价外单独核算。为此，应在"应交税费"科目下设置"应交增值税"二级科目进行核算。"应交增值税"二级科目还应按照应交增值税的构成内容设置专栏，进行明细核算。

"应交增值税"二级科目的借方一般设置进项税额、已交税金、出口抵减内销产品应纳税额和转出未交增值税四栏；贷方一般设置销项税额、进项税额转出、出口退税和转出多交增值税四栏。贷方专栏中进项税额转出和出口退税两项为借方专栏中进项税额的抵减项目。

本期销项税额大于抵减后的进项税额与出口抵减内销产品应纳税额之和的，其差额为本期应交增值税税额。本期应交增值税税额大于借方专栏"已交税金"的差额为本期未交增值税，应从"应交增值税"二级科目借方（"转出未交增值税"专栏）转出，转入"未交增值税"二级科目贷方；本期应交增值税税额小于借方专栏"已交税金"的差额为本期多交增值税，应从"应交增值税"二级科目贷方（"转出多交增值税"专栏）转出，转入"未交增值税"二级科目借方。经过上述结转后，"应交增值税"二级科目应无余额。

本期销项税额小于抵减后的进项税额与出口抵减内销产品应纳税额之和的，其差额为尚未抵扣的进项税额，保留在"应交增值税"二级科目内，可以在以后期间继续抵扣。"应交增值税"二级科目月末如有余额，应为借方余额，即尚未抵扣的进项税额。

（2）"应交税费——未交增值税"科目设置。"应交税费——未交增值税"科目反映企业月末累计未交增值税或多交增值税。该科目贷方登记转入的当期应交未交增值税，借方登记转入的当期多交增值税和实际缴纳的以前期间欠交增值税。该科目借方余额为累计多交增值税，贷方余额为累计未交增值税。

需要说明的是，企业在缴纳增值税时，应将补交的以前月份未交增值税记入"应交税费——未交增值税"科目借方，将缴纳的当月增值税记入"应交税费——应交增值税（已交税金）"科目借方。

4. 增值税进项税额

增值税进项税额是指一般纳税人购进货物或接受应税劳务支付价款中所含的增值税税额。企业支付的增值税进项税额能否在销项税额中抵扣，应视具体情况而定。

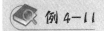

例 4-11

申报增值税

(1) 申报本月应交增值税。
(2) 附增值税纳税申报样表，见表4-30。

表4-30

增值税纳税申报表

纳税人登记号					（一般纳税人使用）		（20××）苏税征表3-1	
纳税人姓名	彭城机床有限责任公司			所属时期:		金额单位：元		
负责人姓名		经济性质		经济类型		营业地址		电话
货物应税劳务	项目	销售额	税率	税额	免税销售额	税额计算	项 目	
		1	2	3=1×2	4		本期销项税额合计	11=3
销项	货物						本期抵扣税额	12=9
							上期留抵税额	13
							本期应抵扣税额合计	14=12+13

(续表)

								本期实际抵扣税额	15（如 14>11 则为 11；如 14<11 则为 14）
								本期应交纳税额	16=11-15
	应税劳务							本期代扣代缴税额	17
	视同销售							本期应交纳税额合计	18=16+17
								本期已交纳税额	19
								本期应补（退）税额	20=18-19
	合 计							期末累计留抵税额	21
	已扣减的销货退回及折让							截止上月累计欠税额	22
								本期已清理欠税额	23
							备 注		申报单位签章
进 项	税额 项目		17%	13%	免税农产品	小计			
	本期发生额	5							
	减：免税货物用	6							
	减：非应税项目用	7							
	减：非常损失	8							
	本期抵扣税额	9=5-6-7-8							
	已扣减进货退出及折让	10							
附列资料	本期领购专用发票（本）		本期取得进项发票份数						
	本期使用专用发票份数		本期取得进口完税凭证份数						
	其中：作废份数		期末库存专用发票		本份				
	本期计算机开出专用发票份数		本期取得抵减销项的货物退回及折让证明单份数						
注	纳税人不论有无销售额，应按月填制本申报表，于次月十日内，向税务机关申报。							财务负责人： 申报日期：	

（二）消费税核算

消费税是在对货物普遍征收增值税的基础上，对部分消费品再征收的一种税，主要是为了调节产品结构，引导消费方向，保证国家财政收入。目前，确定征收消费税的有烟、酒、化妆品等多种消费产品。

消费税应纳税额的计算方法有两种，即从价定率法和从量定额法。它们的计算公式为

$$从价定率计算的应纳税额 = \frac{含增值税的销售额}{1+增值税税率或征收率}$$

或

$$从价定率计算的应纳税额 = 销售额 \times 税率$$

$$从量定额计算的应纳税额 = 销售数量 \times 单位税额$$

在应税消费品中，除黄酒、啤酒、汽油、柴油4种产品实行从量定额方法外，其他应税产品都实行从价定率的计税方法。将应税消费品用于债务重组、非货币性资产交换、对外投资、福利发放，或用于在建工程等方面，应视同销售，需要交纳消费税。通过"税金及附加"科目和"应交税费——应交消费税"科目核算。

委托加工应税消费品，如果委托方收回应税消费品后直接用于出售，则委托方应将代扣代缴的消费税计入委托加工的应税消费品成本，借记"委托加工物资""生产成本"等科目，贷记"应付账款"或"银行存款"等科目。如果委托加工的应税消费品收回后用于连续生产，按照税法规定该消费税额准予抵扣，则委托方应按代扣代缴的消费税额，借记"应交税费——应交消费税"科目，贷记"应付账款"或"银行存款"等科目。

需要交纳消费税的进口消费品，其交纳的消费税应计入该进口消费品的成本，借记"固定资产""材料采购"等科目，贷记"银行存款"。

（三）资源税核算

资源税是为了体现国家的权益、促进合理开发利用资源、调节资源级差收入，对开采资源产品征收的一种税。资源税采取从量定额的办法征收，根据应税产品的课税数量和规定的单位税额来计算。其计算公式为

$$应纳资源税额 = 课税数量 \times 单位税额$$

课税数量为：开采或生产应税产品销售的，以销售数量为课税数量；开采或生产应税产品自用的，以自用数量为课税数量。企业销售应纳资源税的商品，借记"税金及附加"科目，贷记"应交税费——应交资源税"科目。

（四）土地增值税核算

土地增值税是指对转让国有土地使用权、地上建筑物及其附着物并取得收入的单位和个人征收的一种税。

计算土地增值税的主要扣除项目有以下几项：

（1）取得土地使用权所支付的金额。

（2）开发土地的成本、费用。

（3）新建房屋及配套设施的成本费用，或者旧房及建筑物的评估价格。

（4）与转让房地产有关的税金。

转让国有土地使用权连同地上建筑物及其附着物应交纳的土地增值税，应借记"固定资产清理"或"在建工程"科目，贷记"应交税费——应交土地增值税"科目；兼营房

地产开发业务的企业，应由当期收入负担的土地增值税借记"其他业务成本"科目，贷记"应交税费——应交土地增值税"科目。

（五）城市维护建设税和教育费附加的核算

城市维护建设税是国家对缴纳增值税、消费税的单位和个人就其实际缴纳的税款金额为计税依据而征收的一种税。其计算公式为

应纳的城市维护建设税额＝（应交的增值税额＋应交的消费税额）× 税率

教育费附加是国家为了发展教育事业提高人民文化素质而征收的一种费用。它是依据缴纳增值税、消费税的一定比例计算缴纳的。其计算公式为

应缴纳的教育费附加＝（应交的增值税额＋应交的消费税额）× 税率

企业取得营业收入以后，应按规定计算结转应交的城市维护建设税和应交的教育费附加，借记"税金及附加"科目，贷记"应交税费——应交城市维护建设税"和"应交税费——应交教育费附加"科目。

（六）房产税、土地使用税、车船使用税和印花税核算

房产税是以房产为征税对象，依据房产价格或房产租金收入向城市、县城、建制镇和工矿区的房产所有人或经营人征收的一种税。房产税的计算方法有两种：一是从价计征；二是从租计征。从价计征是按房产的原价减除一定比例后的余额计算；从租计征是按房产的租金收入计算。土地使用税是以纳税人实际占用的土地面积为计税依据，按照规定的税额来计算应纳税额。车船使用税是对使用的车船征收的一种税。车船使用税是按照车船的种类和性能确定为辆、净吨位和载重吨位，依此为据乘上规定的单位税额来计算应纳税额。

当企业按规定计算应交的房产税、土地使用税和车船使用税时，借记"税金及附加"科目，贷记"应交税费——应交房产税（或土地使用税和车船使用税）"科目。

印花税是对经济活动和经济交往中书立、领受购销合同等具有法律效力的凭证向单位和个人征收的一种税。当企业购买印花税票时，直接借记"税金及附加"科目，贷记"银行存款"科目。

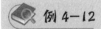
例 4-12

计算因销售商品应交的城市
维护建设税和教育费附加，并予以结转

(1) 计算并结转本月应交的城市维护建设税和教育费附加。

(2) 附原始凭证，见表 4-31。

表 4-31 见下页所列。

(1) 计算应交税费。

应交城市维护建设税 =（应交增值税 + 应交消费税）× 7%=233 032.29 元 × 7%=16 312.26 元

应交教育费附加 =（应交增值税 + 应交消费税）× 3%=6 990.97 元

表 4-31

城市建设维护税纳税申报表

(20××)苏税征表 3-15

所属时期：20×× 年 12 月   金额单位：元

经济性质：
预算级次

纳税人名称		税务计算机编号		开户银行		账号	
税（费）种类	计税（费）金额	税率（征收率）	应纳税额	已纳（抵扣）税额	按规定减免税额	本期实际应补（退）税额
城市维护建设税	233 032.29	7%	16 312.26			
教育费附加	233 032.29	3%	6 990.97			
合计						

开票日期：20×× 年 12 月 30 日　　　　入库日期：20×× 年 12 月 31 日

缴款书字号　　　　　　　　　　　　　　　申报日期：20×× 年 12 月 30 日

申报单位（人）（章）　　　财务负责人（签章）张燕华　　开票人：林燕

(2) 编制会计凭证，见表4-32。

表4-32

记 账 凭 证

20ХХ年12月31日　　　　　　　　　　　　　第142号

摘要	总账科目	√	明细科目	√	借方金额 百十万千百十元角分	贷方金额 百十万千百十元角分	
计算税金	税金及附加	√	城建税		1 6 3 1 2 2 6		附单据1张
	税金及附加		教育费附加		6 9 9 0 9 7		
	应交税费		城建税			1 6 3 1 2 2 6	
	应交税费		教育费附加			6 9 9 0 9 7	
	合　计				¥ 2 3 3 0 3 2 3	¥ 2 3 3 0 3 2 3	

财务主管：王红　　记账：李娜　　复核：梁明秀　　出纳：陈燕　　制证：范刚

（七）所得税核算

所得税是指按税法规定从企业的生产经营所得和其他所得中交纳的税费。任何企业都要从实现的利润中交纳所得税，扣除所得税的利润才能客观地反映企业的最终效益，税后净利润也是投资者所真正关心的指标。

所得税的计算公式为

$$应交所得税 = (利润总额 \pm 调整项目) \times 所得税税率$$

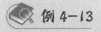

例4-13

计算本月应纳所得税（税率为25%），见表4-33。

表4-33见下页所列。

编制会计凭证，见表4-34。

表4-34

记 账 凭 证

20ХХ年12月31日　　　　　　　　　　　　　第143号

摘要	总账科目	√	明细科目	√	借方金额 百十万千百十元角分	贷方金额 百十万千百十元角分	
计算所得税	所得税费用	√			1 6 7 5 0 0 0 0		附单据1张
	应交税费	√	所得税			1 6 7 5 0 0 0 0	
	合　计				¥ 1 6 7 5 0 0 0 0	¥ 1 6 7 5 0 0 0 0	

财务主管：王红　　记账：李娜　　复核：梁明秀　　出纳：陈燕　　制证：范刚

表 4-33

企业所得税申报表

预算级次：

企业名称：彭城机床有限责任公司　申报所属时期：自 20×× 年 12 月 20 日至 12 月 25 日　金额单位：万元

开户银行：工行淮海支行
账　号：21356 2323544

项目	本期数	累计数	项目	本期数	累计数	专管员审核意见
一、主营业务收入	180		四、利润（亏损）总额	76		
减：主营业务成本	110		减：应扣减利润	2		
1						
主营业务税费及附加	8.5		2			
3						
4						
二、主营业务利润	61.5		加：应调增利润	1		
加：其他业务利润	15		2			
减：销售费用	4		3			
3			4			
5						
三、营业利润	66.5		五、计税所得额	75		
加：投资收益	10		适用税率	25%		
补贴收入	0		本期应纳所得税额	18.75		
营业外收入	0.5		六、本期应纳所得税额	18.75		
			减：已纳所得税额	2		
减：营业外支出	1		本期应补（退）所得税额	16.75		票证号码及开票日期

申报单位（人）章：　　　　　　　　会计主管：辛亚南　　　办税人员：李丽萍　　　申报日期：20×× 年 12 月 20 日

例4-14 按实际利润预交本月所得税

附原始凭证,见表4-35。

表4-35

中华人民共和国税收缴款书

隶属关系：工商局　　　　　　　　　　　　　　　　九州地税 No.00123628
经济性质：有限责任公司　　填发日期：20××年12月31日　　收入机关：九州市国税局

缴款单位（人）	代码	256318569741251	预算科目	款	所得税
	全称	彭城机床有限责任公司		项	企业所得税
	开户银行	工商银行淮海支行		级次	市级
	账号	333213562323544	收款国库		工商银行龙云支行

税款所属时期 20××年12月　　　　　　税款限款日期 20××年12月31日

课税数量	计税金额或销售收入	税率或单位税额	已缴或扣除额	实缴税款 千 百 十 万 千 百 十 元 角 分
利润总额	750 000.00	25%	20 000.00	1 6 7 5 0 0 0 0
金额合计	（大写）：拾陆万柒仟伍佰元整			¥ 1 6 7 5 0 0 0 0

缴款单位（人）（盖章） 吴莉 经办人（章）	税务机关（盖章） 赵洪 填票人（章）	上缴款项已收妥并划转收款单位账户 国库（银行）盖章 20××年12月31日	备注

编制会计凭证,见表4-36。

表4-36

记账凭证

20××年12月30日　　　　　　　　　　　　　　　　第88号

摘要	总账科目	√	明细科目	√	借方金额 百 十 万 千 百 十 元 角 分	贷方金额 百 十 万 千 百 十 元 角 分	附单据1张
交所得税	应交税费	√	所得税		1 6 7 5 0 0 0 0		
	银行存款	√				1 6 7 5 0 0 0 0	
合计					¥ 1 6 7 5 0 0 0 0	¥ 1 6 7 5 0 0 0 0	

财务主管：王红　　记账：李娜　　复核：梁明秀　　出纳：陈燕　　制证：范刚

（八）耕地占用税核算

耕地占用税以实际占用的耕地面积计税，按照规定税额一次征收。企业交纳的耕地占用税不需要通过"应交税费"科目核算，借记"在建工程"科目，贷记"银行存款"科目。

六、资产减值损失

资产减值损失是指企业应收账款、存货、长期股权投资、持有至到期投资、固定资产、在建工程、工程物资、无形资产、商誉等发生减值确认的减值损失。企业应根据确认的减值损失，借记"资产减值损失"科目，贷记"坏账准备""存货跌价准备""长期股权投资减值准备""持有至到期投资减值准备""固定资产减值准备""在建工程——减值准备""工程物资——减值准备""无形资产减值准备""商誉减值准备"等科目。

企业在计提坏账准备、存货跌价准备、持有至到期投资减值准备等后，相关资产的价值又得以恢复，应在原已计提的减值准备金额内，按恢复增加的金额，借记"坏账准备""存货跌价准备""持有至到期投资减值准备"等科目，贷记"资产减值损失"科目。

企业计提的长期股权投资减值准备、固定资产减值准备、在建工程减值准备、工程物资减值准备、无形资产减值准备、商誉减值准备，按照《企业会计准则》的规定，一经计提，不得转回。

坏账损失是指无法收回的应收账款所产生的损失。计提坏账准备金的方法有3种，即应收款项余额的百分比法、账龄分析法、赊销百分比法。

计提坏账准备金

(1) 年末按照应收款项余额的百分比法提取坏账准备金，提取的比例为5‰。
(2) 附原始凭证，见表4-37。

表4-37

坏账准备金计算表
20××年12月31日

企业名称：彭城机床有限责任公司

年末"应收账款"余额	提取比例	提取前"坏账准备"借方余额	提取前"坏账准备"贷方余额	提取的坏账准备金
1	2	3	4	5=1×2+3-4
504 000.40	5‰	0	2 100.00	420.00

会计主管：辛亚南　　　　　复核：王楠　　　　　制表：李丽

编制会计凭证，见表4-38。

表4-38

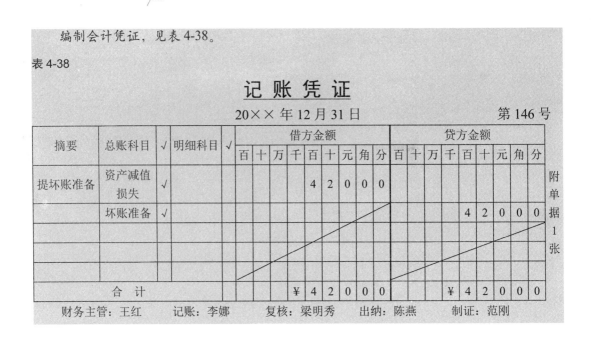

第三节　利润及利润分配

一、利润及利润的构成

利润是企业在一定会计期间内的经营成果，也就是一定期间内全部收入抵补全部支出后的净额。企业利润的构成内容既有企业通过生产经营活动获得的，也有通过投资活动而取得的，还有与生产经营活动无直接关系的会计事项所引起的利得和损失。因此，企业的利润一般包括营业利润、利润总额和净利润。

（一）营业利润

营业利润的计算公式为

营业利润 = 营业收入 − 营业成本 − 税金及附加 − 管理费用 − 销售费用 − 财务费用 − 资产减值损失 + 公允价值变动损益（− 公允价值变动损失）+ 投资收益（− 投资损失）

式中：营业收入是指企业经营业务所产生的收入总额，包括主营业务收入和其他业务收入；

营业成本是指企业经营业务所发生的实际成本总额，包括主营业务成本和其他业务成本；

公允价值变动收益（损失）是指企业交易性金融资产等公允价值变动所产生的应计入当期损益的利得（或损失）；

营业利润是形成企业净利润的基础，是构成企业利润总额的主要内容。

（二）利润总额

利润总额的计算公式为

利润总额 = 营业利润 + 营业外收入 − 营业外支出

式中：营业外收入（或支出）是指企业发生的与日常活动无直接关系的各项利得（或损失）。

(三) 净利润

净利润是企业的最终财务成果。其计算公式为

$$净利润 = 利润总额 - 所得税费用$$

二、营业外收支核算

营业外收入是指企业发生的与日常活动无直接关系的各项利得，主要包括处理固定资产净收益、罚款收入、对外索赔收入、确认无法支付的其他应付款项等。营业外支出即企业发生的与日常活动无直接关系的各种损失，主要包括固定资产盘点短缺、处理固定资产净损失、固定资产和流动资产因自然灾害等原因造成的非常损失（不含赔款）、罚款支出、捐赠支出、对外理赔支出等。

为了反映和监督营业外收支的发生及结转情况，应设置"营业外收入"和"营业外支出"两个账户。这两个账户均为损益类账户，"营业外收入"账户贷方登记企业发生的营业外收入额，借方登记转入"本年利润"账户的营业外收入额，期末结转后本账户应无余额，该账户根据各种营业外收入项目设置明细账进行核算。"营业外支出"账户借方登记发生的营业外支出额，贷方登记转入"本年利润"账户的营业外支出额，期末结转后本账户应无余额，该账户按照各种营业外支出项目设置明细账进行核算。

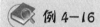
例 4-16

固定资产盘亏的核算

(1) 对固定资产进行年终盘点，其盘点结果是：盘亏一台生产用设备，其账面价值为 32 000 元，已提折旧为 29 500 元。

(2) 附原始凭证，见表 4-39。

表 4-39

固定资产盘盈盘亏报告表
20×× 年 12 月 31 日

部门：一车间

固定资产编号	固定资产名称	盘 盈			盘 亏			毁 损			原因
		数量	重置价值	估计已提折旧	数量	原价	已提折旧	数量	原价	已提折旧	
I610	机床				1	32 000.00	29 500.00				
合 计						¥32 000.00	¥29 500.00				
处理意见		使用部门			清查小组			审批部门			

编制会计凭证，见表4-40。

表4-40

记 账 凭 证

20××年12月31日　　　　　　　　　　　第147号

摘要	总账科目	√	明细科目	√	借方金额 百十万千百十元角分	贷方金额 百十万千百十元角分
盘亏机床	待处理财产损溢	√			2 5 0 0 0 0	
	累计折旧	√			2 9 5 0 0 0 0	
	固定资产	√				3 2 0 0 0 0 0
合　计					¥3 2 0 0 0 0 0	¥3 2 0 0 0 0 0

附单据1张

财务主管：王红　　记账：李娜　　复核：梁明秀　　出纳：陈燕　　制证：范刚

例4-17

转销盘亏资产

(1) 经上级批准，转销盘亏固定资产损益。
(2) 附原始凭证，见表4-41。

表4-41

固定资产盘盈盘亏报告表

20××年12月31日

部门：一车间

固定资产编号	固定资产名称	盘 盈			盘 亏			毁 损			原因
		数量	重置价值	估计已提折旧	数量	原价	已提折旧	数量	原价	已提折旧	
I610	机床				1	32 000.00	29 500.00				
合　计						¥32 000.00	¥29 500.00				
处理意见	使用部门				清查小组			审批部门 盘亏设备记入"营业外支出"。			

编制会计凭证,见表4-42。

表4-42

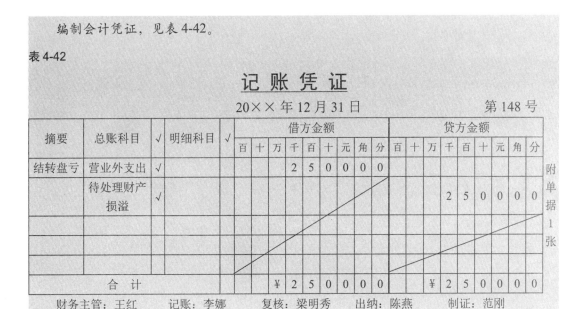

三、利润分配核算

(一) 利润分配的顺序

利润分配是对企业一定时期内的净利润进行的分配。企业当年的净利润一般可按以下顺序进行分配：①被没收的财物损失，支付各项税收的滞纳金和罚款；②弥补以前年度的亏损；③提取法定盈余公积；④提取任意盈余公积；⑤向投资者分配利润。

企业按上述顺序分配后，剩余部分为未分配利润。未分配利润可以留待以后年度进行分配，也可以留待以后年度弥补亏损。

(二) 盈余公积核算

1. 盈余公积的提取

企业提取的盈余公积，包括法定盈余公积和任意盈余公积，通过设置"盈余公积"账户进行核算，它属于所有者权益类账户。企业提取的盈余公积记入"盈余公积"账户贷方，用盈余公积弥补亏损或转增资本记入"盈余公积"账户借方，期末贷方余额表示提取盈余公积的结存数额。在"盈余公积"总分类账户下，设置"法定盈余公积"和"任意盈余公积"明细账户，进行明细分类核算。

企业的法定盈余公积是按净利润扣除弥补亏损后的10%提取的，当提取的盈余公积已达注册资本的50%时，可不再提取；任意盈余公积提取比例按企业章程或股东大会决议执行。当按规定提取盈余公积时，应按提取额借记"利润分配——提取盈余公积"账户，贷记"盈余公积"账户。

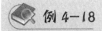例4-18

提取盈余公积

(1) 提取法定盈余公积和任意盈余公积，分别按净利润的10%和5%提取。
(2) 附原始凭证，见表4-43。

表 4-43

提取盈余公积金计算表

20××年12月

企业名称：彭城机床有限责任公司

项目	行次	金额
净利润	1	572 500.00
减：弥补企业以前年度亏损	2	0
计提盈余公积基数	3	572 500.00
本期应提取法定盈余公积	4	57 250.00
本期应提取任意盈余公积	5	28 625.00

会计主管：辛亚南　　　　复核：王楠　　　　制表：李梅

（1）计算盈余公积。

法定盈余公积 =（净利润 - 弥补企业以前年度亏损）×10% = 572 500 元 ×10% = 57 250 元

任意盈余公积 =（净利润 - 弥补企业以前年度亏损）×5% = 572 500 元 ×5% = 28 625 元

（2）编制会计凭证，见表 4-44。

表 4-44

记 账 凭 证

20××年12月31日　　　　　　　　　　　　　　　　　　　第 149 号

摘要	总账科目	√	明细科目	√	借方金额 百十万千百十元角分	贷方金额 百十万千百十元角分	附单据
提盈余公积	利润分配	√	法定盈余公积		5 7 2 5 0 0 0		1张
			任意盈余公积		2 8 6 2 5 0 0		
	盈余公积	√	法定盈余公积			5 7 2 5 0 0 0	
			任意盈余公积			2 8 6 2 5 0 0	
合计					¥ 8 5 8 7 5 0 0	¥ 8 5 8 7 5 0 0	

财务主管：王红　　记账：李娜　　复核：梁明秀　　出纳：陈燕　　制证：范刚

2. 盈余公积的使用

企业的法定盈余公积主要可用于以下几个方面：

（1）弥补亏损。若企业发生亏损，则按规定由企业自行弥补，弥补亏损的渠道主要有 3 条：一是用以后年度实现的税前利润进行弥补，其弥补期不超过 5 年；二是对超过弥补期限的亏损可用税后利润弥补；三是用盈余公积弥补。

（2）转增资本。当企业将盈余公积转增资本时，必须经股东大会决议批准。当用法定盈余公积转增资本时，要按股东原有持股比例结转，转增后的该项公积金不得少于转增前注册资本的 25%。

（3）支付股利。股份制企业的法定盈余公积和任意盈余公积除上述用途外，还可以用于分配股利。它是指在股份制企业无利润的情况下,原则上不得分配股利,但是为了维护企业股票的信誉,经股东会议特别决定,也可用盈余公积分配股利,但不能超过股票面值的 6%。

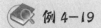 盈余公积的使用

(1) 用资本公积、盈余公积转增资本。
(2) 附原始凭证,见表 4-45。

表 4-45

彭城机床有限责任公司文件
公司办字第 8 号

关于用资本公积和盈余公积转增资本的决议

……

经研究决定,用资本公积 10 万元和盈余公积 5 万元补增实收资本。

……

总经理:

彭城机床有限责任公司
二零××年十二月三十一日

编制会计凭证,见表 4-46。

表 4-46

记 账 凭 证
20×× 年 12 月 31 日　　　　第 150 号

摘要	总账科目	√	明细科目	√	借方金额 百十万千百十元角分	贷方金额 百十万千百十元角分	
补增实收资本	资本公积	√			1 0 0 0 0 0 0 0		附单据1张
	盈余公积	√			5 0 0 0 0 0 0		
	实收资本	√				1 5 0 0 0 0 0 0	
合　计					¥ 1 5 0 0 0 0 0 0	¥ 1 5 0 0 0 0 0 0	

财务主管:王红　　记账:李娜　　复核:梁明秀　　出纳:陈燕　　制证:范刚

四、未分配利润核算

未分配利润是指企业留待以后年度进行分配的结存利润,是历年的累积数。当企业发生亏损时,其账面上为负数,它表明的是企业年度累积的未弥补亏损,应用税后利润或法定盈余公积等弥补。

为了反映历年累积的未分配利润情况,应在"利润分配"账户下设置"未分配利润"明细账户进行核算。年终时,应将全年实现的利润从"本年利润"账户转入"利润分配——未分配利润"账户。如为盈利,应借记"本年利润"账户,贷记"利润分配——未分配利润"账户;若为亏损,则作相反的处理。同时,将"利润分配"总分类账户下的其他明细账户的余额转入"利润分配——未分配利润"明细账户。结转后"利润分配——未分配利润"明细账户如为贷方余额,则为未分配的利润;反之,则为未弥补的亏损。

例 4—20

利润分配

(1) 向投资者分配利润,按净利润的 20% 分配利润。

(2) 附原始凭证,见表 4-47。

表 4-47

应付现金股利计算表

20×× 年 12 月

企业名称:彭城机床有限责任公司

项 目	行 次	金 额
净利润	1	572 500.00
减:弥补企业以前年度亏损	2	0
提取法定盈余公积	3	57 250.00
提取任意盈余公积	4	28 625.00
加:年初未分配利润	5	0
盈余公积补亏	6	0
可供股东分配的利润	7	486 625.00
应付股东现金股利	8	114 500.00

会计主管:辛亚南　　　　复核:王楠　　　制表:李梅

(1) 计算应付现金股利。

应付现金股利 = 净利润 × 20% = 572 500 元 × 20% = 114 500 元

(2) 编制会计凭证，见表4-48。

表4-48

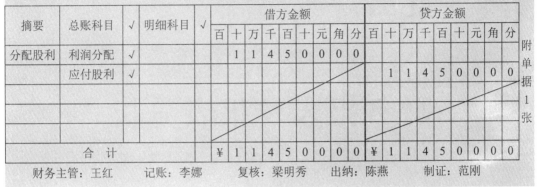

本 章 小 结

本章主要介绍营业收入核算、费用与税金核算和利润及利润分配等有关内容。基本要点如下：

(1) 营业收入核算。营业收入是指企业在销售商品、提供劳务和让渡资产使用权等日常活动中形成的、会导致所有者权益增加的、与所有者投入资本无关的经济利益的总流入，当满足其确认条件时才可确认为收入。营业收入按主要性可分为主营业务收入和其他业务收入，并分别设置"主营业务收入"和"其他业务收入"科目进行核算。

(2) 费用与税金核算。费用是指企业在日常活动中发生的、会导致所有者权益减少的、与向所有者分配利润无关的经济利益的总流出。企业因获取销售收入而产生销售成本，销售成本包括了主营业务成本和其他业务成本，并分别设置"主营业务成本"和"其他业务成本"科目进行核算，销售成本的计算同发出存货成本的计算。企业为组织和管理企业生产经营活动所发生的各项费用称为管理费用，通过设置"管理费用"科目进行核算。企业为筹集资金发生的费用称为财务费用，并设置"财务费用"科目进行核算。企业为销售所发生的各项费用称为销售费用，设置"销售费用"科目进行核算。在销售过程中产生的税金和教育费附加，通过设置"税金及附加"科目进行核算。为了在会计期末真实地反映资产状况，对资产进行减值测试、对减值的资产确认其资产减值损失，并设置"资产减值损失"科目进行核算。

(3) 利润及利润分配。利润是企业在一定时期内的经营成果。它包括营业利润、利润总额和净利润。企业应按照公司法的要求，对获取的净利润按照一定的顺序进行分配。当按照一定比例提取盈余公积时，借记"利润分配"科目，贷记"盈余公积"科目，盈余公积可用于弥补亏损和转增资本。当向投资者分配利润时，借记"利润分配"科目，贷记"应付利润"科目。

第 5 章

财务报表及报表分析

学习目标

- 了解对外报送的主要财务报表的种类、所有者权益变动表和现金流量表的编制方法，以及财务报表的分析方法。
- 熟悉财务报表反映的内容，以及我国财务报表的评价指标体系。
- 掌握资产负债表和利润表的编制原则与方法，能够运用主要财务报表的分析指标对企业的财务状况、经营成果和现金流量进行评价。

技能要求

- 了解所有者权益变动表和现金流量表的编制方法、财务指标综合评价的内容和方法、杜邦财务指标评价系统。
- 掌握资产负债表和利润表的编制方法，能够运用财务报表的分析方法对企业的偿债能力、营运能力、盈利能力和综合财务能力进行分析和评价。

学习指导

- 本章主要阐述财务报表的种类，资产负债表、利润表、所有者权益变动表和现金流量表反映的内容、编制原则和方法，财务报表的分析内容和分析方法，以及如何运用财务报表指标对企业的财务状况、经营成果和现金流量进行评价；介绍综合财务指数评价系统。
- 本章的重点是资产负债表和利润表的编制，能够运用财务报表指标对企业的偿债能力、营运能力、盈利能力和综合财务能力进行分析和评价。
- 本章的难点是所有者权益变动表和现金流量表的编制，以及计算综合财务指标，并运用该指标对企业的综合财务能力进行分析和评价。

第一节 财务报表概述

一、财务报表的概念及分类

1. 财务报表的概念

财务报表是综合反映企业某一特定日期的财务状况和某一会计期间的经营成果、现金流量等会计信息的总结性书面文件。企业编制财务报表，对于改善企业外部有关方面的经济决策环境和加强企业内部经营管理来说，具有重要作用。我国企业必须向外提供的财务报表至少应当包括资产负债表、利润表、现金流量表、所有者权益（或股东权益）变动表和附注5个部分。

2. 财务报表的分类

财务报表可以根据不同的需要，按照不同的标准进行分类：

（1）按照财务报表反映的内容，财务报表可以分为静态报表和动态报表。静态报表是综合反映企业在一定时点的资产、负债和所有者权益的财务报表。动态报表是指反映企业在一定时期内资金耗费和资金收回的财务报表。

（2）按照财务报表编报的时间，财务报表可以分为中期报表（月报、季报、半年报及短于一年的报表）和年度报表。中期报表要求简明扼要、及时反映。年度报表要求揭示完整，反映全面。

（3）按照财务报表的编制单位，财务报表可以分为单位报表和汇总报表。单位报表是指企业在会计核算的基础上，对账簿记录进行加工而编制的财务报表，以反映企业自身的财务状况、经营成果、所有者权益变动和现金流量。汇总报表是指企业主管部门或上级机关根据所属单位报送的财务报表，连同本单位财务报表汇总编制的综合性财务报表。

（4）按照财务报表使用的数据，财务报表可以分为个体报表和合并报表。个体报表是反映一个会计主体财务状况、经营成果、所有者权益变动和现金流量的财务报表。合并报表是反映母公司和其子公司的整体财务状况、经营成果和现金流量的财务报表。

（5）按照财务报表的服务对象，财务报表可以分为内部报表和外部报表。内部报表是指为适应企业内部管理需要而编制的不需要对外公布的财务报表，它一般没有统一的格式，也没有统一的指标体系。外部报表是指企业向外提供的、供外部信息用户使用的财务报表，具有统一的格式。

二、编制财务报表的基本要求

为了能够切实满足财务报表使用者的需要，充分发挥财务报表的作用，以便及时、准确、完整地反映企业的财务状况和经营成果，对财务报表的编制有以下基本要求。

1. 真实可靠

真实可靠是指财务报表的信息应能够如实地反映企业财务状况和经营情况，不应当存在重大差错和主观偏见，而应该做到客观、准确；应当在核实后的账簿资料基础上，对其加工、筛选和整理之后进行编制，做到报表上的数字真实、准确。

2. 全面完整

全面完整是指财务报表应当能够全面完整地反映企业财务状况、经营成果、所有者权益变动和现金流量。从形式上看，在编制时不要漏项、漏页、漏表；从内容上看，对一些重要事项，应在财务报表的主体部分之外，用括号、附注、附表等加以说明。企业编制的财务报表，只有做到全面地反映企业财务情况，提供完整的财务会计信息，才能满足各方面对财务信息资料的需要。

3. 相关可比

相关是指财务报表提供的信息与使用者的决策有关，没有必要向报表使用者报告与他们决策无关的信息，财务报表提供的信息应有助于使用者的决策，这是编制财务报表的目的所在。可比是指同一企业编制的财务报表应在不同年度具有可比性，这就要求会计人员在处理会计业务时，采用的会计程序和方法应保持时间的一致性。

4. 编报及时

编报及时是指企业应在规定的时间内及时编制、报送各种财务报表，以满足有关各方对财务报表信息的需求；否则，由于编制、报送不及时，即使是最真实、可靠、完整、全面的财务报表，对于报表使用者而言，也是没有任何价值的。按照我国会计报表报送期限的规定，月度报表应在月末终了后6天内（节假日顺延，下同）对外提供，季度报表应在季末终了后15天内对外提供，半年度报表应在年度中期结束后60天内对外提供，年度报表应在年度终了后4个月内对外提供。

第二节　资产负债表

一、资产负债表的概念

资产负债表是总括反映企业在一定日期的全部资产、负债和所有者权益的报表。由于该表反映了一个企业在特定日期的财务状况，所以又称为财务状况表。通过资产负债表，可以反映出企业资产的总量及其结构，为企业合理配置经济资源提供依据；通过资产负债表，可以反映出某一日期结束时负债的总额及结构、企业未来需要用多少资产或劳务抵偿这些债务，并将它们同资产状况联系起来，从而反映出企业的长、短期偿债能力；通过资产负债表，还可以了解企业所有者权益的大小及所有者权益的结构。资产负债表属于企业对外财务报表，要求按月编制、按年编制。

二、资产负债表的格式

目前，国际上比较流行的资产负债表格式有两种：一种是报告式，另一种是账户式。报告式资产负债表又称为垂直式或上下结构式资产负债表，是将资产负债表的项目自上而下排列，首先列示资产数额，然后列示负债数额，最后列示所有者权益数额，其基本格式见表5-1。

表 5-1

资产负债表（报告式）

项目	金额
资产	
流动资产：	
货币资金	×××
……	……
长期资产：	
长期投资	×××
……	……
资产合计	×××
负债	
流动负债：	
短期借款	×××
……	……
长期负债：	
长期借款	×××
……	……
负债合计	×××
所有者权益	
实收资本	×××
……	……
所有者权益合计	×××

账户式资产负债表又称为平衡表，是按照 T 形账户的形式设计资产负债表的结构，其中左方为资产，右方为负债和所有者权益，左、右两方平衡相等。按照《企业会计准则》的规定，企业的资产负债表应采用账户式。企业资产负债表的格式见表 5-2。

表 5-2

资产负债表

会企 01 表

编制单位：方圆股份有限公司　　20×× 年 12 月 31 日　　单位：元

资产	期末余额	年初余额	负债和股东权益	期末余额	年初余额
流动资产：			流动负债：		
货币资金	1 406 300.00		短期借款	300 000.00	
交易性金融资产	15 000.00		交易性金融负债	0	
应收票据	246 000.00		应付票据	200 000.00	
应收账款	299 100.00		应付账款	953 800.00	
预付款项	100 000.00		预收款项	0	
应收利息	0		应付职工薪酬	110 000.00	

（续表）

资产	期末余额	年初余额	负债和股东权益	期末余额	年初余额
应收股利	0		应交税费	36 600.00	
其他应收款	5 000.00		应付利息	1 000.00	
存货	2 580 000.00		应付股利	0	
一年内到期的非流动资产	0		其他应付款	50 000.00	
其他流动资产	100 000.00		一年内到期的非流动负债	1 000 000.00	
流动资产合计	4 751 400.00		其他流动负债	0	
非流动资产：			流动负债合计	2 651 400.00	
可供出售金融资产	0		非流动负债：		
持有至到期投资	0		长期借款	600 000.00	
长期应收款	0		应付债券	0	
长期股权投资	250 000.00		长期应付款	0	
投资性房地产	0		专项应付款	0	
固定资产	1 100 000.00		预计负债	0	
在建工程	1 500 000.00		递延所得税负债	0	
工程物资	0		其他非流动负债	0	
固定资产清理	0		非流动负债合计	600 000.00	
生产性生产物资	0		负债合计	3 251 400.00	
油气物资	0		股东权益：		
无形资产	600 000.00		股本	5 000 000.00	
开发支出	0		资本公积	0	
商誉	0		减：库存股	0	
长期待摊费用	0		盈余公积	100 000.00	
递延所得税资产	0		未分配利润	50 000.00	
其他非流动资产	200 000.00		股东权益合计	5 150 000.00	
非流动资产合计	3 650 000.00				
资产总计	8 401 400.00		负债和股东权益总计	8 401 400.00	

三、资产负债表的编制方法

（一）试算准备工作

企业在正式编制资产负债表之前，应当先根据总账的期末余额编制"账户余额试算平衡表"，对日常账簿记录的正确性进行复核、检查。在试算平衡以后，再根据"账户余额试算平衡表"和有关的明细账户，正式编制资产负债表，以便尽量减少在编制过程中的差错。

（二）资产负债表中"年初数"填法

表中"年初数"栏内各项数字应当根据上年末资产负债表"期末数"栏内所列的数字填列。如果本年度资产负债表规定的各个项目的名称和内容与上年度不一致，应对上年末资产负债表各项目的名称和数字按照本年度的规定进行调整，填入报表中的"年初数"栏目内。

（三）资产负债表内各项目的具体填列方法

1. 直接根据总账科目的余额填列

例如，交易性金融资产、固定资产清理、长期待摊费用、递延所得税资产、短期借款、交易性金融负债、应付票据、应付职工薪酬、应交税费、应付利息、应付股利、其他应付款、递延所得税负债、实收资本、资本公积、库存股、盈余公积等项目，应当根据相关总账科目的余额直接填列。

2. 根据几个总账科目的余额计算填列

例如，"货币资金"项目，应当根据"库存现金""银行存款""其他货币资金"等科目期末余额合计填列。

3. 根据有关明细科目的余额计算填列

例如，"应付账款"项目，应当根据"应付账款""预付账款"等科目所属明细科目期末贷方余额合计填列。

4. 根据总账科目和明细科目的余额分析计算填列

例如，"长期应收款"项目，应当根据"长期应收款"总账科目余额，减去"未实现融资收益"总账科目余额，再减去所属相关明细科目中将于一年内到期的部分填列；"长期借款"项目，应当根据"长期借款"总账科目余额扣除"长期借款"科目所属明细科目中将于一年内到期的部分填列；"应付债券"项目，应当根据"应付债券"总账科目余额扣除"应付债券"科目所属明细科目中将于一年内到期的部分填列；"长期应付款"项目，应当根据"长期应付款"总账科目余额，减去"未确认融资费用"总账科目余额，再减去所属相关明细科目中将于一年内到期的部分填列。

5. 根据总账科目与其备抵科目抵消后的净额填列

例如，"存货"项目，应当根据"原材料""库存商品""发出商品""周转材料"等科目期末余额，减去"存货跌价准备"科目期末余额后的金额填列；"持有至到期投资"项目，应当根据"持有至到期投资"科目期末余额，减去"持有至到期投资减值准备"科目期末余额后的金额填列；"固定资产"项目，应当根据"固定资产"科目期末余额，减去"累计折旧""固定资产减值准备"等科目期末余额后的金额填列。

第三节 利润表

一、利润表的概念

利润表又称损益表或收益表，是反映企业在一定期间内的经营成果的报表。在利润表上，要反映企业在一个会计期间的所有收入（广义）与所有费用（广义），并求出报告期的利润额。利润表同资产负债表一样，属于企业对外财务报表，要求按月编制、按年编制。

值得注意的是综合收益的列报，《企业会计准则解释第3号》只要求企业采用简化的方法列报综合收益数据，即只须在利润表的最下端列示"其他综合收益"和"综合收益总额"项目。但应在附注中详细披露其他综合收益各项目及其所得税影响,以及原计入其他综合收益、当期转入损益的金额等信息。

二、利润表的格式

国际上比较普遍采用的利润表格式主要有单步式利润表和多步式利润表。单步式又称为一步式,是先将企业所有的收入和收益加计在一起,再把所有的成本、费用加计在一起,然后用收入与收益的合计减去成本与费用合计之后的差额,便是企业的净利润(或亏损)。单步式利润表的优点是计算简单,对一切收入和费用同样看待,不分先后,不像多步式利润表那样要求一定的收入要同相关的费用配比计算;其缺点是若干有意义的损益信息在表中无法揭示、提供。单步式利润表的基本格式见表5-3。

表 5-3

利 润 表(单步式)

项 目	金 额
一、收入	
主营业务收入	×××
其他业务收入	×××
……	……
收入合计	×××
二、费用	
主营业务成本	×××
其他业务成本	×××
……	……
费用合计	×××
三、净利润	×××

多步式利润表是将利润表的内容按照重要性、配比原则作多次分类,并产生一些中间性的收益信息,从营业收入到本年净利润要分若干步才能计算出来,它提供的损益信息比单步式更为丰富。按照《企业会计准则》的规定,企业都应当采用多步式利润表的格式。我国企业采用的利润表的格式见表5-4。

表 5-4

利 润 表

会企 02 表

编制单位:方圆股份有限公司　　　　20××年　　　　　　　　　单位:元

项 目	本期金额	上期金额(略)
一、营业收入	1 250 000.00	
减:营业成本	750 000.00	
税金及附加	2 000.00	

（续表）

项　　目	本期金额	上期金额（略）
销售费用	20 000.00	
管理费用	157 100.00	
财务费用	41 500.00	
资产减值损失	30 900.00	
加：公允价值变动收益（损失以"-"号填列）	0	
投资收益（损失以"-"号填列）	31 500.00	
其中：对联营企业和合营企业的投资收益	0	
二、营业利润（亏损以"-"号填列）	280 000.00	
加：营业外收入	50 000.00	
减：营业外支出	19 700.00	
其中：非流动资产处置损失	（略）	
三、利润总额（亏损总额以"-"号填列）	310 300.00	
减：所得税费用	112 596.00	
四、净利润（净损失以"-"号填列）	197 704.00	
五、每股收益	（略）	
（一）基本每股收益	（略）	
（二）稀释每股收益	（略）	

多步式利润表便于对企业生产经营情况进行分析，有利于不同行业企业之间的横向比较，也有利于预测企业今后的盈利能力。

三、利润表的编制方法

按照我国企业利润表的格式，其编制方法如下：
（1）"本期金额"栏反映各项目的本期实际发生数。如果上年度利润表的项目名称和内容与本年度利润表不一致，应对上年度利润表项目的名称和数字按本年度的规定进行调整，填入报表的"上期金额"栏。
（2）报表中各项目主要根据各损益类科目的发生额分析填列。

第四节　现金流量表

一、现金流量表的内容及结构

1. 现金流量表的内容

现金流量表是提供企业有关现金流入、现金流出及投资与筹资活动方面信息的财务报表。其中，现金是指企业库存现金以及可以随时用于支付的存款；现金等价物是指企业持有的期限短、流动性强、易于转换为已知金额现金、价值变动风险很小的投资，期限短一般是指从购买日起3个月内到期。

2. 现金流量表的结构

现金流量表的基本格式见表 5-5，其补充资料见表 5-6。

表 5-5

现金流量表

20×× 年

编制单位：方圆股份有限公司　　　　　　　　　　　　　会企 03 表
　　　　　　　　　　　　　　　　　　　　　　　　　　　单位：元

项　目	本期金额	上期金额
一、经营活动产生的现金流量		略
销售商品、提供劳务收到的现金	1 312 500.00	
收到的税费返还	0	
收到其他与经营活动有关的现金	0	
经营活动现金流入小计	1 312 500.00	
购买商品、接受劳务支付的现金	392 266.00	
支付给职工及为职工支付的现金	300 000.00	
支付的各项税费	204 399.00	
支付其他与经营活动有关的现金	800 00.00	
经营活动现金流出小计	976 665.00	
经营活动产生的现金流量净额	335 835.00	
二、投资活动产生的现金流量		
收回投资收到的现金	1 6500.00	
取得投资收益收到的现金	30 000.00	
处置固定资产、无形资产和其他长期资产收回的现金净额	300 300.00	
处置子公司及其他营业单位收到的现金净额	0	
收到其他与投资活动有关的现金	0	
投资活动现金流入小计	346 800.00	
购建固定资产、无形资产和其他长期资产支付的现金	601 000.00	
投资支付的现金	0	
取得子公司及其他营业单位支付的现金净额	0	
支付其他与投资活动有关的现金	0	
投资活动现金流出小计	601 00.00	
投资活动产生的现金流量净额	−254 200.00	
三、筹资活动产生的现金流量		
吸收投资收到的现金	0	
取得借款收到的现金	560 000.00	
收到其他与筹资活动有关的现金	0	
筹资活动现金流入小计	560 000.00	
偿还债务支付的现金	1 250 000.00	
分配股利、利润或偿付利息支付的现金	12 500.00	
支付其他与筹资活动有关的现金	0	
筹资活动现金流出小计	1 262 500.00	

（续表）

项 目	本期金额	上期金额
筹资活动产生的现金流量净额	-702 500.00	
四、汇率变动对现金及现金等价物的影响	0	
五、现金及现金等价物净增加额	-620 865.00	
加：期初现金及现金等价物余额	1 406 300.00	
六、期末现金及现金等价物余额	785 435.00	

表 5-6

现金流量表补充资料

补 充 资 料	本 期 金 额	上 期 金 额
一、将净利润调节为经营活动现金流量		略
净利润	197 704.00	
加：资产减值准备	30 900.00	
固定资产折旧、油气资产折耗、生产性生物资产折旧	100 000.00	
无形资产摊销	600 00.00	
长期待摊费用摊销	0	
处置固定资产、无形资产和其他长期资产的损失（收益以"-"号填列）	-500 00.00	
固定资产报废损失（收益以"-"号填列）	19 700.00	
公允价值变动损失（收益以"-"号填列）	0	
财务费用（收益以"-"号填列）	11 500.00	
投资损失（收益以"-"号填列）	-31 500.00	
递延所得税资产减少（增加以"-"号填列）	-9 900.00	
递延所得税负债增加（减少以"-"号填列）	0	
存货的减少（增加以"-"号填列）	95 300.00	
经营性应收项目的减少（增加以"-"号填列）	-120 000.00	
经营性应收项目的增加（减少以"-"号填列）	32 131.00	
其他	0	
经营活动产生的现金流量净额	335 835.00	
二、不涉及现金收支的重大投资和筹资活动		
债务转为资本	0	
一年内到期的可转换公司债券	0	
融资租入固定资产	0	
三、现金及现金等价物净变动情况		
现金的期末余额	785 435.00	
减：现金的期初余额	1 406 300.00	
加：现金等价物的期末余额	0	
减：现金等价物的期初余额	0	
现金及现金等价物净增加额	-620 865.00	

二、现金流量表的填列方法

(一) 经营活动产生的现金流量

在我国,企业经营活动产生的现金流量应当采用直接法填列。直接法是指通过现金收入和现金支出的主要类别列示经营活动的现金流量。现金流量一般应按现金流入和流出总额列报,但代客户收取或支付的现金,以及周转快、金额大、期限短的项目现金流入和现金流出可以按照净额列报。

1. "销售商品、提供劳务收到的现金"项目

该项目反映企业销售商品、提供劳务实际收到的现金(包括应向购买者收取的增值税销项税额),包括本期销售商品、提供劳务收到的现金,以及前期销售商品、提供劳务本期收到的现金和本期预收的款项,减去本期退回的本期销售的商品和前期销售、本期退回的商品支付的现金。企业销售材料和代购代销业务收到的现金,也在本项目中反映。本项目可以根据"库存现金""银行存款""应收账款""应收票据""预收账款""主营业务收入""其他业务收入"等科目的记录分析填列。

2. "收到的税费返还"项目

该项目反映企业收到返还的各种税费,包括收到返还的增值税、消费税、关税、所得税、教育费附加等。本项目可以根据"库存现金""银行存款""营业外收入""其他应收款"等科目的记录分析填列。

3. "收到其他与经营活动有关的现金"项目

该项目反映企业除了上述各项目以外所收到的其他与经营活动有关的现金,如罚款、流动资产损失中由个人赔偿的现金、经营租赁租金等。若某项其他与经营活动有关的现金流入金额较大,应单列项目反映。本项目可以根据"库存现金""银行存款""营业外收入"等科目的记录分析填列。

4. "购买商品、接受劳务支付的现金"项目

该项目反映企业购买商品、接受劳务实际支付的现金(包括增值税进项税额),包括本期购买材料、商品和接受劳务支付的现金,以及本期支付前期购买商品、接受劳务的未付款项和本期预付款项,减去本期发生的购货退回收到的现金。企业代购代销业务支付的现金,也在本项目中反映。本项目可以根据"库存现金""银行存款""应付账款""应付票据""预付账款""主营业务成本""其他业务成本"等科目的记录分析填列。

5. "支付给职工及为职工支付的现金"项目

该项目反映企业实际支付给职工,以及为职工支付的现金,包括本期实际支付给职工的工资、奖金、各种津贴和补贴等,以及为职工支付的其他费用。企业代扣代缴的职工个人所得税,也反映在本项目中。本项目不包括支付给离退休人员的各项费用及支付给在建工程人员的工资和其他费用。企业支付给离退休人员的各项费用(包括支付的统筹退休金及未参加统筹的退休人员的费用)在"支付其他与经营活动有关的现金"项目中反映;支付给在建工程人员的工资及其他费用,在"购建固定资产、无形资产和其他长期资产支付的现金"项目中反映。本项目可以根据"应付职工薪酬""库存现金""银行存款"等科目的记录分析填列。

企业为职工支付的养老、失业等社会保险基金、补充养老保险、住房公积金、支付给

职工的住房困难补助,以及企业支付给职工或为职工支付的其他福利费用等,应按职工的工作性质和服务对象,分别在本项目和"购建固定资产、无形资产和其他长期资产支付的现金"项目中反映。

6."支付的各项税费"项目

该项目反映企业按规定支付的各种税费,包括企业本期发生并支付的税费,以及本期支付、以前各期发生的税费和本期预交的税费,包括所得税、增值税、消费税、印花税、房产税、土地增值税、车船使用税、教育费附加、矿产资源补偿费等,但不包括计入固定资产价值、实际支付的耕地占用税,也不包括本期退回的增值税、所得税。本期退回的增值税、所得税在"收到的税费返还"项目中反映。本项目可以根据"应交税费""库存现金""银行存款"等科目的记录分析填列。

7."支付其他与经营活动有关的现金"项目

该项目反映企业除上述各项目外所支付的其他与经营活动有关的现金,如经营租赁支付的租金、支付的罚款、差旅费、业务招待费、保险费等。若其他与经营活动有关的现金流出金额较大,应单列项目反映。本项目可以根据"库存现金""银行存款""管理费用""营业外支出"等科目的记录分析填列。

(二)投资活动产生的现金流量

1."收回投资收到的现金"项目

该项目反映企业出售、转让或到期收回除现金等价物以外的对其他企业的权益工具、债务工具和合营中的权益等投资收到的现金。收回债务工具实现的投资收益、处置子公司及其他营业单位收到的现金净额不包括在本项目内。本项目可根据"可供出售金融资产""持有至到期投资""长期股权投资""库存现金""银行存款"等科目的记录分析填列。

2."取得投资收益收到的现金"项目

该项目反映企业除现金等价物以外的对其他企业的权益工具、债务工具和合营中的权益投资分会的现金股利和利息等,不包括股票股利。本项目可以根据"库存现金""银行存款""投资收益"等科目的记录分析填列。

3."处置固定资产、无形资产和其他长期资产收回的现金净额"项目

该项目反映企业出售、报废固定资产、无形资产和其他长期资产收到的现金(包括因资产毁损收到的保险赔偿款),减去为处置这些资产而支付的有关费用后的净额。如果所收回的现金净额为负数,则应在"支付其他与投资活动有关的现金"项目中反映。本项目可以根据"固定资产清理""库存现金""银行存款"等科目的记录分析填列。

4."处置子公司及其他营业单位收到的现金净额"项目

该项目反映企业处置子公司及其他营业单位所取得的现金,减去相关处置费用及子公司及其他营业单位持有的现金和现金等价物后的净额。本项目可以根据"长期股权投资""银行存款""库存现金"等科目的记录分析填列。

5."收到其他与投资活动有关的现金"项目

该项目反映企业除了上述各项目以外,所收到的其他与投资活动有关的现金流入。例如,企业收回购买股票和债券时支付的已宣告但尚未领取的现金股利或已到付息期但尚未领取的债券利息。若其他与投资活动有关的现金流入金额较大,应单列项目反映。本项目可以根据"应收股利""应收利息""银行存款""库存现金"等科目的记录分析填列。

6. "购建固定资产、无形资产和其他长期资产支付的现金"项目

该项目反映企业本期购买和建造固定资产、取得无形资产和其他长期资产实际支付的现金,以及用现金支付的应由在建工程和无形资产负担的职工薪酬,不包括为购建固定资产而发生的借款利息资本化部分,以及融资租入固定资产支付的租赁费。企业支付的借款利息和融资租入固定资产支付的租赁费,在筹资活动产生的现金流量中反映。本项目可以根据"固定资产""在建工程""无形资产""库存现金""银行存款"等科目的记录分析填列。

7. "投资支付的现金"项目

该项目反映企业取得除现金等价物以外的对其他企业的权益工具、债务工具和合营中的权益投资所支付的现金,以及支付的佣金、手续费等交易费用,但取得子公司及其他营业单位支付的现金净额除外。本项目可以根据"可供出售金融资产""持有至到期投资""长期股权投资""库存现金""银行存款"等科目的记录分析填列。

8. "取得子公司及其他营业单位支付的现金净额"项目

该项目反映企业购买子公司及其他营业单位购买出价中以现金支付的部分,减去子公司及其他营业单位持有的现金和现金等价物后的净额。本项目可以根据"长期股权投资""库存现金""银行存款"等科目的记录分析填列。

9. "支付其他与投资活动有关的现金"项目

该项目反映企业除上述各项以外所支付的其他与投资活动有关的现金流出,如企业购买股票时实际支付的价款中包含的已宣告而尚未领取的现金股利、购买债券时支付的价款中包含的已到期尚未领取的债券利息等。若某项其他与投资活动有关的现金流出金额较大,则应单列项目反映。本项目可以根据"应收股利""应收利息""银行存款""库存现金"等科目的记录分析填列。

(三) 筹资活动产生的现金流量

1. "吸收投资收到的现金"项目

该项目反映企业以发行股票、债券等方式筹集资金实际收到的款项,减去直接支付的佣金、手续费、宣传费、咨询费、印刷费等发行费用后的净额。本项目可以根据"实收资本(或股本)""库存现金""银行存款"等科目的记录分析填列。

2. "取得借款收到的现金"项目

该项目反映企业举借各种短期、长期借款实际收到的现金。本项目可以根据"短期借款""长期借款""库存现金""银行存款"等科目的记录分析填列。

3. "收到其他与筹资活动有关的现金"项目

该项目反映企业除上述各项目外所收到的其他与筹资活动有关的现金流入,如接受现金捐赠等。若某项其他与筹资活动有关的现金流入金额较大,则应单列项目反映。本项目可以根据"银行存款""库存现金""营业外收入"等科目的记录分析填列。

4. "偿还债务支付的现金"项目

该项目反映企业偿还债务本金所支付的现金,包括偿还金融企业的借款本金、偿还债券本金等。企业支付的借款利息和债券利息在"分配股利、利润或偿付利息支付的现金"项目中反映,不包括在本项目内。本项目可以根据"短期借款""长期借款""应付债券""库存现金""银行存款"等科目的记录分析填列。

5."分配股利、利润或偿付利息支付的现金"项目

该项目反映企业实际支付的现金股利、支付给其他投资单位的利润或用现金支付的借款利息、债券利息等。本项目可以根据"应付股利""应付利息""财务费用""库存现金""银行存款"等科目的记录分析填列。

6."支付其他与筹资活动有关的现金"项目

该项目反映企业除上述各项目外所支付的其他与筹资活动有关的现金流出,如捐赠现金支出、融资租入固定资产支付的租赁费等。若某项其他与筹资活动有关的现金流出金额较大,则应单列项目反映。本项目可以根据"营业外支出""长期应付款""银行存款""库存现金"等科目的记录分析填列。

(四)汇率变动对现金及现金等价物的影响

该项目反映企业外币现金流量及境外子公司的现金流量折算为人民币时,所采用的现金流量发生日的即期汇率或按照系统合理的方法确定的、与现金流量发生日即期汇率近似的汇率折算的人民币金额与"现金及现金等价物净增加额"中的外币现金净增加额按期末汇率折算的人民币金额之间的差额。

在编制现金流量表时,可逐笔计算外币业务发生的汇率变动对现金的影响。也可不必逐笔计算而采用简化的计算方法,即通过现金流量表补充资料中"现金及现金等价物净增加额"的数额与现金流量表中"经营活动产生的现金流量净额""投资活动产生的现金流量净额""筹资活动产生的现金流量净额"3项之和比较,其差额即为"汇率变动对现金及现金等价物的影响"项目的金额。

(五)现金流量表补充资料

除现金流量表反映的信息外,企业还应在附注中披露将净利润调节为经营活动现金流量、不涉及现金收支的重大投资和筹资活动、现金及现金等价物净变动情况等信息。

1.将净利润调节为经营活动现金流量

现金流量表采用直接法反映经营活动产生的现金流量,同时,企业还应采用间接法反映经营活动产生的现金流量。间接法是指以本期净利润为起点,通过调整不涉及现金的收入、费用、营业外收支及经营性应收应付等项目的增减变动,调整不属于经营活动的现金收支项目,据此计算并列报经营活动产生的现金流量的方法。在我国,现金流量表补充资料应采用间接法反映经营活动产生的现金流量情况,以对现金流量表中采用直接法反映的经营活动现金流量进行核对和补充说明。

当采用间接法列报经营活动产生的现金流量时,需要对四大类项目进行调整,即实际没有支付现金的费用、实际没有收到现金的收益、不属于经营活动的损益、经营性应收应付项目的增减变动。

(1)资产减值准备。该项目反映企业本期实际计提的各项资产减值准备,包括坏账准备、存货跌价准备、长期股权投资减值准备、持有至到期投资减值准备、投资性房地产减值准备、固定资产减值准备、在建工程减值准备、无形资产减值准备、商誉减值准备、生产性生物资产减值准备、油气资产减值准备等。本项目可以根据"资产减值损失"科目的记录分析填列。

(2)固定资产折旧、油气资产折耗、生产性生物资产折旧。该项目反映企业本期累计

计提的固定资产折旧、油气资产折耗、生产性生物资产折旧，可根据"累计折旧""累计折耗"等科目的贷方发生额分析填列。

（3）无形资产摊销。该项目反映企业本期累计摊入成本费用的无形资产价值，可以根据"累计摊销"科目的贷方发生额分析填列。

（4）长期待摊费用摊销。该项目反映企业本期累计摊入成本费用的长期待摊费用，可以根据"长期待摊费用"科目的贷方发生额分析填列。

（5）处置固定资产、无形资产和其他长期资产的损失。该项目反映企业本期处置固定资产、无形资产和其他长期资产发生的净损失（或净收益）。如为净收益，以"－"号填列。本项目可以根据"营业外支出""营业外收入"等科目所属有关明细科目的记录分析填列。

（6）固定资产报废损失。该项目反映企业本期发生的固定资产盘亏净损失，可以根据"营业外支出"和"营业外收入"科目所属有关明细科目的记录分析填列。

（7）公允价值变动损失。该项目反映企业持有的交易性金融资产、交易性金融负债、采用公允价值模式计量的投资性房地产等公允价值变动形成的净损失。如为净收益，以"－"号填列。本项目可以根据"公允价值变动损益"科目所属有关明细科目的记录分析填列。

（8）财务费用。该项目反映企业本期实际发生的属于投资活动或筹资活动的财务费用。属于投资活动、筹资活动的部分，在计算净利润时已扣除，但这部分发生的现金流出不属于经营活动现金流量的范畴，所以在将净利润调节为经营活动现金流量时，需要予以加回。本项目可以根据"财务费用"科目的本期借方发生额分析填列。如为收益，以"－"号填列。

（9）投资损失。该项目反映企业对外投资实际发生的投资损失减去收益后的净损失。本项目可以根据利润表"投资收益"项目的数字填列。如为投资收益，以"－"号填列。

（10）递延所得税资产减少。该项目反映企业资产负债表"递延所得税资产"项目的期初余额与期末余额的差额，可以根据"递延所得税资产"科目发生额分析填列。

（11）递延所得税负债增加。该项目反映企业资产负债表"递延所得税负债"项目的期初余额与期末余额的差额，可以根据"递延所得税负债"科目发生额分析填列。

（12）存货的减少。该项目反映企业资产负债表"存货"项目的期初与期末余额的差额。如期末数大于期初数的差额，以"－"号填列。

（13）经营性应收项目的减少。该项目反映企业本期经营性应收项目（包括应收票据、应收账款、预付账款、长期应收款和其他应收款等经营性应收项目中与经营活动有关的部分及应收的增值税销项税额等）的期初与期末余额的差额。如期末数大于期初数的差额，以"－"号填列。

（14）经营性应付项目的增加。该项目反映企业本期经营性应付项目（包括应付票据、应付账款、预收账款、应付职工薪酬、应交税费和其他应付款等经营性应付项目中与经营活动有关的部分及应付的增值税进项税额等）的期初余额与期末余额的差额。如期末数小于期初数的差额，以"－"号填列。

2. 不涉及现金收支的重大投资和筹资活动

该项目反映企业在一定会计期间内影响资产和负债，但不形成该期现金收支的所有重大投资和筹资活动的信息。这些投资和筹资活动是企业的重大理财活动，对以后各期的现金流量会产生重大影响，因此，应单列项目在补充资料中反映。目前，我国企业现金流量表补充资料中列示的不涉及现金收支的重大投资和筹资活动项目主要有以下几项：

（1）"债务转为资本"项目，反映企业本期转为资本的债务金额。

（2）"一年内到期的可转换公司债券"项目，反映企业一年内到期的可转换公司债券的本息。

（3）"融资租入固定资产"项目，反映企业本期融资租入固定资产的最低租赁付款额扣除应分期计入利息费用的未确认融资费用后的净额。

3. 现金及现金等价物的净变动情况

该项目反映企业在一定会计期间内现金及现金等价物的期末余额减去期初余额后的净增加额（或净减少额），是对现金流量表中"现金及现金等价物净增加额"项目的补充说明。该项目的金额应与现金流量表中"现金及现金等价物净增加额"项目的金额核对相符。

三、现金流量表的编制方法

在具体编制现金流量表时，企业可根据业务量的大小及复杂程度，采用工作底稿法、T形账户法，或直接根据有关科目的记录采用分析填列法。

（一）工作底稿法

工作底稿法是以工作底稿为手段，以利润表和资产负债表数据为基础，结合有关科目的记录，对现金流量表的每一项目进行分析并编制调整分录，从而编制出现金流量表的一种方法。

采用工作底稿法编制现金流量表的具体步骤如下：

（1）将资产负债表的年初余额和期末余额过入工作底稿的年初余额栏和期末余额栏。

（2）对当期业务进行分析并编制调整分录。调整分录大体有这样几类：第一类涉及利润表中的收入、成本和费用项目以及资产负债表中的资产、负债及所有者权益项目，通过调整将权责发生制下的收入、费用转换为现金基础；第二类涉及资产负债表和现金流量表中的投资、筹资项目，反映投资和筹资活动的现金流量；第三类涉及利润表和现金流量表中的投资和筹资项目，目的是将利润表中有关投资和筹资方面的收入和费用列入现金流量表投资、筹资现金流量中。此外，还有一些调整分录并不涉及现金收支，只是为了核对资产负债表项目的期末年初变动。

在调整分录中，有关现金和现金等价物的事项，并不直接借记或贷记现金，而是分别记入"经营活动产生的现金流量""投资活动产生的现金流量""筹资活动产生的现金流量"等有关项目，借记表明现金流入，贷记表明现金流出。

（3）将调整分录过入工作底稿中的相应部分。

（4）核对调整分录，借贷合计应当相等，资产负债表项目年初余额加减调整分录中的借贷金额以后，应当等于期末余额。

（5）根据工作底稿中的现金流量表项目部分编制正式的现金流量表。

（二）T形账户法

T形账户法是以利润表和资产负债表为基础，结合有关科目的记录，对现金流量表的每一项目进行分析并编制调整分录，通过"T形账户"编制出现金流量表的一种方法。

采用T形账户法编制现金流量表的具体步骤如下：

（1）为所有的非现金项目（包括资产负债表项目和利润表项目）分别开设T形账户，并将各自的期末年初变动数过入该账户。

（2）开设一个大的"现金及现金等价物"T形账户，每边分为经营活动、投资活动和筹资活动3个部分，左边记现金流入，右边记现金流出，过入期末年初变动数。

（3）以利润表项目为基础，结合资产负债表分析每一个非现金项目的增减变动，并据此编制调整分录。

（4）将调整分录过入各T形账户，并进行核对，该账户借贷相抵后的余额与原先过入的期末年初变动数应当一致。

（5）根据大的"现金及现金等价物"T形账户编制正式的现金流量表。

（三）分析填列法

分析填列法是直接根据资产负债表、利润表和有关明细账的记录，分析计算出现金流量表各项目的金额，并据以编制现金流量表的一种方法。

第五节 所有者权益变动表

一、所有者权益变动表的概念和结构

1. 所有者权益变动表的概念

所有者权益变动表是反映企业在一定时期内构成所有者权益的各组成部分的增减变动情况的报表。它反映3个方面的内容：一是因资本业务而导致所有者权益总额发生的变动，即所有者投入资本和向所有者分配；二是所有者权益项目内部的变动，如把资本公积转增资本；三是综合收益导致的所有者权益的变动，综合收益由直接计入所有者权益的利得和损失、净利润两部分构成。

2. 所有者权益变动表的结构

所有者权益变动表的结构见表5-7。

二、所有者权益变动表的填列方法

（1）"上年年末余额"项目。反映企业上年资产负债表中实收资本（或股本）、资本公积、库存股、盈余公积、未分配利润的年末余额。

（2）"会计政策变更""前期差错更正"项目。分别反映企业采用追溯调整法处理的会计政策变更的累积影响金额和采用追溯重述法处理会计差错更正的累积影响金额。

表 5-7

所有者权益（股东权益）变动表

编制单位：方圆股份有限公司　　　20××年度　　　会企业04表　　　单位：元

项目	本年金额						上年金额					
	实收资本（或股本）	资本公积	减：库存股	盈余公积	未分配利润	所有者权益合计	实收资本（或股本）	资本公积	减：库存股	盈余公积	未分配利润	所有者权益合计
一、上年年末余额												
加：会计政策变更												
前期差错更正												
二、本年年初余额												
三、本年增减变动金额（减少以"—"号填列）												
（一）净利润												
（二）直接计入所有者权益的利得和损失												
1. 可供出售金融资产公允价值变动净额												
2. 权益法下被投资单位其他所有者权益变动的影响												
3. 与计入所有者权益项目相关的所得税影响												
4. 其他												
小计												
（三）所有者投入和减少资本												
1. 所有者投入资本												
2. 股份支付计入所有者权益的金额												
3. 其他												
（四）利润分配												
1. 提取盈余公积												
2. 对所有者（或股东）的分配												
3. 其他												
（五）所有者权益内部结转												
1. 资本公积转增资本（或股本）												
2. 盈余公积转增资本（或股本）												
3. 盈余公积弥补亏损												
4. 其他												
四、本年年末余额												

(3)"本年增减变动金额"项目。该项目中的"净利润"反映企业当年实现的净利润（或净亏损）金额，"直接计入所有者权益的利得和损失"反映企业当年直接计入所有者权益的利得和损失金额，"所有者投入和减少资本"反映企业当年所有者投入的资本和减少的资本，"利润分配"反映企业当年的利润分配金额，"所有者权益内部结转"反映企业构成所有者权益的组成部分之间的增减变动情况。

三、所有者权益变动表的编制方法

（一）"上年金额"栏的编制方法

所有者权益变动表"上年金额"栏内的各项数字，应根据上年度所有者权益变动表"本年金额"栏内所列数字填列。如果上年度所有者权益变动表规定的各个项目的名称和内容同本年度不一样，应对上年度所有者权益变动表各项目的名称和数字按本年度的规定进行调整，填入所有者权益变动表"上年金额"栏内。

（二）"本年金额"栏的编制方法

所有者权益变动表"本年金额"栏内各项数字一般应根据"实收资本（或股本）""资本公积""盈余公积""利润分配""库存股""以前年度损益调整"科目的发生额分析填列。

第六节 财务报表分析

一、财务报表分析的方法

（一）比较分析法

比较分析法是通过比较两个相关的财务数据，以绝对数和相对数的形式来揭示财务数据之间的相互关系。它是财务报表分析的基本方法，通常采用以下3种比较方式：

（1）将分析期的实际数据与计划数据进行对比，确定实际与计划的差异，据以考核财务指标计划的完成情况。

（2）将分析期的实际数据与前期数据进行对比，确定本期与前期的差异，据以考察企业工作的发展情况，预测企业财务活动的未来发展趋势。

（3）将分析期的实际数据与同行业平均指标或先进企业指标进行对比，确定企业与同行业平均水平以及与先进企业的差异，据以改进工作。

比较分析法的运用要注意指标的可比性，用于比较的指标只有在内容、时间、计算方法和计价基础上保持相同的口径，才能进行比较分析。

（二）比率分析法

比率分析法是对同一时期财务报表上的若干不同项目之间的相关数据进行相互比较，求出其比率，据以分析和评价企业的财务状况和经营成果。它是财务报表分析的核心方法，财务比率通常有以下3种类型：

（1）结构比率。它是用来计算某个财务指标的各个组成部分占总体的比重，反映部分与总体的关系，分析财务结构的合理性，如资产负债率、股东权益比率等。

（2）效益比率。它是用来计算在某项财务活动中所得与所费的比率，反映投入与产出的关系，如成本费用利润率、资本利润率等。

（3）相关比率。它是用来计算两个性质不同但又相关的指标之间的比率，反映有关财务指标之间的内在联系，如流动比率、速动比率等。

比率分析法的运用要采取联系的观点，不要孤立地根据某一指标做出判断，要联系其他指标和影响因素综合地进行判断。

（三）趋势分析法

趋势分析法是通过计算连续数年的财务报表中相同项目的百分比，来分析各个项目的上升或下降趋势。趋势分析法有以下两种比较方式：

（1）定比趋势分析。它是在连续数年的财务报表中，以第一年为基期，计算其余年度各个项目与基期同一项目的百分比，借以显示各个项目在分析期间的上升或下降趋势。这种分析的基期是固定的。

（2）环比趋势分析。它是在连续数年的财务报表中，计算后一年度各个项目与前一年度同一项目的百分比，依此类推，形成一系列比值，借以揭示各个项目在分析期间内的总的变化趋势。这种分析的基期是变动的。

二、财务报表分析的内容

（一）偿债能力分析

1. 短期偿债能力分析

企业短期偿债能力是指企业用流动资产偿还流动负债的能力。企业短期债务需要通过流动资产偿付而不能靠长期资产抵押，且利息负担并不重。因此，短期偿债能力分析的重点是债务本金能否及时偿还。企业短期偿债能力的强弱反映了企业的财务状况，是信息使用者所关注的重要问题。因为短期偿债能力的强弱直接影响到债权人能否按期取得利息、收回本金，直接影响到投资者所关注的盈利能力。这种分析主要利用资产负债表，借助于流动比率和速动比率指标来进行。

1）流动比率

流动比率是流动资产与流动负债的比率。它表示每一元流动负债有多少流动资产可以作为偿还的保证，反映企业在短期内转变为现金的流动资产偿还到期流动负债的能力。其计算公式为

$$流动比率 = \frac{流动资产}{流动负债} \times 100\%$$

上述比例值是正指标，流动比率越高，反映企业的短期偿债能力越强，债权人权益越有保障。但是流动比率并非越高越好，流动比率过高，表明企业占用的流动资产过多，影响资产的利用效率和获利能力；流动比率过高还可能说明应收账款占用过多，在产品、产成品存在积压现象。因此，分析流动比率还要结合考察流动资产的结构及其周转情况。根据经验，一般认为流动比率以 2∶1 为合理，它表明企业财务状况是可靠的。

2）速动比率

速动比率是速动资产与流动负债的比率。它表示每一元流动负债有多少速动资产可以作为偿还的保证，反映企业在短期内转变为现金的速动资产偿还到期流动负债的能力。其计算公式为

$$速动比率 = \frac{速动资产}{流动负债} \times 100\%$$

式中：速动资产包括货币资金、短期投资、应收票据、应收账款、其他应收款项等流动资产，存货、预付账款不计入其中。速动资产中之所以不包括存货，是因为存货的变现能力较差，变现所需时间较长，它要经过产品的出售和账款的收回才能变为现金，而且存货中还包括根本就无法变现的部分。预付账款具有资产的性质，但它只能减少企业未来时期的现金付出，根本不具有变现能力，因此也不应计入速动资产。

速动比率是流动比率的补充指标。有时流动比率较高，但流动资产中可用于立即支付的资产却很少，企业的偿债能力仍然较差。因此，速动比率比流动比率更能够反映企业短期的清算能力。根据经验，速动比率以1∶1较为合理。当速动比率大于1时，表明一旦企业破产或清算，在存货不能变现时，企业也有能力偿还短期负债；当速动比率小于1时，表明企业必须依靠变卖部分存货来偿还短期债务。

2. 长期偿债能力分析

长期偿债能力是指企业偿还长期负债的能力。企业的长期负债一般金额大、利息负担重，对其分析不仅要利用资产负债表，借助于资产负债率等指标来考察债务本金的支持程度，而且还要利用损益表，借助于利息保障倍数来判断债务利息的偿付能力。

1）资产负债率

资产负债率是指负债总额与资产总额的比率。它表示在企业总资产中债权人提供的资金所占的比重，或者企业资产对债权人权益的保障程度。其计算公式为

$$资产负债率 = \frac{负债总额}{资产总额} \times 100\%$$

从债权人的角度看，资产负债率越高说明企业经营存在的风险越大，债权人的权益越缺乏保障；资产负债率越低表明企业长期偿债能力越强，债权人的权益越有保障。从投资者的角度看，资产负债率高表明企业利用了较少的权益资本形成了较多的生产经营用资产，扩大了生产经营规模。在经济处于景气时期，投资收益率一般都大于债务资本成本率，财务杠杆效应必然使企业权益资本的收益率大大提高，从而为投资者谋取更大的财务利益。

2）所有者权益比率

所有者权益比率又称为股东权益比率，它是所有者权益对资产总额的比率。它表示在企业总资产中所有者提供的资金所占的比重，或者企业资产对所有者权益的保障程度。其计算公式为

$$所有者权益比率 = \frac{所有者权益}{资产总额} \times 100\%$$

所有者权益比率与资产负债率呈此消彼涨的关系，二者之和等于1。它从另一个侧面反映了企业的偿债能力。值得注意的是，所有者权益比率的倒数称为权益乘数。

3）负债对所有者权益比率

负债对所有者权益比率是负债总额与所有者权益总额的比率，表示所有者权益对债权人权益的保障程度。其计算公式为

$$负债对所有者权益比率 = \frac{负债总额}{所有者权益总额} \times 100\%$$

该指标越小，说明企业长期偿债能力越强，债权人权益的保障程度越高，承担的风险越小。

4）利息保障倍数

利息保障倍数是指企业一定时期的利息费用和利润总额与利息费用之比，反映企业偿付负债利息的能力，用以评价债权人投资的风险程度。其计算公式为

$$利息保障倍数 = \frac{利润总额 + 利息费用}{利息费用} \times 100\%$$

利息保障倍数越大，企业偿付利息费用的能力越强，债权人权益越有保障。利息保障倍数的具体衡量标准需与其他企业，特别是本行业的平均水平进行比较判断。从稳健性角度出发，最好比较本企业连续几年的该项指标，并选择最低指标年度的数据作为标准，这样可以保证最低的偿债能力。若这一比率较小，说明企业无法向债权人支付利息，意味着企业负债过大或盈利太低，企业陷入财务困境。

（二）营运能力分析

营运能力是指企业控制的各种资产的管理效率。资产周转期是营运能力的直接体现，资产结构也从一个侧面反映了营运活动的效率和因营运而导致的资源配置状况。

1. 资产周转能力分析

1）应收账款周转率

应收账款周转率是指企业一定时期的赊销收入净额与应收账款平均余额之比，反映了企业应收账款的周转速度。应收账款周转率通常有两种表示方法：一种是应收账款周转次数；另一种是应收账款周转天数。其计算公式为

$$应收账款周转次数 = \frac{赊销收入净额}{应收账款平均余额} \times 100\%$$

$$应收账款周转天数 = \frac{应收账款平均余额 \times 计算期}{赊销收入净额} \times 100\%$$

式中：赊销收入净额是销售收入减去现金销售收入再减去销售退回、销售折让和销售折扣后的差额；应收账款平均余额按照期初应收账款加上期末应收账款再除以 2 求得。

显然，应收账款周转次数和周转天数是相逆互补的。在一定时期内应收账款周转次数越多，周转一次所用的天数就越少，说明应收账款收回的速度越快，资产营运效率越高。这不仅有利于企业及时收回应收账款，减少发生坏账损失的可能性，而且有利于提高资产的流动性，增强企业的短期偿债能力。因此，应收账款周转率可以看成是流动比率的补充，它反映了企业的短期偿债能力。从财务的观点看，通过应收账款周转天数与原定赊销期限的比较，还可以评价购买单位的信用程度和企业信用政策的合理性。

2）存货周转率

存货周转率是指企业一定时期的销货成本与存货平均余额的比率，反映了企业存货的周转速度。其计算公式为

$$存货周转率 = \frac{销货成本}{平均存货} \times 100\%$$

存货周转率表明的是在一定时期内存货周转的次数。销货能力的大小也可用存货周转天数来表示。其计算公式为

$$存货周转天数 = \frac{平均存货 \times 计算期}{销货成本} \times 100\%$$

一般来说，存货周转次数越多，周转天数越短，存货周转就越快，企业获利就越多。因此，企业的存货周转率与企业的获利能力直接相关；反之，存货周转次数越少，周转天数越多，则说明企业存货不适销对路，呆滞积压，既影响企业的资金运行，又影响企业的获利能力。

3）总资产周转率

总资产周转率是销售收入净额与资产平均总额之比，反映企业总资产的利用效率。其计算公式为

$$总资产周转率 = \frac{销售收入净额}{资产平均总额} \times 100\%$$

式中：销售收入净额是销售收入减去销售退回、销售折让、销售折扣后的差额；资产平均总额是期初资产总额与期末资产总额之和除以2求得。

2. 企业资产结构分析

1）流动资产占总资产的比重

流动资产占总资产的比重是流动资产与总资产之比，反映企业资产总额中流动资产所占的份额。其计算公式为

$$流动资产占总资产的比重 = \frac{流动资产总额}{资产总额} \times 100\%$$

在总资产中，流动资产周转速度最快，所以提高流动资产占总资产的比重，可以加速总资产的周转速度。

2）资产构成比率

资产构成比率是固定资产净值与流动资产总额的比值，表示固定资产是流动资产的多少倍，反映了企业固定资产和流动资产的相互关系。其计算公式为

$$资产构成比率 = \frac{固定资产净值}{流动资产总额} \times 100\%$$

现代企业经营趋势是自动化程度越来越高，固定资产比重不断增加。由于固定资产自身的特点，其资金周转的速度较慢，而且会引起大量的不变费用，所以资产构成比率的高低在很大程度上会影响企业总资产的周转速度。资产构成比率的高低要依据企业所处的行业特点，并结合企业产品的生产和销售情况进行评价。

3）固定比率

固定比率是指固定资产净值与所有者权益的比率,反映所有者权益的固定化程度。其计算公式为

$$固定比率 = \frac{固定资产净值}{所有者权益} \times 100\%$$

所有者权益是企业长期的稳定的资本,无还债的后顾之忧,而投资到固定资产上的资金被长期固定化。因此,企业投入到固定资产上的资金应当与所有者权益保持一致。将流动负债这一类的短期债务资金投入到固定资产上,是很不安全的。固定比率反映了固定资产与所有者权益之间的平衡程度。

（三）盈利能力分析

盈利能力是指由于营业活动和投资活动产生收益的能力。盈利能力是综合财务与经营能力的中心;偿债能力从外部筹资上保证和影响盈利能力,是企业盈利能力的条件;营运能力是从企业内部经营上保证和影响盈利能力,构成了盈利能力的基础。因此,财务报表分析必须同时兼顾企业的盈利能力、偿债能力和营运能力。盈利能力分析包括企业盈利水平分析、社会贡献能力分析、资本保值增长能力分析。

1. 企业盈利水平分析

企业盈利水平分析是通过销售净利率、成本费用净利率、资本金利润率、净资产利润率、总资产报酬率指标来进行的。

1）销售净利率

销售净利率是企业净利润与主营业务收入净额的比率,反映企业销售收入的获利能力。其计算公式为

$$销售净利率 = \frac{净利润}{主营业务收入净额} \times 100\%$$

2）成本费用净利率

成本费用净利率是企业净利润与企业成本费用总额的比率,反映企业成本费用的获利能力。其计算公式为

$$成本费用净利率 = \frac{净利润}{成本费用总额} \times 100\%$$

3）资本金利润率

资本金利润率是企业当期实现的净利润与资本金平均总额的比率,反映企业投资者投入资本金的获利能力。其计算公式为

$$资本金利润率 = \frac{净利润}{资本金平均总额} \times 100\%$$

一般来说,企业资本金利润率越高越好。资本金利润率越高,说明企业越容易从资本市场上筹集到资金;如果资本金利润率低于银行利率,则企业筹集资金就会面临困难。

4）净资产利润率

净资产利润率是企业净利润与净资产平均总额的比率,反映企业所有者权益的获利能力,是投资者特别关注的一个指标。其计算公式为

$$净资产利润率 = \frac{净利润}{净资产平均总额} \times 100\%$$

5）总资产报酬率

总资产报酬率是企业利润总额和利息支出与资产平均总额的比率，反映企业总资产的获利能力。其计算公式为

$$总资产报酬率 = \frac{利润总额 + 利息支出}{资产平均总额} \times 100\%$$

2. 社会贡献能力分析

社会贡献能力分析是通过企业的社会贡献率和社会积累率指标来进行的。

1）社会贡献率

社会贡献率是企业社会贡献总额与资产平均总额的比率，反映企业运用全部资产为国家和社会创造或支付价值的能力，即企业贡献程度的大小。其计算公式为

$$社会贡献率 = \frac{企业社会贡献总额}{资产平均总额} \times 100\%$$

式中：企业社会贡献总额是指企业为国家和社会创造或支付的价值总额，包括工资（含奖金、津贴等工资性收入）、劳保退休统筹、其他社会福利支出、利息支出、应交增值税及附加、应交所得税、净利润等。社会贡献率越大，说明企业对国家和社会的贡献越多。

2）社会积累率

社会积累率是上缴国家财政总额与企业社会贡献总额的比率，反映了在企业的社会贡献总额中有多少用于上缴国家财政。其计算公式为

$$社会积累率 = \frac{上缴国家财政总额}{企业社会贡献总额} \times 100\%$$

3. 资本保值增长能力分析

资本保值增长能力分析是通过资本保值增值率和3年资本平均增长率指标来进行的。

1）资本保值增值率

资本保值增值率是企业所有者权益增长额与所有者权益年初数的比率。其计算公式为

$$资本保值增值率 = \frac{所有者权益年末数 - 所有者权益年初数}{所有者权益年初数} \times 100\%$$

如果资本保值增值率等于100%，说明资本保值；如果资本保值增值率大于100%，说明资本增值。

2）3年资本平均增长率

3年资本平均增长率是计算企业连续3年资本增长的均衡水平，反映了企业资本增长的总体发展趋势。其计算公式为

$$3年资本平均增长率 = \left(\sqrt[3]{\frac{本年末所有者权益总额}{3年前年末所有者权益总额}} - 1 \right) \times 100\%$$

3年资本平均增长率越大，说明企业的所有者权益得到的保障程度越大，企业可动用的资本越多，资金越有保障。

三、财务综合评价

(一) 综合财务指数评价系统

综合财务指数评价系统是通过计算综合财务指数,对企业的财务状况进行综合评价的一种方法。综合财务指数评价系统的一般程序和方法如下所述。

1. 正确选择财务指标

为了评价债权人所关注的资产负债水平和偿债能力,应选择流动比率、资产负债率、应收账款周转率和存货周转率。为了评价投资者所关注的盈利能力和资本保值增值能力,应选择销售利润率、总资产报酬率、资本收益率(资本金利润率)和资本保值增值率。为了评价国家和社会所关注的社会贡献能力,应选择社会贡献率和社会积累率。

2. 确定财务指标的标准值

标准值的选择应当先进合理,可供选择的标准数有本期计划数、某期实际数、同类企业平均数、行业平均数及国际通用的标准数。

3. 计算财务指标个别指数

财务指标的个别指数是分析期某项财务指标的实际数与标准数之间的比值。在计算个别指数时,要注意正指标和逆指标的不同处理方法。正指标数值越高越好;逆指标有的越低越好,有的高于或低于标准值都不好。

4. 确定财务指标的权数

综合财务指数不是财务指标个别指数的简单算术平均数,而是一个加权平均数。因此,计算综合财务指数应正确确定各项财务指标的权数。权数的大小主要根据各项指标的重要性程度而定,指标越重要,其权数就越大;反之,其权数就越小。我国财政部对财务指标规定的权数是:流动比率10、资产负债率10、应收账款周转率5、存货周转率5、销售利润率20、总资产报酬率12、资本收益率(资本金利润率)8、资本保值增值率10、社会贡献率12、社会积累率8。

5. 计算综合财务指数

综合财务指数是以个别指数为基数,以该项指标的重要性程度为权数,加权计算出来的平均数。其计算公式为

$$综合财务指数 = \sum (财务指标个别指数 \times 该项指标的权数)$$

6. 进行综合财务评价

将综合财务指数与其他时期、同行业中的其他企业进行比较,确定企业所处的财务情况。

(二) 杜邦财务指标分析系统

杜邦财务指标分析系统是利用各种主要财务比率之间的相互关系,来综合评价企业的财务能力。这种方法是由美国杜邦公司最早采用的,所以又称为杜邦分析法。

杜邦财务指标分析系统有如下几组重要的财务比率关系:

$$净资产利润率 = 总资产报酬率 \times 权益乘数$$

式中:总资产报酬率=销售利润率×总资产周转率。根据上述财务比率关系,利用资产负债表和损益表,可以从综合的角度全面地揭示企业的财务状况和经营成果。

杜邦财务指标分析系统有以下特征：

（1）净资产利润率是综合性最强的财务比率，是杜邦财务指标分析系统的核心。净资产利润率取决于总资产报酬率的高低和权益乘数的大小。

（2）总资产报酬率反映了企业生产经营活动的效率，其高低取决于企业销售的获利能力和总资产的周转能力。提高总资产报酬率不仅要求企业面向市场、加强销售，而且要求企业努力提高资产营运效率，加速资产的周转。

（3）权益乘数反映了企业资本结构的合理性，企业资本结构状况对净资产利润率有着直接的影响。

本 章 小 结

本章主要介绍财务报表概述、资产负债表、利润表、现金流量表、所有者权益变动表和财务报表分析等有关内容。基本要点如下：

（1）财务报表分析。财务报表分析是以企业财务报表信息为主要依据，运用专门的分析方法，对企业财务状况及经营成果进行解释和评价，以便于信息使用者做出正确的经济决策。分析方法有比较分析法、比率分析法和趋势分析法。分析内容主要有企业的偿债能力、营运能力、盈利能力和综合财务指数分析。

（2）资产负债表。资产负债表反映企业在某一特定日期的财务状况。报表的结构形式有两种：报告式和账户式。我国采用的是账户式，它是依据总账和明细账的期末余额编制而成的。

（3）利润表。利润表反映企业在一定时期内的经营成果。报表的结构形式有两种：单步式和多步式。单步式就是将所有的收入合计减去所有费用合计，一步计算出净利润。多步式是将一定的收入与它的相关费用配比，经过多步计算出净利润。我国采用的就是多步式，它是依据总账本期的发生额编制而成的。

（4）现金流量表。现金流量表是指反映企业在一定会计期间内现金及现金等价物流入和流出情况的报表，可以采用工作底稿法、T形账户法或分析填列法编制此表。

（5）所有者权益变动表。所有者权益变动表是反映企业在一定时期内构成所有者权益的各组成部分的增减变动情况的报表，它是依据利润表和所有者权益账户分析编制而成的。

第二部分 会计业务综合模拟

一、企业的基本情况

（1）企业名称：江陵市江安工业制品公司（简称江安工业制品公司）
（2）公司地址、电话：江陵市草桥路 68 号 68682262
（3）公司性质：有限责任公司
（4）注册资金：500 万元人民币
（5）开户银行：中国工商银行江陵市二环路支行
（6）账　　号：830016005680689
（7）纳税人识别号：260069008650126
（8）经营范围：工业品制造
（9）预留开户行印鉴：企业财务专用章、企业法人代表章

二、企业会计的核算情况

（1）账务处理采用科目汇总表账务处理程序，每旬汇总一次。
（2）库存现金限额为 15 000 元。
（3）存货计价。原材料采用计划成本计价，入库与出库的原材料逐笔结转其计划成本，验收入库的原材料月末一次结转成本差异额，发出的原材料月末按当月材料成本差异率分摊其应负担的成本差异额；周转材料采用实际成本计价，逐笔结转验收入库的周转材料成本，发出的周转材料其成本采用先进先出法计算，并采用一次摊销法摊销其成本；库存商品平时只进行数量核算，期末一次结转完工入库产品成本，销售的库存商品月末按加权平均法计算确定销售成本。
　　（4）成本的计算。基本生产车间生产 3 种产品，采用品种法进行产品成本计算。成本计算设直接材料、直接人工、制造费用和无形资产摊销 4 个成本项目。辅助生产车间发生的费用直接在"生产成本——辅助生产成本"账户中核算，不单独核算其发生的制造费用。DY 产品和 LD-1 产品的无形资产摊销费用全部由完工产品负担。本月生产 DY 产品耗用 7 400 工时，生产 LD-1 产品耗用 3 500 工时，生产 LD-2 产品耗用 4 600 工时。DY 产品在生产开始时一次投料，直接人工费和制造费用按约当产量法在完工产品与在产品间分配，DY 产品月初在产品 400 件，本月投入生产 1 600 件，月末在产品 200 件，月末在

产品完工程度为 40%；LD-1 产品生产陆续投料，月初在产品 210 件，本月投入生产 160 件，月末已全部完工；LD-2 产品生产陆续投料，月初在产品 200 件，本月投入生产 400 件，月末在产品 240 件，LD-2 产品的在产品成本按定额成本法计算，单位在产品的材料定额为 56 元、人工定额为 15 元、制造费用定额为 30 元。

（5）无形资产核算。无形资产均为使用寿命有限的无形资产，采用直线法摊销。无形资产 A 是上年 12 月 26 日专门为生产 LD-1 产品而购入的，受益期限为 8 年零 4 个月；无形资产 B 是本年 10 月 28 日专门为生产 DY 产品而购入的，受益期限为 2 年零 6 个月。

（6）长期股权投资。本公司对虹桥公司的长期股权投资采用权益法核算，虹桥公司与本公司的会计政策和会计期间均相同，投资时有关资产的公允价值与其账面价值相同。

（7）适用税（费）率。一般纳税人销售或者进口货物以及租赁有形动产，适用的增值税税率为 17%，运输业和基础电信服务适用的增值税税率为 11%，出售、租赁无形资产等适用的增值税税率为 6%，城市维护建设税税率为 7%，教育费附加征收率为 3%。

（8）固定资产核算。采用年限平均法计提固定资产折旧。

（9）所得税核算。所得税税率为 25%，按月预缴、年终汇算清缴，采用资产负债表债务法核算所得税费用。

（10）本年利润及利润分配核算。本年利润采用账结法核算。年末按全年实现净利润的 10% 计提法定盈余公积金，按 5% 计提任意盈余公积金，按可供投资者分配利润的 30% 分配给投资者（股份公司的利润分配方案由公司董事会提出，在股东大会讨论通过时做账务处理，本书考虑到业务的全面性，安排于年末进行利润分配并做账务处理）。

（11）资产减值损失的核算。期末按规定计算各项资产的减值准备。坏账损失采用备抵法核算，年末按应收账款和其他应收款余额的 3% 计提（假定税法允许扣除的比例为 5‰）坏账准备金。

提示：分配率计算保留五位小数，其他计算保留两位小数。

三、企业 20×× 年 11 月末的账户资料

资料见表 1 至表 8。

表 1

20×× 年账户 1～11 月份累计发生额及 11 月末余额

计量单位：元

账户名称	年初余额		1～11 月份累计发生额		11 月末余额	
	借方	贷方	借方	贷方	借方	贷方
库存现金	3 450		92 130	93 980	1 600	
银行存款	1 005 000		1 399 500	1 850 000	554 500	
其他货币资金						
交易性金融资产	12 000		138 000	25 000	125 000	
应收票据	2 000		185 000	65 000	122 000	
应收账款	90 000		165 000	65 000	190 000	
坏账准备		2 784				2 784
预付账款	35 000		68 200	3 200	100 000	

(续表)

账户名称	年初余额 借方	年初余额 贷方	1～11月份累计发生额 借方	1～11月份累计发生额 贷方	11月末余额 借方	11月末余额 贷方
其他应收款	2 800		52 945	47 745	8 000	
材料采购	17 000		1 089 000	1 025 500	80 500	
周转材料	1 000		204 000	45 000	160 000	
原材料	4 000		1 919 000	1 459 000	464 000	
材料成本差异	6 000		8 600	19 600		5 000
库存商品	250 000		1 606 000	1 356 000	500 000	
生产成本	50 000		1 788 000	1 558 000	280 000	
长期股权投资	120 000		160 000	20 000	260 000	
固定资产	2 986 970		237 800	401 770	2 823 000	
累计折旧		526 000	9 000	206 000		723 000
在建工程	1 100 000		446 800	246 800	1 300 000	
无形资产	300 000		360 000		660 000	
累计摊销		3 000		57 000		60 000
长期待摊费用	100 000		277 000	77 000	300 000	
短期借款		15 000	41 000	226 000		200 000
交易性金融负债						
应付票据		23 000	7 000	144 000		160 000
应付账款		20 800	4 570	604 570		620 800
预收账款		101 000	20 456	21 456		102 000
应付利息				3 750		3 750
应付职工薪酬		6 000	802 400	882 400		86 000
应交税费		1 420	394 921	440 301		46 800
其他应付款		13 000	1 338	48 338		60 000
长期借款		100 000	49 000	349 000		400 000
股本		5 000 000				5 000 000
资本公积		6 000				6 000
盈余公积		17 216	53 900	139 150		102 466
本年利润			386 000	486 000		100 000
利润分配		250 000				250 000
总 计	6 085 220	6 085 220	11 966 560	11 966 560	7 928 600	7 928 600
主营业务收入						
其他业务收入						
主营业务成本						
其他业务成本						
税金及附加						
销售费用						
管理费用						
财务费用						
资产减值损失						
投资收益						
营业外收入						
营业外支出						
所得税费用						
合 计						

表2

原材料明细分类账户资料

计量单位：元

总账账户	明细账户	数量	单价	金额
原材料	甲Ⅱ型材料	3 100	100	310 000
	乙Ⅱ型材料	3 080	50	154 000
合计				464 000

表3

库存商品明细分类账户资料

计量单位：元

总账账户	明细账户	数量	单价	金额
库存商品	DY产品	500	690	345 000
	LD-1产品	220	450	99 000
	LD-2产品	140	400	56 000
合计				500 000

表4

基本生产成本明细分类账户资料

计量单位：元

在产品名称	成本项目			合计
	直接材料	直接人工	制造费用	
DY	100 000	18 000	32 000	150 000
LD-1	40 000	2 000	28 000	70 000
LD-2	38 000	3 000	19 000	60 000
合计	178 000	23 000	79 000	280 000

表5

交易性金融资产明细分类账户资料

计量单位：元

项目	股数	价格	金额
成本（宝钢股份）	1 600	15.625	25 000
成本（中国银行）	20 000	5	100 000
合计			125 000

表6

材料采购明细分类账户资料

计量单位：元

项目	单位	数量	单价	金额
甲Ⅱ型材料	千克	500	106	53 000
乙Ⅱ型材料	千克	550	50	27 500
合计				80 500

表7

周转材料明细分类账户资料

计量单位：元

项目	单位	数量	单价	金额
工具	套	400	200	80 000
包装箱	个	1 000	50	50 000
劳保用品	套	600	50	30 000
合计				160 000

表8

其他明细分类账户资料

计量单位：元

序号	总账	明细账	余额方向	余额
1	应收票据	力大公司	借	122 000
2	应收账款	蓝图公司	借	100 000
		大诚公司	借	85 000
		天仪厂	借	5 000
3	预付账款	永嘉公司	借	100 000
4	其他应收款	总务科	借	5 000
		李长涛	借	3 000
5	材料成本差异	原材料	贷	5 000
6	长期股权投资	虹桥公司	借	260 000
7	固定资产	房屋	借	1 911 000
		机器设备	借	912 000
8	在建工程	建筑工程（厂房）	借	1 300 000
9	无形资产	专利权A	借	300 000
		专利权B	借	360 000
10	长期待摊费用	经营租入固定资产改良	借	300 000
11	短期借款	周转借款	贷	200 000
12	应付票据	四海公司	贷	160 000
13	应付账款	东环公司	贷	200 800
		三江公司	贷	360 000
		创制公司	贷	20 000
		自来水公司	贷	28 000
		供电公司	贷	12 000
14	预收账款	田野公司	贷	102 000
15	应付职工薪酬	工资	贷	50 000
		职工福利	贷	13 000
		工会经费	贷	17 000
		职工教育经费	贷	6 000
16	应交税费	企业所得税	贷	10 000
		个人所得税	贷	6 000
		城建税	贷	10 800
		未交增值税	贷	14 000
		教育费附加	贷	6 000
17	其他应付款	保证金	贷	60 000
18	长期借款	本金	贷	400 000
19	股本	长海公司	贷	3 000 000
		晨星科技	贷	2 000 000

(续表)

序号	总账	明细账	余额方向	余额
20	资本公积	其他资本公积	贷	6 000
21	盈余公积	法定盈余公积	贷	92 260
		任意盈余公积	贷	10 206
22	利润分配	未分配利润	贷	250 000

四、企业 20×× 年 12 月份的经济业务及原始凭证资料

1. 说明

（1）凭证左上角为会计业务编号，编号方式为"业务号-附件序号"。

（2）以下原始凭证均为样表，尺寸大小和内容等以实际为准。

（3）会计实务工作中无业务内容说明及提示。

（4）将原始凭证剪下（未填制完成的原始凭证需填制完成）附于记账凭证下面，作为记账依据。

2. 企业 20×× 年 12 月份发生的经济业务

（1）12月1日，向东环公司购买甲Ⅱ型原材料1 500千克，单价为97元，增值税率为17%，运费为2 473.12元。发票账单已到，货款未付，材料验收入库（原始凭证见1-1至1-4）。

1-1

山西省增值税专用发票

2600072140　　　　发票联　　　　No.02328865

开票日期：20×× 年 12 月 1 日

购货方	名　称：江陵市江安工业制品公司 纳税人识别号：260069008650126 地址、电话：江陵市草桥路68号 68682262 开户行及账号：工行二环路支行 830016005680689	密码区	4<63*-5>0<653*+5+1* 加密版本：01 9>135>635*4>0<5\081\2600072140 +6*568+3*56*5+686/>> 02328865 01-5006654898855>>>69

货物或应税劳务名称	规格型号	单位	数量	单价	金额	税率	税额
泥料	甲Ⅱ	千克	1 500	97.00	145 500.00	17%	24 735.00
合计					¥145 500.00		¥24 735.00
价税合计（大写）	⊗壹拾柒万零贰佰叁拾伍元整　　（小写）¥170 235.00						
销货方	名　称：南江市湖口区东环公司 纳税人识别号：260360078011022 地址、电话：三通路99号 56220026 开户行及账号：工行海洛路分理处 668745632167007				备注： 300205565		

收款人：松柏　　复核：李清　　开票人：党学　　销货单位：（章）

提示：发票联作为记账凭证，抵扣联单独存放，月末单独装订保管备查（以下相同业务提示略）。

1-2

山西省增值税专用发票

2600072140　　　　　抵扣联　　　　　No.02328865

开票日期：20××年12月1日

购货方	名　称：江陵市江安工业制品公司 纳税人识别号：260069008650126 地址、电话：江陵市草桥路68号 68682262 开户行及账号：工行二环路支行 830016005680689	密码区	4<63*-5>0<653*+5+1* 加密版本：01 9>135>635*4>0<5\081\2600072140 +6*568+3*56*5+686>> 02328865 01-5006654898855>>69

货物或应税劳务名称	规格型号	单位	数量	单价	金额	税率	税额
泥料	甲Ⅱ	千克	1 500	97.00	145 500.00	17%	24 735.00
合计					¥145 500.00		¥24 735.00

价税合计（大写）	⊗壹拾柒万零贰佰叁拾伍元整　　（小写）¥170 235.00

销货方	名　称：南江市湖口区东环公司 纳税人识别号：260360078011022 地址、电话：三通路99号 56220026 开户行及账号：工行海洛路分理处 668745632167007	备注： 300205565

收款人：松柏　　复核：李清　　开票人：党学　　销货单位：（章）

第二联　抵扣联　购货方扣税凭证

1-3

山西省国家税务局通用机打发货票

发票代码 132640032468

开票日期：20××-12-1　　行业分类：　　发票号码 23566542

付款方名称：江陵市江安工业制品公司	付款方识别号：260069008650126
付款方地址：江陵市草桥路68号	付款方电话：68682262

开票项目	规格/型号	单位	数量	单价	金额
国内运输服务					2473.12

备注：

总计金额：¥2473.12　　　　　金额大写：贰仟肆佰柒拾叁元壹角贰分

收款方名称：南江公路运输公司　　　　收款方识别号：562659458695845622561232

收款方银行账号：363562323564

收款方银行名称：中国工商银行股份有限公司南江市运河支行　　收款方地址：五一路建设街66号

收款方电话：68666623　　　　　开票人：严彬

查验码：2000594586958456232562233　　查验网址：http://etax.jsgs.gov.cn

第一联　发票联　付款方作为付款凭证

1-4

收 料 单

编号：1001

供货单位：

发票号码：　　　　　　　　　年 月 日　　　　　　　　收料仓库：

名称	单位	数量		实际成本				计划成本		差异额
		应收	实收	单价	金额	运费	合计	单价	合计	

仓库主管：赵尽美　　　验收：孙华平　　　经办人：李东东　　　制单：郝丽丽

提示：将收料单填写齐全（以下相同业务提示略）。

（2）12月1日，银行转来收账通知，收回上月蓝图公司所欠货款100 000元（原始凭证见2-1）。

2-1

托收凭证（收账通知） 4

委托日期：20××年11月28日　　　　　　　托收号码：263509

业务类型		委托收款（□邮划、□电划）托收承付（□邮划、□电划）														
付款人	全 称	蓝图公司		收款人	全 称	江陵市江安工业制品公司										
	账号或地址	680366205646578			账号或地址	830016005680689										
	开户行	工行青工路支行			开户行	工行二环路支行										
金 额	人民币（大写）壹拾万元整					亿	千	百	十	万	千	百	十	元	角	分
									¥	1	0	0	0	0	0	0
款项内容	货款	托收凭据名称	发货票			附寄单证张数			2张							
商品发运情况		已发		合同名称号码		2365#										
备注：复核：　记账：		上列款项已划回收入你方账户内 收款人开户银行签章 20××年12月1日														

（盖章：工行江陵市二环路支行 20××.12.01 转讫）

（3）12月1日，提取现金9 000元（原始凭证见3-1）。

3-1

中国工商银行 现金支票存根	中国工商银行 现金支票（晋） BY/02 00026110
支票号码：BY/02 00026110 附加信息 _____ _____ _____ 出票日期 年 月 日 收款人：_____ 金 额：_____ 用 途：_____ 单位主管　　会计	出票日期（大写）　年　月　日　　付款行名称：_____ 收款人：_____　　　　　　　　　出票人账号：_____ 人民币（大写）｜亿｜千｜百｜十｜万｜千｜百｜十｜元｜角｜分｜ 用途：_____ 上列款项请从 我账户内支付 出票人签章　　　　复核　　　　记账

提示：填写现金支票，存根作为公司记账依据（以下相同业务提示略）。

（4）12月1日，企业因生产经营需要，从银行取得短期借款300 000元（原始凭证见4-1）。

4-1

中国工商银行江陵市分行借款凭证（代回单）

借款日期：20××年12月1日　　　　　　　传票编号：36892

借款单位名称	江陵市江安工业制品公司	放款账号	1362-63	往来账号	91-23651623							
借款金额	人民币（大写）叁拾万元整				百	十	万	千	百	十	元	角	分
					¥	3	0	0	0	0	0	0	0
用途	生产周转	单位提出期限自20××年12月1日起至20××年 月 日止 银行核定期限自20××年12月1日起至20××年8月 日止		借款利率	月息6‰							
上列借款已收入你单位往来账户内　此致 　　单位（银行盖章）支行章			借款人 法定代表人（签章） 委托代理人（签章）		经办人（签章）李浩							

分次偿还记录	日期			偿还金额								未偿还金额								贷款人 法定代表人 （签章）王力 委托代理人 （签章）张一 经办人（签章） 王伍全 复核 盖章	分次偿还计划	日期			金额							
	年	月	日	十万	千	百	十	元	角	分		十万	千	百	十	元	角	分				年	月	日	十万	千	百	十	元	角	分

此联付款人开户行凭以汇款或收款人开户银行作收账通知

(5) 12月1日，以现金2 920元购买办公用品（原始凭证见5-1）。

5-1

山西省国家税务局通用机打发货票

发票代码 132640032468

开票日期：20××-12-1　　行业分类：　　发票号码 23566542

付款方名称：	江陵市江安工业制品公司	付款方识别号：	260069008650126
付款方地址：	江陵市草桥路68号	付款方电话：	68682262

开票项目	规格/型号	单位	数量	单价	金额
计算器	532#	台	10	92.00	920.00
稿纸	32#	本	200	10.00	2000.00

备注：

总计金额：¥2920.00　　金额大写：贰仟玖佰贰拾元整

收款方名称：江陵市湖口区中央百货公司　　收款方识别号：232329458695845623251122

收款方银行名称：中国工商银行股份有限公司运河支行　　收款方银行账号：363663223522

收款方电话：53236623　　收款方地址：五一路建设街66号

查验码：231359458695845623251225　　开票人：严彬

查验网址：http://etax.jsgs.gov.cn

（6）12月2日，开出支票购买包装箱720个，单价为42元，计30 240元；防寒服160套，单价为40元，计6 400元；灭火器20个，单价为80元，计1 600元。材料全部验收入库（原始凭证见6-1至6-6）。

6-1

中国工商银行 转账支票存根	中国工商银行　转账支票（晋）BY 02　00038460
支票号码：BY 02 00038460 附加信息：＿＿＿＿＿ ＿＿＿＿＿＿＿＿＿＿ 出票日期　年　月　日 收款人：＿＿＿＿＿＿ 金额：＿＿＿＿＿＿＿ 用途：＿＿＿＿＿＿＿ 单位主管　　会计	出票日期（大写）　年　月　日　　付款方名称： 收款人：　　　　　　　　　　　出票人账号： 人民币（大写）　亿千百十万千百十元角分 用途＿＿＿＿＿＿＿ 上列款项请从　　　320200005678 我账户内支付　　复核　　记账 出票人签章

提示：填写转账支票，存根及发票作为公司记账依据（以下相同业务提示略）。

6-2

山西省增值税专用发票

2600072140　　　发票联　　　No.02360369

开票日期：×××年12月2日

购货方	名　称：江陵市江安工业制品公司 纳税人识别号：260069008650126 地址、电话：江陵市草桥路68号 68682262 开户行及账号：工行二环路支行 　　　　　　　830016005680689	密码区	3<63*-5>0<5155*+565* 加密版本：01 5>135>625*8>0<5\901\2600072140 +4*588+3*6*5+636/>> 02360369 01-3006222698836>>79

货物或应税劳务名称	规格型号	单位	数量	单价	金额	税率	税额
包装箱	55mm×67mm	个	720	42.00	30 240.00	17%	5 140.80
防护用品	防寒服606型	套	160	40.00	6 400.00	17%	1 088.00
灭火器	5T型	个	20	80.00	1 600.00	17%	272.00
合　计					¥38 240.00		¥6 500.80

价税合计（大写）	⊗肆万肆仟柒佰肆拾元捌角整　　（小写）¥44 740.80

销货方	名　称：蓝天商贸公司 纳税人识别号：260026002362002 地址、电话：天台路66号 65002321 开户行及账号：工行吕业支行 200036030011022	备注	203525454

收款人：马其顿　　复核：华东东　　开票人：王宫　　销货单位：（章）

第三联　发票联　购货方记账凭证

6-3

周转材料验收入库单

编号：001

材料类别：　　　　　　　　　年　月　日　　　　　　　　单位：元

材料类别	材料名称	规格	计量单位	数量	实收数量	单价	金额							
							十	万	千	百	十	元	角	分
合计														

检验结果　合格 检验员签章　张丽蒙	运杂费 合计

备注：

仓库主管：赵尽美　　经办人：李东东　　制单：郝丽丽

提示：将周转材料验收入库单填写齐全（以下相同业务提示略）。

6-4

山西省增值税专用发票

2600072140　　　　抵扣联　　　　No.02360369

开票日期：20×× 年 12 月 2 日

购货方	名　称：江陵市江安工业制品公司 纳税人识别号：260069008650126 地址、电话：江陵市草桥路 68 号 68682262 开户行及账号：工行二环路支行 　　　　　　　830016005680689	密码区	3<63*-5>0<5155*+565* 加密版本：01 5>135>625*8>0<5\901\2600072140 +4*588+3*6*5+636/>> 02360369 01-3006222698836>>79

货物或应税劳务名称	规格型号	单位	数量	单价	金　额	税率	税　额
包装箱	55mm×67mm	个	720	42.00	30 240.00	17%	5 140.80
防护用品	防寒服 606 型	套	160	40.00	6 400.00	17%	1 088.00
灭火器	5T 型	个	20	80.00	1 600.00	17%	272.00
合　计					¥38 240.00		¥6 500.80

价税合计（大写）	⊗肆万肆仟柒佰肆拾元捌角整　　（小写）¥44 740.80

销货方	名　称：蓝天商贸公司 纳税人识别号：260026002362002 地址、电话：天台路 66 号 65002321 开户行及账号：工行吕业支行 200036030011022	备注：20352545４ （发票专用章）

收款人：马其顿　　复核：华东东　　开票人：王宫　　销货单位：（章）

第二联　抵扣联　购货方扣税凭证

6-5

周转材料验收入库单

编号：002

材料类别：　　　　　　　　　　年　月　日　　　　　　　单位：元

材料类别	材料名称	规格	计量单位	数量	实收数量	单价	金　额						
							十	万	千	百	十	元	角	分
合　计														

检验结果　合格 检验员签章：张丽蒙	运杂费	
	合　计	

备注：

仓库主管：赵尽美　　　经办人：李东东　　　制单：郝丽丽

6-6

周转材料验收入库单

编号：003

材料类别：　　　　　　　　　年　月　日　　　　　　　单位：元

材料类别	材料名称	规格	计量单位	数量	实收数量	单价	金额							
							十	万	千	百	十	元	角	分
合计														

检验结果　　合格　　　　　运杂费
检验员签章：　　　　　　　合计

备注：王年启

仓库主管：赵尽美　　经办人：李东东　　制单：郝丽丽

（7）12月3日，上月购买的甲Ⅱ型原材料500千克及乙Ⅱ型原材料550千克，到达并验收入库（原始凭证见7-1）。

7-1

收　料　单

编号：1002

供货单位：东环公司
发票号码：230125632　　　　年　月　日　　　　收料仓库：

名称	单位	数量		实际成本				计划成本		差异额
		应收	实收	单价	金额	运费	合计	单价	合计	

仓库主管：赵尽美　　验收：孙华平　　经办人：李东东　　制单：郝丽丽

（8）12月3日，发出甲Ⅱ型原材料2 500千克，计划单价为100元，全部用于DY产品生产；发出乙Ⅱ型原材料2 076千克，计划单价为50元，其中400千克用于DY产品生产，600千克用于LD-1产品生产，800千克用于LD-2产品生产，基本车间一般耗用140千克，辅助生产车间耗用136千克（原始凭证见8-1、8-2）。

8-1

领 料 单

领用部门：　　　　　　　　　年　月　日　　　　　　　　编号：2001

用　途	名　称	单　位	数　量		金　额	
			请　领	实　发	计划单位成本	总　额
合　计						

发料人：周华南　　记账：李记　　领料部门负责人：张岂明　　领料人：**正刚**

提示：将领料单填写齐全（以下相同业务提示略）。

8-2

领 料 单

领用部门：　　　　　　　　　年　月　日　　　　　　　　编号：2002

用　途	名　称	单　位	数　量		金　额	
			请　领	实　发	计划单位成本	总　额
合　计						

发料人：周华南　　记账：李记　　领料部门负责人：张岂明　　领料人：**正刚**

（9）12月4日，以银行存款支付广告费112 000元（原始凭证见9-1、9-2）。

9-1

中国工商银行 转账支票存根	中国工商银行 转账支票（晋）BY/02 00038461
支票号码：BY/02 00038461 附加信息：_____ _____ 出票日期　年　月　日 收款人：_____ 金　额：_____ 用　途：_____ 单位主管　　会计	出票日期（大写）　年　月　日　　付款行名称： 收款人：　　　　　　　　　　　出票人账号： 人民币（大写）｜亿｜千｜百｜十｜万｜千｜百｜十｜元｜角｜分｜ 用途：_____ 上列款项请从　　　　320200005678 我账户内支付　　　复核　　　记账 出票人签章

9-2

山西省国家税务局通用机打发货票

发票代码 132640032468
发票号码 23566542

开票日期：20××-12-4　　行业分类：

付款方名称：江陵市江安工业制品公司	付款方识别号：260069008650126
付款方地址：江陵市草桥路68号	付款方电话：68682262

开票项目	数量	单价	金额
广告费	10	11200.00	112000.00

总计金额：¥112000.00　　　　　　　　金额大写：壹拾壹万贰仟元整

收款方名称：江陵市大阳光广告公司	收款方识别号：366329458695845623256 8962
	收款方银行账号：656662323636
收款方银行名称：中国农业银行股份有限公司运河支行	收款方地址：健康路88号
收款方电话：53236655	开票人：张学武
查验码：2313594586958456232512	查验网址：http://etax.jsgs.gov.cn

第一联 发票联 付款方作为付款凭证

（10）12月4日，上缴企业所得税10 000元、未交增值税14 000元、城市维护建设税10 800元和教育费附加6 000元、代扣代交个人所得税6 000元（原始凭证见10-1至10-5）。

10-1

中华人民共和国税收联电子缴税（费）凭证

征收机关：江陵市国税一分局
收缴国库：江陵市中心支库　　填发日期：20××年12月4日　　电子缴税号：1002843170

纳税人名称：江陵市江安工业制品公司	纳税人账号：830016005680689
纳税人识别号：260069008650126	纳税人开户行：中国工商银行江陵市二环路支行

税款所属时期	20××年11月	税款限缴日期	20××年12月4日

缴款书号	预算科目代码	预算级次	税种	金额
2003560005456	6021	中央60% 地方40%	企业所得税	10 000.00

缴款金额合计（大写）壹万元整　　　　　（小写）¥10 000.00

上列款项已划缴

扣缴日期：20××年12月4日　　　　　业务分录：

银行盖章：　　　　　　　　　　　　　经办人：韩一天

打印次数：1次　　　　　　　　　　　　打印日期：20××年12月4日

10-2

中华人民共和国税收联电子缴税（费）凭证

征收机关：江陵市国税一分局
收缴国库：江陵市中心支库　　　　填发日期：20××年12月4日　　　　电子缴税号：1002843108

纳税人名称：	江陵市江安工业制品公司	纳税人账号：830016005680689		
纳税人识别号：	260069008650126	纳税人开户行：中国工商银行江陵市二环路支行		
税款所属时期	20××年11月	税款限缴日期	20××年12月4日	
缴款书号	预算科目代码	预算级次	税种	金额
2003560005456	6021	中央75% 地方25%	增值税	14 000.00
缴款金额合计（大写）壹万肆仟元整			（小写）¥14 000.00	
上列款项已划缴		业务分录：		
扣缴日期：20××年12月4日				
银行盖章：		经办人：韩一天		

打印次数：1次　　　　　　　　　　　　　　　　　　　　打印日期：20××年12月4日

10-3

中华人民共和国税收联电子缴税（费）凭证

征收机关：江陵市地税二分局
收缴国库：江陵市中心支库　　　　填发日期：20××年12月4日　　　　电子缴税号：1202843109

纳税人名称：	江陵市江安工业制品公司	纳税人账号：830016005680689		
纳税人识别号：	260069008650126	纳税人开户行：中国工商银行江陵市二环路支行		
税款所属时期	20××年11月	税款限缴日期	20××年12月4日	
缴款书号	预算科目代码	预算级次	税种	金额
6008023621562	002635	地方	城市维护建设税	10 800.00
缴款金额合计（大写）壹万零捌佰元整			（小写）¥10 800.00	
上列款项已划缴		业务分录：		
扣缴日期：20××年12月4日				
银行盖章：		经办人：韩一天		

打印次数：1次　　　　　　　　　　　　　　　　　　　　打印日期：20××年12月4日

10-4

中华人民共和国税收联电子缴税（费）凭证

征收机关：江陵市地税二分局

收缴国库：江陵市中心支库　　　填发日期：20××年12月4日　　　电子缴税号：1002843110

纳税人名称：江陵市江安工业制品公司	纳税人账号：830016005680689
纳税人识别号：260069008650126	纳税人开户行：中国工商银行江陵市二环路支行

税款所属时期　20××年11月	税款限缴日期　20××年12月4日

缴款书号	预算科目代码	预算级次	税种	金额
6008023621562	002635	地方	教育费附加	6 000.00

缴款金额合计（大写）陆仟元整　　　（小写）¥6 000.00

上列款项已划缴

扣缴日期：20××年12月4日　　　业务分录：

银行盖章：　　　　　　　　　　　　　经办人：　韩一天

打印次数：1次　　　　　　　　　　　打印日期：20××年12月4日

10-5

中华人民共和国税收联电子缴税（费）凭证

征收机关：江陵市地税二分局

收缴国库：江陵市中心支库　　　填发日期：20××年12月4日　　　电子缴税号：1028426253

纳税人名称：江陵市江安工业制品公司	纳税人账号：830016005680689
纳税人识别号：260069008650126	纳税人开户行：中国工商银行江陵市二环路支行

税款所属时期　20××年11月	税款限缴日期　20××年12月4日

缴款书号	预算科目代码	预算级次	税种	金额
3025560005702	3021	地方	个人所得税	6 000.00

缴款金额合计（大写）陆仟元整　　　（小写）¥6 000.00

上列款项已划缴

扣缴日期：20××年12月4日　　　业务分录：

银行盖章：　　　　　　　　　　　　　经办人：　韩一天

打印次数：1次　　　　　　　　　　　打印日期：20××年12月4日

（11）12月4日，生产车间主任张海南出差，预借差旅费1 500元（原始凭证见11-1）。

11-1

借 据

20×× 年 12 月 4 日

借款单位：车间	借款人：张海南
借款理由：出差	
借款金额：人民币（大写）壹仟伍佰元整　　（小写）¥1 500.00	
部门负责人意见：同意　张力	借款人：（签章）张海南
领导批示：王天民	会计主管人员核批：李伍　　　　付款记录：已付

（现金付讫）

提示：借据一式三联，第一联借款时记账；第二联报销时记账；第三联在借款结清后退还给借款人。

（12）12月5日，上年建造的厂房花费1 300 000元，本月完工并交付使用（原始凭证见12-1、12-2）。

12-1

固 定 资 产 交 接 单

固定资产类别：房屋　　　　　　　　　　　　　　　20×× 年 12 月 5 日

项目名称	厂房	规格	600m×60m×3m	建设单位	江陵市江安工业制品公司	建设方式	出包
原值（元）	1 300 000.00　其中：安装费 260 000.00			年折旧额	26 400.00	年折旧率	1.969%
预计残值	30 000.00	预计清理费	10 000.00	预计使用年限	50 年	备注	
建造日期	20×× 年 3 月 2 日	验收日期	20×× 年 12 月 5 日	使用日期	20×× 年 12 月		
移交单位	江陵市第五建筑工程公司	负责人	李鹏朋	接收单位	江安工业制品公司	负责人	华国六
		主办人	童广文华			会计主管	李伍
						主办人	张国宾
制表：李先锋				复核：周国良			

已收 20××年12月5日

12-2

固 定 资 产 卡 片

年　月　日　填

类别		编号		预计使用年限　　年		原始价值									
固定资产名称				预计残值　　元		千	百	十	万	千	百	十	元	角	分
规格及型号				预计清理费　　元											
建造单位				折旧方法		其中：安装费									
建造年份				年折旧率　　%											
来源				分类折旧率　　%		变动后价值									
验收日期				取得时已用　　年											
技术特征				减少时已用　　年		年折旧额									
拨出单位				开始使用日期											
使用单位	年	月	使用单位	存放地点	已提折旧	年　月　日　元									
						年　月　日　元	月折旧额								
						年　月　日　元	备注：								

提示：将固定资产卡片填写齐全并置于卡片箱内（以下相同业务提示略）。

(13) 12月5日，DY产品有450件完工入库，LD-2产品有180件完工入库（原始凭证见13-1）。

13-1

产 品 入 库 单

年　月　日　　　　　　　　　　　　　　第601号

编号	名称	规格	单位	入库数量	单位成本	总成本	备注
		合计					

第二联　记账联　记账会计

仓库主管：李梁　　记账：梁小月　　验收：张民青　　制单：王二虎

提示：填写产品入库单，库存商品平时只进行数量核算，将产品入库单放于成本资料夹中，在期末计算产品成本后，一次结转完工入库产品成本（以下类似业务提示略）。

(14) 12月5日，出售中国银行股票200手（原始凭证见14-1）。

14-1

成交过户交割凭单

客户名称：江陵公司　　　　　　　　　　　　日期：20××年12月5日

证券代码	601988	证券名称	中国银行
买卖标志	卖	成交价格	5.80
		成交数量	20 000
		成交编号	562
股东代码	A600778003	成交金额	116 000.00
		佣金	232.00
印花税	348.00	备注	
过户费	9.70		
其他费	0		

打印次数：1次　　　　　　　　　　　　打印日期：20××年12月5日

(15) 12月5日，因生产DY产品需要，领用包装箱1 000个（原始凭证见15-1）。

15-1

周转材料出库单

领用部门：　　　　　　　年　月　日　　　　　　　编号：01

类别	名称	规格	单位	用途	数量		金额	
					请领	实发	单价	总额
		合计						

第二联　记账联　记账会计

发料人：周华南　　记账：李记　　领料部门负责人：张岂明　　领料人：正刚

提示：将周转材料出库单填写齐全（以下相同业务提示略）。

（16）12月5日，以银行存款发放上月工资 50 000 元（原始凭证见 16-1 至 16-3）。

16-1

中国工商银行 转账支票存根	中国工商银行 转账支票（晋）BY/02 00038462
支票号码：BY/02 00038462 附加信息：_____ _____ 出票日期 年 月 日 收款人：_____ 金　额：_____ 用　途：_____ 单位主管　　会计	出票日期（大写）　年　月　日　　付款行名称： 收款人：　　　　　　　　　　　　出票人账号： 人民币（大写）　亿 千 百 十 万 千 百 十 元 角 分 用途：_____ 上列款项请从我账户内支付　　320200005678 复核　　记账 出票人签章

（17）12月6日，因异地采购需要，向银行申请取得 150 000 元银行汇票一张（原始凭证见 17-1 至 17-3）。

17-1

中国工商银行 汇票申请书（存根） 1

申请日期：20×× 年 12 月 6 日　　　　　　　　第 086 号

申请人	江陵市江安工业制品公司	收款人	秦岭公司	
账号或住址	830016005680689	账号或住址	300200202032323	
兑付地点	山西省北安市	兑付行	购买材料	
汇款金额	人民币（大写）壹拾伍万元整		百 十 万 千 百 十 元 角 分 ¥ 1 5 0 0 0 0 0 0	
备注：		科　目 _____ 对方科目 _____ 财务主管　　复核：　　经办：		

17-2

中国工商银行 银行汇票　2 山西

付款期限　壹个月　　　　　　　　　　汇票号码 第 369 号

（大写）出票日期：贰零××年壹拾贰月零陆日

代理付款行：		行号：365		
收款人：秦岭公司		账号：300200202032323		
出票金额 人民币（大写）壹拾伍万元整		（压数机压印出票金额） 千 百 十 万 千 百 十 元 角 分		
实际结算金额 人民币（大写）				
申请人：江陵市江安工业制品公司		账号或住址：830016005680689		
出票行：工行二环路支行　行号：235		密押： 多余金额 千 百 十 万 千 百 十 元 角 分		复核 记账
备注： 凭票付款 出票行签章				

工 资 结 算 单

部门：生产车间　　　　　　　　　　　　　　　　　　　　　　　　　　　　20××年12月5日

序号	姓名	标准工资	津贴	…	应发工资合计	应扣工资			应发工资	代扣款项			应扣款合计	实发工资
						缺勤	…	应扣工资合计		个人所得税	养老保险	…		
1	李强进	360	30	…	780	11	…	36	744		26	…	32	712
2	周海	480	36	…	816	9	…	31	785		28	…	33	752
3	胡娟娟	320	22	…	690		…	15	675		13	…	21	654
…		…	…		…	…		…	…		…	…		…	…
22														
合计		18 500	612		21 263	65		756	20 507	66	321		1 230	19 277

财务主管：**李永晨**　　　复核：王剑桥　　　制单：李一发

提示：16-2中虚线表示省略部分。

16-2

工 资 结 算 汇 总 表

20××年12月5日

16-3

序号	部门	标准工资	津贴	...	应发工资合计	应扣工资			应发工资	代扣款项			应扣款合计	实发工资
						缺勤	...	应扣工资合计		个人所得税	养老保险	...		
1	生产车间	18500	612	...	21 263	65	...	756	20 507	66	321	...	1 230	19 277
2	管理部门	12 326	521	...	13 655	32	...	320	13 335	30	211	...	1 106	12 229
3														
...	...	...	...	...	...	...	...	...	...	...	...	...	...	...
12														
	合计	56 669	1 831		59 062			4 826	54 236	2 210	2 026		4 236	50 000

财务主管： 复核：郭春梅 制单：张海哲

李永晨

17-3

中国工商银行
银行汇票（解讫通知）

3 山西　汇票号码 第 369 号

（大写）出票日期：贰零××年壹拾贰月零陆日

代理付款行：	行号：365
收款人：秦岭公司	账号：300200202032323

出票金额 人民币（大写）壹拾伍万元整　（压数机压印出票金额）

实际结算金额人民币（大写）　千百十万千百十元角分

申请人：江陵市江安工业制品公司　账号或住址：83001 6005680689

出票行：工行二环路支行　行号：236

备注：＿＿＿＿＿＿＿

密押：
多余金额　千百十万千百十元角分

凭票付款
出票行签章

复核
记账

此联代理付款行兑付后随报单寄出票行由出票行作余款贷方凭证

（18）12月6日，向大华公司购入WHB-8型需要安装的设备一台，买价为100 000元，增值税为17 000元（原始凭证见18-1至18-4）。

18-1

江苏省国家税务局通用机打发货票

发票代码 132640032468
开票日期：20××-12-6　　发票号码 23566542

付款方名称：江陵市江安工业制品公司	付款方识别号：260069008650126
付款方地址：江陵市草桥路68号	付款方电话：68682262

开票项目	规格/型号	单位	数量	单价	金额
国内运输服务					3 426.00

备注：

总计金额：¥3 426.00　　　金额大写：叁仟肆佰贰拾陆元整

收款方名称：南江公路运输公司　　收款方识别号：56265013265845623256 1232

收款方账号：36350232356

收款方银行名称：中国工商银行股份有限公司南江市运河支行　　收款方地址：五一路建设街66号

收款方电话：68666623　　开票人：严祯

查验码：20005945869584562325622 33　　查验网址：http://etax.jsgs.gov.cn

第一联　发票联　付款方作为付款凭证

18-2

山西省增值税专用发票

2600072140　　　　　　　　　　　　　　　　　　　　　　No.03363626

发票联

开票日期：20×× 年 12 月 6 日

购货方	名　称：江陵市江安工业制品公司 纳税人识别号：260069008650126 地址、电话：江陵市草桥路 68 号 68682262 开户行及账号：工行二环路支行 　　　　　　　830016005680689	密码区	1<63*-5>0<643*66563* 加密版本：01 5>565>25*4>11<5\45+6 2600072140 +64*5-8663*75+6*6/> 03363626 01-2530054844784>>263

货物或应税劳务名称	规格型号	单位	数量	单价	金额	税率	税额
加工设备	WHB-8	台	1	100 000.00	100 000.00	17%	17 000.00
合　计					¥100 000.00		¥17 000.00

价税合计（大写）	⊗壹拾壹万柒仟元整　　　（小写）¥117 000.00		
销货方	名　称：湖口市大华设备有限公司 纳税人识别号：260002320025887 地址、电话：五化路 562 号 30026580 开户行及账号：工行顺德路支行 300200222211160		备注： 000032658

收款人：常春月　　复核：党明明　　开票人：赵紫群　　销货单位：（章）

第三联　发票联　购货方记账凭证

18-3

中国工商银行电汇凭证（回单）

普通　加急　　　　　委托日期 20×× 年 12 月 6 日

汇款人	全称	江陵市江安工业制品公司	收款人	全称	大华公司
	账号	830016005680689		账号	300200222211160
	汇出地点	山西省江陵市		汇入地点	山西省湖口市

汇出行名称	工行二环路支行	汇入行名称	工行顺德路支行

金额	人民币（大写）壹拾贰万零肆佰贰拾陆元整	千	百	十	万	千	百	十	元	角	分
	¥			1	2	0	4	2	6	0	0

单位主管：王冠　　会计：王斌　　复核：刘成　　记账：　　汇出行盖章　　20×× 年 12 月 8 日

此联汇出行给汇款人的回单

18-4

山西省增值税专用发票

2600072140　　　抵扣联　　　No.03363626

开票日期：20__年12月6日

购货方	名　　称：江陵市江安工业制品公司 纳税人识别号：260069008650126 地址、电话：江陵市草桥路68号 68682262 开户行及账号：工行二环路支行 　　　　　　　830016005680689	密码区	1<63*-5>0<643*66563* 加密版本：01 5>565>25*4>11<5\45+6 2600072140 +64*5-8663*75+6*6/> 03363626 01-2530054844784>>263	货方

货物或应税劳务名称	规格型号	单位	数量	单价	金额	税率	税额
加工设备	WHB-8	台	1	100 000.00	100 000.00	17%	17 000.00
合　计					¥100 000.00		¥17 000.00

价税合计（大写）	⊗壹拾壹万柒仟元整　　　　（小写）¥117 000.00

销货方	名　　称：湖口市大华设备有限公司 纳税人识别号：260002320025887 地址、电话：五化路562号 30026580 开户行及账号：工行顺德路支行 300200222211160	备注：000032658

收款人：常春月　　复核：党明明　　开票人：赵紫群　　销货单位：（章）

（19）12月6日，支付WHB-8型设备安装费5 400元（原始凭证见19-1至19-3）。

19-1

中国工商银行 转账支票存根 支票号码：BY/02 00038463 附加信息： ＿＿＿＿＿＿＿＿ ＿＿＿＿＿＿＿＿ 出票日期　年　月　日 收款人： 金　额： 用　途： 单位主管　　会计	中国工商银行　转账支票（晋）BY/02 00038463 出票日期（大写）　年　月　日　　付款行名称： 收款人：　　　　　　　　　　　　出票人账号： 人民币（大写）　｜亿｜千｜百｜十｜万｜千｜百｜十｜元｜角｜分｜ 用途：＿＿＿＿＿＿＿＿＿＿＿＿ 上列款项请从　　320200005678 我账户内支付　　复核　　记账 出票人签章

19-2

山西省增值税专用发票

2600072140　　发票联　　No.10036239

开票日期：20××年12月6日

购货方	名　称：江陵市江安工业制品公司 纳税人识别号：260069008650126 地址、电话：江陵市草桥路68号 68682262 开户行及账号：工行二环路支行 　　　　　　　830016005680689	密码区	4<22*-24>0<64*6_6-13* 加密版本：01 6>444>37*4>11<5\59-6 2600072140 +99*5-86+53*15+6*36> 10036239 01-4412565588544562>>91

货物或应税劳务名称	规格型号	单位	数量	单价	金额	税率	税额
安装费	WHB-8	台	1	4 615.38	4 615.38	17%	784.62
合　计					¥4 615.38		¥784.62

价税合计（大写）：⊗伍仟肆佰元整　　（小写）¥5 400.00

销货方	名　称：江陵市秦岭设备安装公司 纳税人识别号：26005000262022 地址、电话：呼中路12号 55002262 开户行及账号：工行国盘路支行 300200202032323

备注：600200300

收款人：王二李　复核：贺喜　开票人：汪国新　销货单位：（章）

19-3

山西省增值税专用发票

2600072140　　抵扣联　　No.10036239

开票日期：20××年12月6日

购货方	名　称：江陵市江安工业制品公司 纳税人识别号：260069008650126 地址、电话：江陵市草桥路68号 68682262 开户行及账号：工行二环路支行 　　　　　　　830016005680689	密码区	4<22*-24>0<64*6_6-13* 加密版本：01 6>444>37*4>11<5\59-6 2600072140 +99*5-86+53*15+6*36> 10036239 01-4412565588544562>>91

货物或应税劳务名称	规格型号	单位	数量	单价	金额	税率	税额
安装费	WHB-8	台	1	4 615.38	4 615.38	17%	784.62
合　计					¥4 615.38		¥784.62

价税合计（大写）：⊗伍仟肆佰元整　　（小写）¥5 400.00

销货方	名　称：江陵市秦岭设备安装公司 纳税人识别号：26005000262022 地址、电话：呼中路12号 55002262 开户行及账号：工行国盘路支行 300200202032323

备注：600200300

收款人：王二李　复核：贺喜　开票人：汪国新　销货单位：（章）

(20) 12月7日,从银行提取现金8 000元(原始凭证见20-1)。

20-1

中国工商银行 现金支票存根	中国工商银行 现金支票(晋) 00026113
支票号码: BY/02 00026113 附加信息 ＿＿＿＿＿＿ ＿＿＿＿＿＿＿＿＿＿ 出票日期 年 月 日 收款人: ＿＿＿＿＿＿ 金额: ＿＿＿＿＿＿＿ 用途: ＿＿＿＿＿＿＿ 单位主管　　会计	本支票付款期十天 出票日期(大写)　年　月　日　　付款行名称: 收款人:　　　　　　　　　　　　　出票人账号: 人民币(大写)　　亿 千 百 十 万 千 百 十 元 角 分 用途＿＿＿＿＿ 上列款项请从　　 320200005678 我账户内支付　　复核　　　记账 出票人签章

(21) 12月7日,收到银行通知,托收的大诚公司所欠货款85 000元已入账(原始凭证见21-1)。

21-1

托收凭证(收账通知) 4

委托日期:20××年11月30日　　　托收号码:530056

业务类型		委托收款(□邮划、□电划)托收承付(□邮划、□电划)			
付款人	全　称	大诚公司	收款人	全　称	江陵市江安工业制品公司
	账号或地址	500630002208884		账号或地址	830016005680689
	开户行	工行中一路支行		开户行	工行二环路支行
金　额	人民币(大写)捌万伍仟元整			亿 千 百 十 万 千 百 十 元 角 分 ¥ 8 5 0 0 0 0 0	
款项内容	货款	托收凭据名称	发货票	附寄单证张数	3张
商品发运情况		已发	合同名称号码		23658#
备注:		上列款项: 1. 已全部划回收入你方账户。 2. 全部未收到。		收款人开户银行签章 20××年12月7日	

此联收款人开户银行在款项收妥后给收款人的收账通知

（22）12月7日，向大诚公司销售DY产品500件，单价为700元，增值税率为17%，以现金垫支运杂费1 230元，已办好托收手续（原始凭证见22-1至22-4）。

22-1

产 品 出 库 单

购货单位：　　　　　　　　年 月 日　　　　　　　　编号：8001

产品名称	规格型号	计量单位	出库数量	备注
	合　计			

第三联 交财务记账

仓库主管：李梁　　出库人：杜式分　　记账：梁小月　　制单：王二虎

提示：将产品出库单填写齐全（以下相同业务提示略）。

22-2

托 收 凭 证（回单）　1

委托日期：20××年12月7日　　　　　　　托收号码：300265

业务类型		委托收款（□邮划、□电划）托收承付（□邮划、□电划）		
付款人	全　称	大诚公司	全　称	江陵市江安工业制品公司
	账号或地址	500630002208884	账号或地址	830016005680689
	开户行	工行中一路支行	开户行	工行二环路支行
金额	人民币（大写）肆拾万零玖仟伍佰元整		亿 千 百 十 万 千 百 十 元 角 分 　　　　　4 0 9 5 0 0 00	
款项内容	货款	托收凭据名称	发货票	附寄单据数　2张
商品发运情况	已发货		合同名称号码	2688#
备注：		款项收妥日期 　年　月　日	收款人开户银行签章 　年　月　日	

此联作收款人开户银行给收款人的回单

委托日期：20××年12月7日　　　　　　　托收号码：300265

22-3

山西省增值税专用发票

2600072140　　此联不作报销，抵税凭证使用　　No.0026008

开票日期：20×× 年 12 月 7 日

购货方	名　称：大诚公司 纳税人识别号：260060018554566 地址、电话：白下路 126 号 63200362 开户行及账号：工行中一路支行 500630002208884	密码区	7<58*+69>0<64*6_6-18* 加密版本：01 4>444>37*4>11<5\59-6　2600072140 +5*5-86+53*48-587*14>　30026008 01-250001000236580>>33

货物或应税劳务名称	规格型号	单位	数量	单价	金额	税率	税额
模具	DY	件	500	700.00	350 000.00	17%	59 500.00
合计					¥350 000.00		¥59 500.00

价税合计（大写）	⊗肆拾万零玖仟伍佰元整　　（小写）¥409 500.00

销货方	名　称：江陵市江安工业制品公司 纳税人识别号：260069008650126 地址、电话：江陵市草桥路 68 号 68682262 开户行及账号：工行二环路支行 830016005680689	备注：（发票专用章 江陵市江安工业制品公司 5600002135）

收款人：王小燕　　复核：周同山　　开票人：成龙　　销货单位：（章）

22-4

运费垫支凭证

20×× 年 12 月 7 日

收货单位	运单号码	货物名称	数量	代垫运费	代垫保险费	其他	合计金额
大诚公司	23658#	DY 产品	250	1 120.00	110.00		¥1 230.00

（现金付讫）

合计人民币（大写）壹仟贰佰叁拾元整　　（小写）¥1 230.00

业务主管：樊小林　　复核人：毛丽丽　　经办人：巩增福

（23）12 月 8 日，与 HH 公司签订了租入固定资产合同，该固定资产当日公允价值（含税）为 112 万元，合同约定每年 12 月 8 日前支付 40 万元租金，连续支付 3 年，合同约定利率为 8%，租赁期满后所有权转移给本公司。首次付款 40 万元及 HH 公司代垫运费于当日汇付，该固定资产已投入安装（原始凭证见 23-1 至 23-4）。

23-1

山西省增值税专用发票

2600072140 发票联 No.30120056

开票日期：20×× 年 12 月 8 日

购货单位	名称	江陵市江安工业制品公司	密码区	2<58*+69>9<64*6_-22* 加密版本：01 5>465>37*4>16<5\588 26000721401 +6*5-86+5*4-5+565*15>30120056 01-300100025449875>>18
	纳税人识别号	260069008650126		
	地址、电话	江陵市草桥路 68 号 68682262		
	开户行及账号	工行二环路支行 830016005680689		

货物或应税劳务名称	规格型号	单位	数量	单价	金额	税率	税额
设备	W263 型	台	1	341 880.34	341 880.34	17%	58 119.66
合计					¥341 880.34		¥58 119.66

价税合计（大写） ⊗肆拾万元整   （小写）¥400 000.00

销货单位	名称	通南市河西区 HH 公司	备注	600200364
	纳税人识别号	260060228845565		
	地址、电话	中水路 55 号 56238565		
	开户行及账号	工行中此路支行 690032323003238		

收款人：夏百思 复核：郝久喜 开票人：高来军 销货单位：（章）

23-2

中国工商银行电汇凭证（回单） 1

普通 加急   委托日期 20×× 年 12 月 8 日   No.30125636

汇款人	全称	江陵市江安工业制品公司	收款人	全称	HH 公司
	账号	830016005680689		账号	690032323003238
	汇出地点	山西省江陵市		汇入地点	山西省新贡市
	汇出行名称	工行二环路支行		汇入行名称	工行中此路支行

金额	人民币（大写）肆拾万零壹仟玖佰元整	千	百	十	万	千	百	十	元	角	分
			¥	4	0	1	9	0	0	0	0

单位主管：张勇 会计：李学江 复核：王华天 记账：刘月民

汇出行盖章 20×× 年 12 月 8 日

23-3

山西省国家税务局通用机打发货票

发票代码 2235640032635
发票号码 33256532

开票日期：20××-12-8

付款方名称：江陵市江安工业制品公司	付款方识别号：260069008650126
付款方地址：江陵市草桥路68号	付款方电话：68682262

开票项目	规格/型号	单位	数量	单价	金额
国内运输服务					1 900.00

备注：

总计金额：¥1 900.00　　　　　　　　　金额大写：壹仟玖佰元整

收款方名称：南江公路运输公司　　　　　收款方识别号：56265945869584562321232

收款方银行名称：中国工商银行股份有限公司南江市运河支行　　收款方地址：五一路建设街66号

收款方电话：68666623　　　　　　　　　开票人：严××

查验码：20005945869584562325622333　　查验网址：http://etax.jsgs.gov.cn

第一联　发票联　付款方作为付款凭证

23-4

山西省增值税专用发票

2600072140　　　　　　　　　　　　　　　　　　　　　　No.30120056

开票日期：20××年12月8日

购货方	名　　称：江陵市江安工业制品公司 纳税人识别号：260069008650126 地址、电话：江陵市草桥路68号 68682262 开户行及账号：工行二环路支行 　　　　　　　830016005680689	密码区	2<58*+69<64*6_6-2* 加密版本：01 5>465>37*4>16<5\5 26000721401 +6*5-86+5*48-55*15> 30120056 01-300100025449875>>18

货物或应税劳务名称	规格型号	单位	数量	单价	金　额	税率	税额
设备	W263型	台	1	341 880.34	341 880.34	17%	58 119.66
合　计					¥341 880.34		¥58 119.66

价税合计 （大写）	⊗肆拾万元整　　　　　　（小写）¥400 000.00

销货方	名　　称：通南市河西区HH公司 纳税人识别号：260060228845565 地址、电话：中水路55号 56238565 开户行及账号：工行中此路支行 690032323003238	备注： 600200364

收款人：夏百思　　复核：郝久喜　　开票人：高来军　　销货单位：（章）

第二联　抵扣联　购货方扣税凭证

（24）12月8日，发出甲Ⅱ型原材料1 000千克，计划单价为100元，全部用于DY产品生产；发出乙Ⅱ型原材料200千克，计划单价为50元，全部用于DY产品生产（原始凭证见24-1、24-2）。

24-1

领 料 单

领用部门：基本生产车间　　　　　　年　月　日　　　　　　　　编号：2003

用　途	名　称	单　位	数　量		金　额	
			请 领	实 发	计划单位成本	总 额
	合　计					

发料人：周华南　　记账：李记　　领料部门负责人：张岂明　　领料人：**正刚**

24-2

领 料 单

领用部门：基本生产车间　　　　　　年　月　日　　　　　　　　编号：2004

用　途	名　称	单　位	数　量		金　额	
			请 领	实 发	计划单位成本	总 额
	合　计					

发料人：周华南　　记账：李记　　领料部门负责人：张岂明　　领料人：**正刚**

（25）12月9日，用银行汇票购买甲Ⅱ型原材料1 300千克，单价为96元，增值税率为17%，销售方代垫运杂费1 300元，材料未到，余款退回（原始凭证见25-1至25-4）。

25-1

山西省增值税专用发票

2600072140　　　　　　发票联　　　　　　No.60032637

开票日期：　　年12月9日

购货方	名　　称：江陵市江安工业制品公司 纳税人识别号：260069008650126 地址、电话：江陵市草桥路68号 68682262 开户行及账号：工行二环路支行 　　　　　　　830016005680689	密码区	4<58*+69>9<64*6_6-19* 加密版本：01 1>465>37*4>16<5\59-27 2600072140 +5*5-86+5*48-5+5652*6> 60032637 01-2000101458747855>>165

货物或应税劳务名称	规格型号	单位	数量	单价	金额	税率	税额
泥料	甲Ⅱ	千克	1 300	96.00	124 800.00	17%	21 216.00
合　计					¥124 800.00		¥21 216.00
价税合计 （大写）	⊗壹拾肆万陆仟零壹拾陆元整　（小写）¥146 016.00						

销货方	名　　称：北安市秦岭公司 纳税人识别号：26005000262022 地址、电话：呼中路12号 55002262 开户行及账号：工行国盘路支行 300200202032323

收款人：张云开　　复核：李百大　　开票人：马可　　销货单位：（章）

25-2

山西省国家税务局通用机打发货票

发票代码 2235640032635
发票号码 33256532

开票日期：20××-12-9　　行业分类：

| 付款方名称： | 江陵市江安工业制品公司 | 付款方识别号： | 260069008650126 |
| 付款方地址： | 江陵市草桥路68号 | 付款方电话： | 68682262 |

| 开票项目 | 规格/型号 | 单位 | 数量 | 单价 | 金额 |
| 国内运输服务 | | | | | 1 300.00 |

备注：

总计金额：¥1 300.00　　　　　　　金额大写：壹仟叁佰元整

收款方名称：北安市顺通运输公司　　收款方识别号：33265945869584562232561255
　　　　　　　　　　　　　　　　　　收款方银行账号：363562323564
收款方银行名称：中国农业银行股份有限公司北安市经济支行　　收款方地址：五一路126号
收款方电话：55666623　　　　　　　开票人：严彬
查验码：23235945869584562325632155　　查验网址：http://etax.jsgs.gov.cn

第一联　发票联　付款方作为付款凭证

25-3

中国工商银行
银行汇票（多余款收账通知）

付款期限 壹个月

4 山西

汇票号码 第 369 号

（大写）出票日期：贰零××年壹拾贰月零陆日

| 代理付款行： | 行号：365 | | |
| 收款人： | 秦岭公司 | 账号： | 300200202032323 |

出票金额 人民币（大写）　壹拾伍万元整　　（压数机压印出票金额）

实际结算金额人民币（大写）

| | 千 | 百 | 十 | 万 | 千 | 百 | 十 | 元 | 角 | 分 |

申请人：江陵市江安工业制品公司　账号或住址：83001 6005680689
出票行：工行二环路支行　行号：236

备注：贷款

密押：

多余金额

| 千 | 百 | 十 | 万 | 千 | 百 | 十 | 元 | 角 | 分 |
| | | | ¥ | 2 | 6 | 8 | 4 | 0 | 0 |

复核　记账

出票行签章

此联由出票行结算多余款后交申请人

25-4

山西省增值税专用发票

2600072140　抵扣联　　　　　　　　　　　　　　　　No.60032637

开票日期：　　年12月9日

购货方	名　　称：江陵市江安工业制品公司 纳税人识别号：260069008650126 地址、电话：江陵市草桥路68号 68682262 开户行及账号：工行二环路支行 　　　　　　　830016005680689	密码区	4<58*+69>9<64*6_6-19* 加密版本： 01 1>465>37*4>16<5\59-27 2600072140 +5*5-86+5*48-5+5652*6> 60032637 01-2000101458747855>>165

货物或应税劳务名称	规格型号	单位	数量	单价	金额	税率	税额
泥料	甲Ⅱ	千克	1 300	96.00	124 800.00	17%	21 216.00
合计					¥124 800.00		¥21 216.00

价税合计（大写）	⊗壹拾肆万陆仟零壹拾陆元整　　（小写）¥146 016.00

销货方	名　　称：北安市秦岭公司 纳税人识别号：26005000262022 地址、电话：呼中路12号 55002262 开户行及账号：工行国盘路支行 300200202032323	备注： 000322446

收款人：张云开　　复核：李百大　　开票人：马可　　　　销货单位：（章）

（26）12月9日，提取现金4 000元备用（原始凭证见26-1）。

26-1

（27）12月9日，应收力大公司商业汇票到期，款项122 000元已入账（原始凭证见27-1、27-2）。

27-1

托收凭证（收账通知） 4

委托日期：20××年12月6日　　　　托收号码：306602

业务类型		委托收款（□邮划、□电划）托收承付（□邮划、□电划）			
付款人	全　称	力大公司	收款人	全　称	江陵市江安工业制品公司
	账号或地址	400200556566898		账号或地址	830016005680689
	开户行	工行金华路支行		开户行	工行二环路支行
金　额	人民币（大写）壹拾贰万贰仟元整		亿千百十万千百十元角分 ¥ 1 2 2 0 0 0 0 0		
款项内容	货款	托收凭据名称	商业承兑汇票	证张数	1张
商品发运情况		已发	合同名称号码		2365#
备注：		上列款项已划回收入你方账户内	收款人开户银行签章		
复核：　记账：			20××年12月9日		

此联为收款人开户银行在款项收妥后给收款人的收账通知

27-2

商业承兑汇票 2　　　　汇票号码：66268

出票日期（大写）：贰零××年零玖月零玖日

业务类型		委托收款（□邮划、□电划）托收承付（□邮划、□电划）			
付款人	全　称	力大公司	收款人	全　称	江陵市江安工业制品公司
	账号或地址	400200556566898		账号或地址	830016005680689
	开户行	工行金华路支行		开户行	工行二环路支行
汇票金额	人民币（大写）壹拾贰万贰仟元整		亿千百十万千百十元角分 ¥ 1 2 2 0 0 0 0 0		
汇票到期日	贰零××年壹拾贰月零玖日		付款行	名址	金华市三江街236号
交易合同号	2653120				
本汇票已经本单位承兑，到期无条件付款。			本汇票予以承兑，到期付款。		
承兑人盖章：承兑日期 20××年12月9日			出票人签章：		

此联为收款人开户银行在款项收妥后给收款人的收账通知

（28）12月9日，现金支付招待费962元（原始凭证见28-1）。

28-1

山西省国家税务局通用机打发货票

发票代码 232340032558

开票日期：20××-12-9　　行业分类：　　　　发票号码 No.21002601

付款方名称：	江陵市江安工业制品公司				付款方识别号：	260069008650126
付款方地址：	江陵市草桥路68号				付款方电话：	68682262
开票项目	规格/型号	单位	数量	单价	金额	
餐饮服务					962.00	
备注：						
总计金额：¥962.00				金额大写：	玖佰陆拾贰元整	
收款方名称：	江陵市好再来大酒店			收款方识别号：	56265945869584562325622236	
				收款方银行账号：	363562323564	
收款方银行名称：	中国工商银行股份有限公司江陵市运河支行			收款方地址：	青岛路26号	
收款方电话：	69666623			开票人：	吴凯	
查验码：	23255945869584562325622233			查验网址：	http://etax.jsgs.gov.cn	

第一联　发票联　付款方作为付款凭证

（29）12月9日，向大诚公司销售LD-2产品200件，单价为500元，增值税率为17%，收到商业承兑汇票一张。为销售该产品，本公司以现金支付运杂费900元，已取得运输发票（原始凭证见29-1至29-4）。

29-1

山西省国家税务局通用机打发货票

发票代码 363340038521

开票日期：20××-12-9　　行业分类：　　　　发票号码 No.22003012

付款方名称：	江陵市江安工业制品公司				付款方识别号：	260069008650126
付款方地址：	江陵市草桥路68号				付款方电话：	68682262
开票项目	规格/型号	单位	数量	单价	金额	
国内运输服务					900.00	
备注：						
总计金额：¥900.00				金额大写：	玖佰元整	
收款方名称：	江陵市快捷快运输公司			收款方识别号：	23135945869584562325512356	
				收款方银行账号：	223262323500	
收款方银行名称：	中国工商银行股份有限公司江陵市大江支行			收款方地址：	青岛路26号	
收款方电话：	5658668			开票人：	姜红	
查验码：	56565945800084562325556586			查验网址：	http://etax.jsgs.gov.cn	

第一联　发票联　付款方作为付款凭证

29-2

山西省增值税专用发票

2600072140　　此联不作报销，抵税凭证使用　　No.30026009

开票日期：20×× 年 12 月 9 日

购货方	名　称：大诚公司 纳税人识别号：260060018554566 地址、电话：白下路 126 号 63200362 开户行及账号：工行中一路支行 　　　　　　　500630002208884	密码区	7<525-669>9<64*6_6+58* 加密版本：01 2>4-88>37*5>16<5\45*6 260072140 +1*5-26+5*48-55-58*5> 30026009 01-102003000145687>>96

货物或应税劳务名称	规格型号	单位	数量	单价	金额	税率	税额
模具	LD-21	件	200	500.00	100 000.00	17%	17 000.00
合计					¥100 000.00		¥17 000.00

价税合计（大写）	⊗壹拾壹万柒仟元整　　（小写）¥117 000.00

销货方	名　称：江陵市江安工业制品公司 纳税人识别号：260069008650126 地址、电话：江陵市草桥路 68 号 68682262 开户行及账号：工行二环路支行 830016005680689	备注：56000 2135

收款人：王小燕　　复核：周同山　　开票人：成龙　　销货单位：（章）

第一联　记账联　销货方记账凭证

29-3

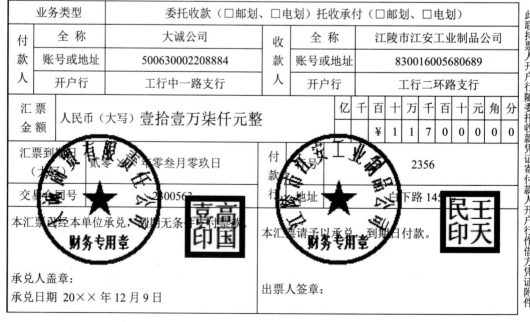

29-4

产 品 出 库 单

购货单位：大诚公司　　　　　　年　月　日　　　　　　编号：8002

产品名称	规格型号	计量单位	出库数量	备注：
合　计				

第三联　交财务记账

仓库主管：李梁　　　出库人：杜式分　　　记账：梁小月　　　制单：王二虎

（30）12月6日购买的设备在12月10日安装完毕，已经交付生产车间使用（原始凭证见30-1、30-2）。

30-1

固 定 资 产 交 接 单

固定资产类别：生产用设备　　　　　　　　　　　20××年12月10日

项目名称	WHB-8 设备安装	规格	WHB-8	建设单位		建设方式	出包
原值	107 809.96元 其中：安装费 4 615.38元			年折旧额	11 582.00	年折旧率	9.2%
预计残值	12 800	预计清理费	2 800	预计使用年限	10	备注：	
建造日期		验收日期		使用日期			
移交单位	已验收20××年12月10日 秦岭公司	负责人	李罡	接收单位	江安工业制品公司	负责人	华国六
		会计主管	张家伍			会计主管	李伍
		主办人	李长春			主办人	张国宾

30-2

固 定 资 产 卡 片

年　月　日填

类别		编号		预计使用年限		年	原始价值									
固定资产名称				预计残值		元	千	百	十	万	千	百	十	元	角	分
规格及型号				预计清理费		元										
建造单位				折旧方法			其中：安装费									
建造年份				年折旧率		%										
来源				分类折旧率		%	变动后价值									
验收日期				取得时已用		年										
技术特征				减少时已用		年	年折旧额									
拨出单位				开始使用日期												
使用单位	年	月	使用单位	存放地点	已提折旧	年 月 日	元				月折旧额					
						年 月 日	元									
						年 月 日	元				备注：					

（31）12月10日，销售给大华公司DY产品400件，单价为700元，增值税率为17%，货款已收到（原始凭证见31-1至31-3）。

31-1

山西省增值税专用发票

2600072140　　　此联不作报销、扣税凭证使用　　　No.30026010

开票日期： 年 12 月 10 日

购货方	名　　称：大华公司 纳税人识别号：260002320025887 地址、电话：五化路562号 30026580 开户行及账号：工行顺德路支行 300200222211160	密码区	5<525-6>9<64*6_6+65* 加密版本：01 4>9*228>3*5>16<55*6 2600072140 +1*5-26+5*48-5+5-66*> 30026010 01-4000300565875241>>22

货物或应税劳务名称	规格型号	单位	数量	单价	金额	税率	税额
模具	DY	件	400	700.00	280 000.00	17%	47 600.00
合　计					¥280 000.00		¥47 600.00

价税合计（大写）	⊗叁拾贰万柒仟陆佰元整　　（小写）¥327 600.00

销货方	名　　称：江陵市江安工业制品公司 纳税人识别号：260069008650126 地址、电话：江陵市草桥路68号 68682262 开户行及账号：工行二环路支行 830016005680689

收款人：王小燕　　复核：周同山　　开票人：成龙　　销货单位：（章）

第一联 记账联 销货方记账凭证

31-2

产品出库单

购货单位：　　　　　　年 月 日　　　　　　编号：8003

产品名称	规格型号	计量单位	出库数量	备注
合　计				

仓库主管：李梁　　出库人：　　记账：梁小月　　制单：王二虎

第三联 交财务记账

31-3

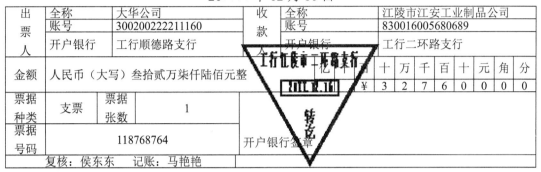

中国工商银行进账单（回单） 1

20×× 年 12 月 10 日

出票人	全称	大华公司	收款人	全称	江陵市江安工业制品公司
	账号	300200222211160		账号	830016005680689
	开户银行	工行顺德路支行		开户银行	工行二环路支行
金额	人民币（大写）叁拾贰万柒仟陆佰元整				千 百 十 亿 千 百 十 万 千 百 十 元 角 分 ¥ 3 2 7 6 0 0 0 0
票据种类	支票	票据张数	1		
票据号码	118768764		开户银行签章		
复核：侯东东　　记账：马艳艳					

（32）12 月 9 号购买的甲Ⅱ型原材料 1 300 千克 12 月 10 日已运到，并验收入库（原始凭证见 32-1）。

32-1

收　料　单

编号：1003

供货单位：
发票号码：　　　　　　　　　年　月　日　　　　　　　　收料仓库：

名称	单位	数量		实际成本				计划成本		差异额
		应收	实收	单价	金额	运费	合计	单价	合计	

仓库主管：赵尽美　　验收：孙华平　　经办人：李东东　　制单：郝丽丽

（33）12 月 10 日，购买办公用 KB-5 型设备两台，含税单价为 3 000 元。款项用支票支付，当日投入使用（原始凭证见 33-1 至 33-5）。

33-1

33-2

山西省增值税专用发票

2600072140　　　　　　　　　　　　　　　　　　　　　No.20303506

开票日期：2　　年 12 月 10 日

购货方	名　　称：江陵市江安工业制品公司 纳税人识别号：260069008650126 地址、电话：江陵市草桥路 68 号 68682262 开户行及账号：工行二环路支行 　　　　　　　　830016005680689	密码区	7<5_5+626>9<64*66+6* 加密版本：01 7>9*2113*5>16<5-5*6 2600072140 +5*5-26-5*48-5+512*>　20303506 01-130000252558484>>47

货物或应税劳务名称	规格型号	单位	数量	单价	金额	税率	税额
办公设备	KB-5	台	2	2 654.105	5 128.21	17%	871.79
合　计					￥5 128.21		￥871.79

价税合计 （大写）	⊗陆仟元整　　　　　（小写）￥6 000.00

销货方	名　　称：蓝天商贸公司 纳税人识别号：260026002362002 地址、电话：天台路 66 号 65002321 开户行及账号：工行吕业支行 200036030011022	备注： 203525454

收款人：李元标　　复核：张锦花　　开票人：张国富　　销货单位：（章）

第三联 发票联 购货方记账凭证

33-3

山西省增值税专用发票

2600072140　　　　　　　　　　　　　　　　　　　　　No.20303506

开票日期：2　　年 12 月 10 日

购货方	名　　称：江陵市江安工业制品公司 纳税人识别号：260069008650126 地址、电话：江陵市草桥路 68 号 68682262 开户行及账号：工行二环路支行 　　　　　　　　830016005680689	密码区	7<5_5+626>9<64*66+6* 加密版本：01 7>9*2113*5>16<5-5*6 2600072140 +5*5-26-5*48-5+512*>　20303506 01-130000252558484>>47

货物或应税劳务名称	规格型号	单位	数量	单价	金额	税率	税额
办公设备	KB-5	台	2	2 654.105	5 128.21	17%	871.79
合　计					￥5 128.21		￥871.79

价税合计 （大写）	⊗陆仟元整　　　　　（小写）￥6 000.00

销货方	名　　称：蓝天商贸公司 纳税人识别号：260026002362002 地址、电话：天台路 66 号 65002321 开户行及账号：工行吕业支行 200036030011022	备注： 203525454

收款人：李元标　　复核：张锦花　　开票人：张国富　　销货单位：（章）

第二联 抵扣联 购货方扣税凭证

33-4

固定资产交接单

固定资产类别：生产用设备　　20××年12月10日

项目名称	KB-5 设备	规格	KB-5	建设单位		建设方式		
原值	6 000.00	其中：安装费		年折旧额	1 200.00	年折旧率		20%
预计残值	1 000.00	预计清理费		预计使用年限		备注		
建造日期	20××.12.10	验收日期	20××.12.10	使用日期	20××			
移交单位	已验收20××年12月10日			接收单位	江安工业制品公司	负责人		华国六
		会计主管				会计主管		李伍
		主办人				主办人		张国宾

33-5

固定资产卡片

年　月　日填

类别		编号		预计使用年限　　年	原始价值									
					千	百	十	万	千	百	十	元	角	分
固定资产名称				预计残值　　　元										
规格及型号				预计清理费　　元										
建造单位				折旧方法	其中：安装费									
建造年份				年折旧率　　　%										
来源				分类折旧率　　%	变动后价值									
验收日期				取得时已用　　年										
技术特征				减少时已用　　年	年折旧额									
拨出单位				开始使用日期										
使用单位	年	月	使用单位	存放地点	已提折旧	年　月　日　元	月折旧额								
						年　月　日　元									
						年　月　日　元	备注：								

（34）12月10日，发放劳保用品500套，其中车间460套，厂部40套（原始凭证见34-1、34-2）。

34-1

周转材料出库单

领用部门：　　　　　　　年　月　日　　　　　　　编号：02

编号	类别	名称	规格	单位	数量		金额		第二联 会计记账联
					请领	实发	单价	总额	
		合计							
用途									

发料人：周华南　　记账：李记　　领料部门负责人：张岂明　　领料人：

34-2

周转材料出库单

领用部门：　　　　　　　　　年　月　日　　　　　　　　　编号：03

编号	类别	名称	规格	单位	数量		金额	
					请领	实发	单价	总额
		合　计						
用　途								

第二联　会计记账联

发料人：周华南　　　记账：李记　　　领料部门负责人：张岂明　　　领料人：正刚

（35）12月10日，在证券交易所出售宝钢股份16手（原始凭证见35-1）。

35-1

成交过户交割凭单

客户名称：江安工业制品公司　　20××年12月10日

证券代码　600019	证券名称　宝钢股份
买卖标志　卖	成交价格　17.00
	成交数量　1 600
	成交编号　660695
股东代码　A600778003	成交金额　27 200.00
	佣金　　　54.40
印花税 81.60	
过户费 2.70	备注
其他费 0	
打印次数：1次	打印日期：20××年12月10日

（36）12月10日，在证券交易所购买了中国石油化工股份有限公司当年发行的3 000股普通股作为交易性金融资产，每股价款为15元，另外支付股票交易手续费、交易佣金等共232.3元（原始凭证见36-1）。

36-1

成交过户交割凭单

客户名称：江安工业制品公司　　20××年12月10日

证券代码　600028	证券名称　中国石化
买卖标志　买	成交价格　15.00
	成交数量　3 000
	成交编号　668063
股东代码　A600778003	成交金额　45 000.00
	佣金　　　92.00
印花税 135.00	
过户费 5.30	备注
其他费 0	
打印次数：1次	打印日期：20××年12月10日

（37）12月10日，DY产品有320件完工入库（原始凭证见37-1）。

37-1

产 品 入 库 单

年 月 日　　　　　　　　　　　　　第 602 号

编号	名称	规格	单位	入库数量	单位成本	总成本	备注
合 计							

第二联　会计记账联

仓库主管：李梁　　　记账：梁小月　　　验收：张民青　　　制单：王二虎

提示：将产品入库单填写齐全（以下相同业务提示略）。

（38）12月10日，销售给蓝图公司DY产品200件，单价为700元，增值税率为17%，款项未收到（原始凭证见38-1、38-2）。

38-1

产 品 出 库 单

购货单位：　　　　　　年 月 日　　　　　　　　编号：8004

产品名称	规格型号	计量单位	出库数量	备注
合 计				

第三联　交财务记账

仓库主管：李梁　　　出库人：杜式分　　　记账：梁小月　　　制单：王二虎

38-2

山 西 省 增 值 税 专 用 发 票

2600072140　　　此联不作报销，扣税凭证使用　　　No.30026011

开票日期：12月10日

购货方	名　　　称：蓝图公司 纳税人识别号：260200025600899 地址、电话：海界路298号 55655656 开户行及账号：工行青工路支行 680366205646578	密码区	1<5_5+6\6>9<64*\+6* 加密版本：01 2>9*221\5>16\5-55*55 2600072140 +3*5-2\6-5*48-+\12*> 30026011 01-130000252558484>>47

货物或应税劳务名称	规格型号	单位	数量	单价	金额	税率	税额
模具	DY	件	200	700.00	140 000.00	17%	23 800.00
合 计					¥140 000.00		¥23 800.00
价税合计（大写）	⊗壹拾陆万叁仟捌佰元整　　（小写）¥163 800.00						

销货方	名　　　称：江陵市江安工业制品公司 纳税人识别号：260069008650126 地址、电话：江陵市草桥路68号 68682262 开户行及账号：工行二环路支行 830016005680689	备注：5600021 35

第一联　记账联　销货方记账凭证

收款人：王小燕　　复核：周同山　　开票人：成龙　　销货单位：（章）

（39）12月11日，LD-1产品有120件完工入库（原始凭证见39-1）。

39-1

产 品 入 库 单

年 月 日　　　　　　　　　第 603 号

编号	名称	规格	单位	入库数量	单位成本	总成本	备注
合　计							

第二联　会计记账联

仓库主管：李梁　　　记账：梁小月　　　验收：张民青　　　制单：王二虎

（40）12月11日，本公司12月7日销售给大诚公司的产品，因外观不符合客户设计要求，经协商本公司给予大诚公司10%的折让，已开出发票（原始凭证见40-1至40-4）。

40-1

应收货款折让及退货请示单

20××年12月11日　　　　　No.00021

购货单位	全称	大诚公司				
	税务登记号	260060018554566				
退货	货物名称	单价	数量	货款	税额	
索取折让	货物名称	货款	税额	要求		
				折让金额	折让税额	
	DY产品	350 000.00	59 500.00	35 000.00	5 950.00	
退货或索取折让理由	不符合设计要求		销售部门意见	同意折让	张华	
质检部门意见	同意 汤刘诚		分管领导审批	同意		

40-2

山西省增值税专用发票

2600072140　　此联不作报销、扣税凭证使用　　No.30026012

开票日期：　　　　　　　　　12月11日

购货方	名　称：大诚公司					密码区	6<5_5+6\6>9<64*\87 加密版本：01 5>9*221\5\16\5-5*555　2600072140 +4*5-2\6-5*4-5+52*>5　30026012 01-130000252558484>>47		
	纳税人识别号：260060018554566								
	地址、电话：白下路126号 63200362								
	开户行及账号：工行中一路支行 500630002208884								
货物或应税劳务名称	规格型号	单位	数量	单价	金额		税率	税额	
模具	DY	件	500	70.00	-35 000.00		17%	5 950.00	
合　计					-¥35 000.00			-¥5 950.00	
税合计（大写）	⊗肆万零玖佰伍拾元整　　（小写）-¥40 950.00								
销货方	名　称：江陵市江安工业制品公司					备注	56000 2135		
	纳税人识别号：260069008650126								
	地址、电话：江陵市草桥路68号 68682262								
	开户行及账号：工行二环路支行 830016005680689								

收款人：王小燕　　复核：周同山　　开票人：成龙　　销货单位：（章）

40-3

开具红字增值税专用发票申请单

20××年12月11日

No.2600361

销售方	名称	江陵市江安工业制品公司		购买方	名称	北华市大诚商业公司	
	税务登记代码	2610690			税务登记代码	2605585	
开具红字发票内容	货物（劳务）名称	单价	数量		金额	税额	
	DY	70.00	500		35 000.00	5 950.00	
	合计		500		¥35 000.00	¥5 950.00	
说明	需要作进项税额转出 不需要作进项税额转出 　　　纳税人识别号认证不符　　□ 　　　专用发票代码、号码认证不符　□ 　　　对应蓝字专用发票密码区内打印的代码： 　　　　　　　　　　　　　号码： 开具红字专用发票理由：销售折让						

申明：我单位提供的《申请单》内容真实，否则将承担相关法律责任。

购买方经办人：李大光　　购买方名称（印章）：北华市大诚商业公司

20××年12月11日

40-4

开具红字增值税专用发票通知单

20ＸＸ年12月11日　　　　　　　　　　　　　　　No.2600359

销售方	名称	江陵市江安工业制品公司	购买方	名称	北华市大诚商业公司
	税务登记代码	2610690		税务登记代码	2605585

开具红字发票内容	货物（劳务）名称	单价	数量	金额	税额
	DY	70.00	500	35 000.00	5 950.00
	合计		500	¥35 000.00	¥5 950.00

说明：
需要作进项税额转出
不需要作进项税额转出
　　纳税人识别号认证不符　□
　　专用发票代码、号码认证不符　□
　　对应蓝字专用发票密码区内打印的代码：
　　　　　　　　　　　　　号码：
开具红字专用发票理由：销售折让

经办人：华权芝　　负责人：胡菁菁　　主管税务机关名称（印章）：

注：1. 本通知单一式三联：第一联，购买方主管税务机关留存；第二联，购买方交销售方留存；第三联，购买方留存。
　　2. 通知单应与申请单一一对应。
　　3. 销售方应在开具红字专用发票后到主管税务机关进行核销。

（41）12月11日，本公司去年销售给长江公司的5件DY产品总价款为5 000元，增值税为850元，成本为3 500元。因质量严重不符合客户设计要求而退货，本公司已开出发票，货款已退，商品已验收入库（原始凭证见41-1至41-6）。

41-1

中国工商银行	中国工商银行 转账支票（晋）BY/02 00038465
转账支票存根	出票日期（大写）　年　月　日　　付款行名称：
支票号码：BY/02 00038465	收款人：　　　　　　　　　　　　　出票人账号：
附加信息：	人民币（大写）　亿 千 百 十 万 千 百 十 元 角 分
出票日期　年　月　日	
收款人：	用途：
金　额：	上列款项请从　　　　　复核　　　记账
用　途：	我账户内支付
单位主管　　会计	出票人签章

本支票付款期十天

3202000005678

41-2

应收货款折让及退货请示单

20×× 年 12 月 11 日　　　　　　　　　　　　　　　　No. 00022

购货单位	全称	长江商贸有限责任公司			
	税务登记号	260250000144457			
退货	货物名称	单价	数量	货款	税额
	DY	1 000	5	5 000.00	850.00
索取折让	货物名称	货款	税额	要求	
				折让金额	折让税额
退货或索取折让理由	不符合设计要求		销售部门意见	同意折让	张华
质检部门意见	同意 汤刘诚		分管领导审批	同意	

41-3

产品入库单

年　月　日　　　　　　　　　　　　　　　　第 604 号

编号	名称	规格	单位	入库数量	单位成本	总成本	备注
		合　计					

仓库主管：李梁　　记账：梁小月　　验收：张民青　　制单：王二虎

第二联 会计记账联

41-4

山西省增值税专用发票

2600072140　　此联不作报销、扣税凭证使用　　No.30023013

开票日期：20×× 年 12 月 11 日

购货方	名　称	长江公司			密码区	2<5_5+6\6>64*\8+7　加密版本：01		
	纳税人识别号	260250000144457				5>9*221\5>16\5-5-5 2600072140		
	地址、电话	有智路 454 号 52526568				+2*5-2\6-5*48-5\52* 30023013		
	开户行及账号	工行有智路支行 266655000212120				01-203656894856587>>42		
货物或应税劳务名称	规格型号	单位	数量	单价	金额	税率	税额
模具	DY	件	5	1 000.00	-5 000.00	17%	-850.00
合　计					-¥5 000.00		-¥850.00
价税合计（大写）	⊗伍仟捌佰伍拾元整　　　　（小写）-¥5 850.00						
销货方	名　称	江陵市江安工业制品公司				备注 560002135		
	纳税人识别号	260069008650126						
	地址、电话	江陵市草桥路 68 号 68682262						
	开户行及账号	工行二环路支行 830016005680689						

收款人：王小燕　　复核：周同山　　开票人：成龙　　销货单位：（章）

第一联 记账联 销货方记账凭证

41-5

开具红字增值税专用发票申请单

20×× 年 12 月 11 日　　　　　　　　　　　No.2600368

销售方	名称	江陵市江安工业制品公司	购买方	名称	长江商贸有限责任公司
	税务登记代码	2610690		税务登记代码	2600236

开具红字发票内容	货物（劳务）名称	单价	数量	金额	税额
	DY	1 000.00	5	5 000.00	850.00
	合计		5	¥5 000.00	¥850.00

说明	需要作进项税额转出 不需要作进项税额转出 　　纳税人识别号认证不符　　□ 　　专用发票代码、号码认证不符　□ 　　对应蓝字专用发票密码区内打印的代码： 　　　　　　　　　　　号码： 开具红字专用发票理由：退货

申明：我单位提供的《申请单》内容真实，否则将承担相关法律责任。
购买方经办人：张昕花　　购买方名称（印章）：

20×× 年 12 月 11 日

41-6

开具红字增值税专用发票通知单

20×× 年 12 月 11 日　　　　　　　　　　　No.2600369

销售方	名称	江陵市江安工业制品公司	购买方	名称	长江商贸有限责任公司
	税务登记代码	2610690		税务登记代码	2600236

开具红字发票内容	货物（劳务）名称	单价	数量	金额	税额
	DY	1 000.00	5	5 000.00	850.00
	合计		5	¥5 000.00	¥850.00

说明	需要作进项税额转出 不需要作进项税额转出 　　纳税人识别号认证不符　　□ 　　专用发票代码、号码认证不符　□ 　　对应蓝字专用发票密码区内打印的代码： 　　　　　　　　　　　号码： 开具红字专用发票理由：退货

经办人：华权芝　　负责人：胡菁菁　　主管税务机关名称（印章）：

注：1. 本通知单一式三联：第一联，购买方主管税务机关留存；第二联，购买方交销售方留存；第三联，购买方留存。
　　2. 通知单应与申请单一一对应。
　　3. 销售方应在开具红字专用发票后到主管税务机关进行核销。

（42）12月11日，DY产品350件完工入库（原始凭证见42-1）。

42-1

产品入库单

年　月　日　　　　　　　　　　　　　第 605 号

编号	名称	规格	单位	入库数量	单位成本	总成本	备注
	合　计						

第二联　会计记账联

仓库主管：李梁　　记账：梁小月　　验收：　　制单：王二虎

（43）12月11日，销售周转材料工具10件，单价为300元，增值税率为17%。收到现金3 510元，并于当日送存入银行，工具成本为2 000元（原始凭证见43-1至43-3）。

43-1

山西省增值税专用发票

2000672140　　此联不作报销，扣税凭证使用　　No.30026014

开票日期：　　年 12 月 11 日

购货方	名　　称：会华公司 纳税人识别号：262000001244545 地址、电话：胡同路66号 85520012 开户行及账号：工行西贡路支行 190020090900202	密码区	5<5_5+*56>9<64*\8\6 加密版本：01 8>9*221\5>16\5-55244 2000672140 +9*5+2\6-5*48-5-25*6 30026014 01-203656894856587>>42

货物或应税劳务名称	规格型号	单位	数量	单价	金额	税率	税额
周转材料	Ⅰ型工具	件	10	300	3 000.00	17%	510.00
合　计					¥3 000.00		¥510.00

价税合计 （大写）	⊗叁仟伍佰壹拾元整　　　（小写）¥3 510.00

销货方	名　　称：江陵市江安工业制品公司 纳税人识别号：260069008650126 地址、电话：江陵市草桥路68号 68682262 开户行及账号：工行二环路支行 830016005680689

备注：56000213 5

收款人：王小燕　　复核：周同山　　开票人：成龙　　销货单位：（章）

43-2

中国工商银行现金缴款单（回单）1

20××年12月11日

收款人	全称	江陵市江安工业制品公司										
	账号	830016005680689	款项来源			销货款						
	开户银行	工行二环路支行										
人民币（大写）叁仟伍佰壹拾元整				百	十	万	千	百	十	元	角	分
						￥	3	5	1	0	0	0
票面 100	张数 30	票面 50	张数 10	票面 10	张数 1	复核	出纳	银行盖章： 20××年12月11日				

43-3

周转材料出库单

领用部门：　　　　　　　　　　年　月　日　　　　　　　　编号：04

编号	类别	名称	规格	单位	数量		金额	
					请领	实发	单价	总额
		合计						
用途								

发料人：周华南　　记账：李记　　领料部门负责人：张岂明　　领料人：正刚

（44）12月12日，因天仪厂发生严重财务困难，预计5 000元货款无法收回，已按规定程序申请批准予以核销（原始凭证见44-1）。

44-1

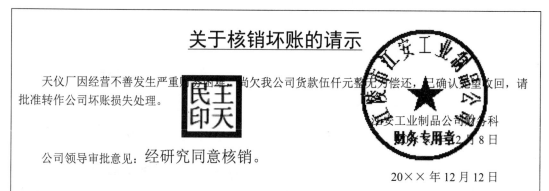

（45）12月13日，收到银行转来的收账通知，田野公司预付购货款66 000元已存入银行（原始凭证见45-1）。

45-1

中国工商银行信汇凭证（收账通知） 4

委托日期 20××年12月5日

	汇款人		收款人		
全称	田野公司	全称	江陵市江安工业制品公司		
账号	300020000244778	账号	830016005680689		
汇出地点	山西省江东市	汇入地点	山西省江陵市		

金额	人民币（大写）陆万陆仟元整	亿 千 百 十 万 千 百 十 元 角 分
		¥ 6 6 0 0 0 0 0

汇款用途：购货款

留行待取预留 收款人印鉴

科目（借）

对方科目（贷）

汇入行盖章 年 月 日

复核 出纳

记账

此联收款人开户银行在款项收妥后给收款人的收账通知

（盖章：工行江陵市二平街支行 20××年12月13日 汇入行盖章）
（盖章：款项已收妥 20××年12月13日）
（盖章：江陵市江安工业制品公司 财务专用章 20××年12月13日）
（印章：王天民印）

（46）12月13日，报销职工医疗费3 260元，支付职工困难补助4 760元（原始凭证见46-1）。

46-1

困难职工补助支付凭单

No. 0678

（47）12月13日，企业购买甲Ⅱ型原材料1 200千克，增值税专用发票上标明价款为120 000元，增值税为20 400元；购买乙Ⅱ型原材料1 000千克，增值税专用发票上标明价款为50 000元，增值税为8 500元。运杂费（按重量分配）为2 200元，材料均已验收入库。货款及增值税用存款支付，运杂费用现金支付（原始凭证见47-1至47-6）。

47-1

山西省增值税专用发票

2600072140　　　发票联　　　No.00360266

开票日期：　　年 12 月 13 日

购货方	名　称：江陵市江安工业制品公司 纳税人识别号：260069008650126 地址、电话：江陵市草桥路 68 号 68682262 开户行及账号：工行二环路支行 　　　　　　　830016005680689	密码区	1<5_5+*56>9<641246 加密版本：01 1>2*21\5>16\5-5\88*942 600072140 +1*1+2\6-5*48-5442\55 00360266 01-256564411122353>>21

货物或应税劳务名称	规格型号	单位	数量	单价	金　额	税率	税　额
泥料	甲Ⅱ	千克	1 200	100.00	120 000.00	17%	20 400.00
泥料	乙Ⅱ	千克	1 000	50.00	50 000.00	17%	8 500.00
合　计					￥170 000.00		￥28 900.00

价税合计（大写）	⊗壹拾玖万捌仟玖佰元整　　（小写）￥198 900.00

销货方	名　称：会华工业制品有限公司 纳税人识别号：262000001244545 地址、电话：胡同路 66 号 85520012 开户行及账号：工行西贡路支行 190020090900202	备注： 000369869

收款人：单超　　复核：杨薄平　　开票人：孙小同　　销货单位：（章）

47-2

中国工商银行 **转账支票存根** 支票号码：BY/02 00038466 附加信息 出票日期　年　月　日 收款人： 金　额： 用　途： 单位主管　　会计	中国工商银行　**转账支票**（晋）BY/02 00038466 出票日期（大写）　年　月　日　　付款行名称： 本支票付款期十天　收款人：　　　　　　　　　　出票人账号： 人民币（大写）｜亿｜千｜百｜十｜万｜千｜百｜十｜元｜角｜分｜ 用途_____ 上列款项请从　　　320200005678 我账户内支付　　复核　　记账 出票人签章

47-3

山西省国家税务局通用机打发货票

发票联

发票代码 566340038126

开票日期：20××-12-13　　行业分类：　　　发票号码 No.35223012

| 付款方名称：江陵市江安工业制品公司 | 付款方识别号：260069008650126 |
| 付款方地址：江陵市草桥路68号 | 付款方电话：68682262 |

| 开票项目 | 规格/型号 | 单位 | 数量 | 单价 | 金额 |
| 国内运输服务 | | | | | 2 200.00 |

备注：
总计金额：¥2 200.00　　　　　　　　　　金额大写：贰仟贰佰元整
收款方名称：吉昌是路畅通货运有限公司　　收款方识别号：21215945869584562325122333
　　　　　　　　　　　　　　　　　　　　收款方银行账号：226262323532
收款方银行名称：中国交通银行有限公司滑可支行　收款方地址：大马路126号
收款方电话：2328662　　　　　　　　　　开票人：严洁浩
查验码：22335945800084562……　　　查验网址：http://etax.sxgs.gov.cn

第一联 发票联 付款方作为付款凭证

47-4

山西省增值税专用发票

2600072140　　　　　　　　　　　　　　　　　No.00360266

抵扣联

开票日期：20××年12月13日

| 购货方 | 名　　称：江陵市江安工业制品公司
纳税人识别号：260069008650126
地址、电话：江陵市草桥路68号 68682262
开户行及账号：工行二环路支行
　　　　　　　830016005680689 | 密码区 | 1<5_5+*56>9<641246 加密版本：01
1>2*21\5>16\5-5\88*94　2600072140
+1*1+2\6-5*48-5442\55　00360266
01-256564411122353>>21 |

货物或应税劳务名称	规格型号	单位	数量	单价	金额	税率	税额
泥料	甲Ⅱ	千克	1 200	100.00	120 000.00	17%	20 400.00
泥料	乙Ⅱ	千克	1 000	50.00	50 000.00	17%	8 500.00
合　计					¥170 000.00		¥28 900.00

| 价税合计（大写） | ⊗壹拾玖万捌仟玖佰元整　　（小写）¥198 900.00 |

| 销货方 | 名　　称：会华工业制品有限公司
纳税人识别号：262000001244545
地址、电话：胡同路66号 85520012
开户行及账号：工行西贡路支行 190020090900202 | 备注：
000369869 |

收款人：单超　　复核：杨薄平　　开票人：孙小同　　销货单位：（章）

第二联 抵扣联 购货方扣税凭证

47-5

运杂费用分配表

年 月 日　　　　　　　　　　　　　　　　　　No.0023

受益对象	分配标准（千克）	分配率	分配金额
合　计			

复核：周同山　　　　　　　　　　　　　　　制表：郝丽丽

提示： 计算并填制运杂费用分配表（以下相同业务提示略）。

47-6

收 料 单

No.1004

供货单位：

发票号码：　　　　　　　　年　月　日　　　　收料仓库：

名称	单位	数量		实际成本				计划成本		差异额
		应收	实收	单价	金额	运费	合计	单价	合计	

仓库主管：赵尽美　　验收：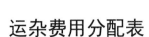　　经办人：李东东　　制单：郝丽丽

（48）12月14日，生产车间因生产DY产品的需要，领用包装箱476个（原始凭证见48-1）。

48-1

周转材料出库单

领用部门：　　　　　　　　　年　月　日　　　　　编号：05

编号	类别	名称	规格	单位	数量		金额	
					请领	实发	单价	总额
合　计								
用　途								

第二联 会计记账联

发料人：周华南　　记账：李记　　领料部门负责人：张岂明　　领料人：正刚

（49）12月14日，发出甲Ⅱ型原材料600千克，计划单价为100元，全部用于DY产品生产；发出乙Ⅱ型原材料440千克，计划单价为50元，其中200千克用于LD-1产品生产，240千克用于LD-2产品生产（原始凭证见49-1、49-2）。

49-1

领 料 单

领用部门：　　　　　　　　　年 月 日　　　　　　　　　编号：2005

用 途	名 称	单 位	数　量		金　额	
			请 领	实 发	计划单位成本	总 额
合　计						

发料人：周华南　　　记账：李记　　　领料部门负责人：张岂明　　　领料人：正刚

49-2

领 料 单

领用部门：　　　　　　　　　年 月 日　　　　　　　　　编号：2006

用 途	名 称	单 位	数　量		金　额	
			请 领	实 发	计划单位成本	总 额
合　计						

发料人：周华南　　　记账：李记　　　领料部门负责人：张岂明　　　领料人：正刚

（50）12月15日，发生产品研究开发支出50 000元，进行转账支付，该产品目前处于研究阶段（原始凭证见50-1、50-2）。

50-1

中国工商银行　转账支票存根

支票号码：BY/02 00038467
附加信息：＿＿＿＿＿＿＿＿＿
＿＿＿＿＿＿＿＿＿＿＿＿＿＿
出票日期 年 月 日
收款人：
金　额：
用　途：
单位主管　　会计

中国工商银行　转账支票（晋） BY/02 00038467

出票日期（大写）　年　月　日　　付款行名称：
收款人：　　　　　　　　　　　　出票人账号：

人民币（大写）	亿	千	百	十	万	千	百	十	元	角	分

用途：
上列款项请从　　　3202000005678
我账户内支付　　　复核　　记账
出票人签章

50-2

山西省国家税务局通用机打发货票

发票代码 300240038625

开票日期：20××-12-15　　行业分类：　　发票号码 No.22623235

付款方名称：江陵市江安工业制品公司	付款方识别号：260069008650126
付款方地址：江陵市草桥路68号	付款方电话：68682262

开票项目	规格/型号	单位	数量	单价	金额
产品研发					50 000.00

备注：

总计金额：¥50 000.00　　　　　　　　金额大写：伍万元整

收款方名称：江陵市科海研发中心　　收款方识别号：22335645869584562325 15682

收款方银行账号：236262321221

收款方银行名称：中国建设银行股份有限公司大张支行　　收款方地址：天津路116号

收款方电话：2328662　　　　　　　　开票人：满清照

查验码：2233594580008456232556586　　查验网址：http://etax.sxgs.gov.cn

第一联　发票联　付款方作为付款凭证

（51）12月16日，收到大众公司投入资本金1 380 000元，投资后大众公司享有江安工业制品公司的股权份额为1 250 000元（原始凭证见51-1至51-3）。

51-1

收　据

客户名称：大众公司　　　　20××年12月16日　　　　No.16920311

内容	项目名称	金额								
		亿	千	百	十	万	千	百	十	元	角	分
投资款					1	3	8	0	0	0	0	0

合计人民币（大写）壹佰叁拾捌万元整　　（小写）¥1 380 000.00

收款人：王小燕　　复核：周同山　　开票人：成龙　　销货单位：（章）

第三联　收据

51-2

投资协议书

　　大众公司与江安工业制品公司经协商，大众公司向江安工业制品公司投入资本金壹佰叁拾捌万元人民币，投资后大众公司享有江安工业制品公司20%的股权……

大众公司签章：　　　　　　　江安工业制品公司签章：

大众公司法人代表签章：　　　江安工业制品公司法人代表签章：

20××年12月16日　　　　　　20××年12月16日

51-3

中国工商银行进账单（回单） 1

20××年12月16日

出票人	全称	大众公司	收款人	全称	江陵市江安工业制品公司
	账号	200400630845631		账号	830016005680689
	开户银行	工行三江路支行		开户银行	工行 二环路支行

金额	人民币（大写）壹佰叁拾捌万元整	亿 千 百 十 万 千 百 十 元 角 分
		¥ 1 3 8 0 0 0 0 0

票据种类	支票	票据张数	1	开户银行签章
票据号码	11332665			（工行江陵市二环路支行 20××.12.16 转讫）

复核：侯东东　　记账：马艳艳

（52）12月16日，企业购买甲Ⅱ型原材料1 200千克，单价为105元，增值税率为17%，已经验收入库；购买乙Ⅱ型原材料1 200千克，单价为50元，增值税率为17%，已经验收入库；销售方代垫运杂费（按重量比例分配）2 400元。款项均已支付（原始凭证见52-1至52-6）。

52-1

中国工商银行
转账支票存根
支票号码：BY/02 00038468
附加信息
_____
_____
出票日期　年　月　日
收款人：
金　额：
用　途：
单位主管　　会计

中国工商银行 转账支票（晋）BY/02 00038468
出票日期（大写）　年　月　日　　付款行名称：
收款人：　　　　　　　　　　　　出票人账号：

人民币（大写）	亿	千	百	十	万	千	百	十	元	角	分

用途：_____
上列款项请从　　320200005678
我账户内支付　　复核　　记账
出票人签章

52-2

山西省增值税专用发票

2600072140　　　　　　　　　　　　　　　　　　　No.00128522

开票日期：　　年 12 月 16 日

购货方	名　　称：江陵市江安工业制品公司 纳税人识别号：260069008650126 地址、电话：江陵市草桥路 68 号 68682262 开户行及账号：工行二环路支行 　　　　　　　830016005680689	密码区	6<5_5+*56>9<64\5\64 加密版本：01 5>4*21\5>16\5-5\811*94 2600072140 +4*1+2\6-58-544*2*522 00128522 01-200000365665848>>01

货物或应税劳务名称	规格型号	单位	数量	单价	金　额	税率	税额
泥料	甲Ⅱ	千克	1 200	105.00	126 000.00	17%	21 420.00
泥料	乙Ⅱ	千克	1 200	50.00	60 000.00	17%	10 200.00
合　计					¥186 000.00		¥31 620.00

价税合计（大写）	⊗贰拾壹万柒仟陆佰贰拾元整　　（小写）¥217 620.00

销货方	名　　称：会华工业制品有限公司 纳税人识别号：262000001244545 地址、电话：胡同路 66 号 85520012 开户行及账号：工行西贡路支行 190020090900202

收款人：单超　　复核：杨薄平　　开票人：孙小同　　销货单位：（章）

52-3

收　料　单

No. 1005

供货单位：

发票号码：　　　　　　　　　　年　月　日　　　　收料仓库：

名称	单位	数量		实际成本				计划成本		差异额
		应收	实收	单价	金额	运费	合计	单价	合计	

仓库主管：赵尽美　　验收：孙华平　　经办人：李东东　　制单：郝丽丽

52-4

山西省国家税务局通用机打发货票

（江陵市国家税务局监制 章） 第一联 发票联 付款方作为付款凭证

发票代码 2235640032635
开票日期：20××-12-16   行业分类：   发票号码 33256532

| 付款方名称：江陵市江安工业制品公司 | 付款方识别号：260069008650126 |
| 付款方地址：江陵市草桥路68号 | 付款方电话：68682262 |

| 开票项目 | 规格/型号 | 单位 | 数量 | 单价 | 金额 |
| 国内运输服务 | | | | | 2 400.00 |

备注：

总计金额：¥2 400.00   金额大写：贰仟肆佰元整

收款方名称：北安市顺通运输公司   收款方识别号：33265945869584562325612555
收款方银行账号：363562323564
收款方银行名称：中国农业银行股份有限公司北安市运河支行   收款方地址：五一路126号
收款方电话：55666623   开票人：严彬
查验码：23235945869584562325632155   查验网址：http://etax.jsgs.gov.cn

（北安市顺通运输公司 00032300l 发票专用章）

52-5

山西省增值税专用发票

2600072140   （抵扣联）   No.00128522

开票日期：××××年12月16日

购货方	名　称：江陵市江安工业制品公司	密码区	6<5_5+*56>9<64\5\64 加密版本：01
	纳税人识别号：260069008650126		5>4*21\5>16\5-5\811*94 2600072140
	地址、电话：江陵市草桥路68号 68682262		+4*1+2\6-58-544*2*522 00128522
	开户行及账号：工行二环路支行		01-200000365665848>>01
	830016005680689		

货物或应税劳务名称	规格型号	单位	数量	单价	金额	税率	税额
泥料	甲Ⅱ	千克	1 200	105.00	126 000.00	17%	21 420.00
泥料	乙Ⅱ	千克	1 200	50.00	60 000.00	17%	10 200.00
合　计					¥186 000.00		¥31 620.00

价税合计（大写）：⊗贰拾壹万柒仟陆佰贰拾元整   （小写）¥217 620.00

销货方	名　称：会华工业制品有限公司
	纳税人识别号：262000001244545
	地址、电话：胡同路66号 85520012
	开户行及账号：工行西贡路支行 190020090900202

（会华工业制品有限公司 000369869 发票专用章）

收款人：单超   复核：杨薄平   开票人：孙小同   销货单位：（章）

52-6

运杂费用分配表

年 月 日　　　　　　　　　　　　　　　　　　　　　No.0023

受益对象	分配标准（千克）	分配率	分配金额
合　计			

复核：周同山　　　　　　　　　　　　　　　　制表：郝丽丽

（53）12月17日，收到现金13 000元，系房屋对外出租的租金收入，已存入银行（原始凭证见53-1、53-2）。

53-1

中国工商银行现金缴款单（回单）　1

20××年12月17日

收款人	全称	江陵市江安工业制品公司		
	账号	830016005680689	款项来源	房屋租金
	开户银行	工行二环路支行	款项类别	

人民币（大写）壹万叁仟元整　　　￥ 1 3 0 0 0 0 0

票面	张数	票面	张数	票面	张数	复核	
100	100	50	60			出纳	银行盖章 20××年12月17日

第一联　缴款单位留存

53-2

山西省国家税务局通用机打发货票

发票代码 300156785612

开票日期：20××-12-17　行业分类：　　发票号码 56012368

付款方名称：王安君　　　　付款方识别号：
付款方地址：五一路126号　　付款方电话：55666623

开票项目	规格/型号	单位	数量	单价	金额
房屋租赁					13 000.00

备注：
总计金额：¥13 000.00　　　　金额大写：壹万叁仟元整
收款方名称：江陵市江安工业制品公司　收款方识别号：260069008650126
收款方银行账号：　　　　　　　收款方地址：江陵市草桥路68号
收款方银行名称：　　　　　　　开票人：
收款方电话：68682262
查验码：23235945869584562556321　查验网址：http://etax.jsgs.gov.cn

第二联　记账联　收款方作为收款凭证

（54）12月17日，LD-2产品完工入库120件（原始凭证见54-1）。

54-1

产　品　入　库　单

年　月　日　　　　　　　　　　　　　第 606 号

编号	名称	规格	单位	入库数量	单位成本	总成本	备注
	合计						

仓库主管：李梁　　记账：梁小月　　验收：张民青　　制单：王二虎

第二联　会计记账

（55）12月17日，向得乐公司销售DY商品120台，单价为700元，增值税率为17%（原始凭证见55-1、55-2）。

55-1

产　品　出　库　单

购货单位：　　　　　年　月　日　　　　　　　　编号：8005

产品名称	规格型号	计量单位	出库数量	备注
	合计			

仓库主管：李梁　　出库人：杜式分　　记账：梁小月　　制单：王二虎

第三联　交财务记账

55-2

山西省增值税专用发票

2600072140　此联不作报销、扣税凭证使用　No.30026015

开票日期：20×× 年 12 月 17 日

购货方	名　　称：	得乐公司	密码区	7<5_5+*56>9<64\5*64 加密版本：01
	纳税人识别号：	266008788879744		7>4*21\5>16\5-5\81*99 2600072140
	地址、电话：	国防路 47 号 82345686		+5*1+2\6-58-544*2\89* 30026015
	开户行及账号：	工行淡薄路支行 500000668444545		01-200000365665848>>01

货物或应税劳务名称	规格型号	单位	数量	单价	金额	税率	税额
模具	DY	件	120	700.00	84 000.00	17%	14 280.00
合计					￥84 000.00		￥14 280.00

价税合计（大写）	⊗玖万捌仟贰佰捌拾元整	（小写）￥98 280.00

销货方	名　　称：	江陵市江安工业制品公司
	纳税人识别号：	260069008650126
	地址、电话：	江陵市草桥路 68 号 68682262
	开户行及账号：	工行二环路支行 830016005680689

收款人：王小燕　　复核：周同山　　开票人：成龙　　销货单位：（章）

第一联　记账联　销货方记账凭证

（56）12 月 17 日，DY 产品有 300 件完工入库（原始凭证见 56-1）。

56-1

产 品 入 库 单

年　月　日　　　　　　　　　　　　　　　　　　　第 607 号

编号	名称	规格	单位	入库数量	单位成本	总成本	备注
	合　计						

仓库主管：李梁　　记账：梁小月　　验收：张民青　　制单：王二虎

第二联　会计记账联

（57）12 月 18 日，企业有一台 WE-6 型设备无法正常使用，经批准予以报废，该固定资产原价为 370 000 元，预计使用 6 年，已使用 4 年零 10 个月，净残值为 10 000 元，采用平均使用年限法计提折旧（原始凭证见 57-1）。

57-1

固定资产报废单

20××年12月18日

型号规格	单位	数量	预计使用年限	已使用年限	原值	已提折旧	残料价值
WE-6	台	1	6年	4年零10个月	370 000.00	290 000.00	10 000.00

报废原因	无法正常使用			
使用部门	技术鉴定	管理部门		主管部门
生产车间	已不能正常使用	同 意 报 废		同意报废
签章：成高龙	签章：李权	签章：李沈华		签章：张艺武

(58) 12月18日，用现金支付WE-6型设备清理费600元（原始凭证见58-1）。

58-1

山西省国家税务局通用机打发货票

发票代码 202040032232
开票日期：20××-12-18　　行业分类：　　发票号码 23566542

| 付款方名称：江陵市江安工业制品公司 | 付款方识别号：260069008650126 |
| 付款方地址：江陵市草桥路68号 | 付款方电话：68682262 |

开票项目	规格/型号	单位	数量	单价	金额
清理费用					600.00

备注：
总计金额：¥600.00　　　　金额大写：陆佰元整

收款方名称：江陵市普华设备安装公司
收款方银行名称：中国工商银行股份有限公司江陵支行
收款方电话：666666
查验码：23235945869584562325

收款方识别号：222694586934456232532232
收款方银行账号：363562323235
收款方地址：建设一街166号
开票人：张光彬
查验网址：http://etax.sxgs.gov.cn

第一联　发票联　付款方作为付款凭证

(59) 2月18日，现金盘点发现库存现金短缺600元（原始凭证见59-1）。

59-1

现金盘点报告单

年　月　日

盘点日期	账面金额	实际库存	长款	短款	原因	处理意见

财务科长：李伍　　会计：梁小月　　出纳：王小燕　　盘点人：张同力

提示：将现金盘点报告单填写齐全。

（60）12月19日，发出甲Ⅱ型原材料2 000千克，计划单价为100元，全部用于DY产品生产；发出乙种Ⅱ型原材料980千克，计划单价为50元，全部用于LD-1产品生产（原始凭证见60-1、60-2）。

60-1

领 料 单

领用部门：　　　　　　　　　年 月 日　　　　　　　　　编号：2007

用　途	名　称	单　位	数量		金　额	
			请　领	实　发	计划单位成本	总　额
合　计						

发料人：周华南　　记账：李记　　领料部门负责人：张岂明　　领料人：正刚

60-2

领 料 单

领用部门：　　　　　　　　　年 月 日　　　　　　　　　编号：2008

用　途	名　称	单　位	数量		金　额	
			请　领	实　发	计划单位成本	总　额
合　计						

发料人：周华南　　记账：李记　　领料部门负责人：张岂明　　领料人：正刚

（61）12月19日，经批准，短缺现金中400元由出纳员李煜赔偿，余下的200元准予转销（原始凭证见61-1、61-2）。

61-1

收 款 收 据

20××年12月19日　　　　　　　　　　　　No.020006612

今收到　　　　　　　出纳员李煜

交来　　　　　　　　现金短缺赔款

人民币（大写）　肆佰元整　　　　　　（小写）¥400.00

现　金　收　讫

缴款人：李煜　　　收款人：王小燕　　　收款单位盖章：

61-2

现金盘点处理报告

20××年12月19日

事项内容：
　　12月18日现金盘点发现现金短缺600元，经查实其中400元系出纳员李煜多付款所致，另外的200元无法查明原因。

处理意见：
　　出纳员李煜多付的400元由出纳员李煜赔偿，另外的200元转为管理费用。

领导审批意见：（签章）杨伍　　　　　　清查小组负责人：（签章）郭正刚
　　20××年12月19日　　　　　　　　　　　　200××年12月19日

（62）12月19日，WE-6型设备清理完毕，出售残料，收到1 350元的转账支票一张，已送存银行（原始凭证见62-1、62-2）。

62-1

中国工商银行（回单）1

20××年12月19日

出票人	全称	江陵市友华物资回收公司	收款人	全称	江陵市江安工业制品公司
	账号	900889966698987		账号	830016005680689
	开户银行	工行新春路支行		开户银行	工行江陵市二里路支行
金额	人民币（大写）壹仟叁佰伍拾元整				亿千百十万千百十元角分 　　　　　　　1 3 5 0 0 0
票据种类	支票	票据张数	1		
票据号码		30026568			
复核：		记账：	开户银行签章		

62-2

山西省国家税务局通用机打发货票

开票日期：20××-12-19	发票代码 211340031131
行业分类：	发票号码 23566542

付款方名称：江陵市江安工业制品公司	付款方识别号：260069008650126
付款方地址：江陵市草桥路68号	付款方电话：68682262

开票项目	规格／型号	单位	数量	单价	金额
废铁料					600.00

备注：

总计金额：¥600.00	金额大写　陆佰元整
收款方名称：江陵市宏伟物资回收公司	收款方识别号：63325945869584562325 2231
收款方银行名称：中国工商银行股份有限公司技江路支行	收款方银行账号：363562323235
收款方电话：83252126	收款方地址：建设路78号
	开票人：汤倩倩
查验码：30015945869584562325 2231	查验网址：http://etax.sxgs.gov.cn

（63）12月20日，以银行存款支付管理部门用固定资产的维修费用12 000元（原始凭证见63-1至63-3）。

63-1

中国工商银行 转账支票存根	中国工商银行 转账支票（晋）BY 02 00038470
支票号码：BY 02 00038470 附加信息： 出票日期 年 月 日 收款人： 金额： 用途： 单位主管 会计	出票日期（大写） 年 月 日 付款行名称： 收款人： 出票人账号： 人民币（大写） 亿 千 百 十 万 千 百 十 元 角 分 用途： 上列款项请从 我账户内支付 320200005678 复核 记账 出票人签章

63-2

山西省增值税专用发票

2600072140　　发票联　　No.06030332

开票日期：20　　年12月20日

购货方	名　　称：江安工业制品公司 纳税人识别号：260069008650126 地址、电话：江陵市草桥路68号 68682262 开户行及账号：工行二环路支行 　　　　　　　830016005680689	密码区	8<5_4+*54>9<62\5*34 加密版本：01 8>4*33\5>16\5-511*19 2600072140 +2*1+5\6-58-544*2\85* 06030332 01-265000120300444>>85

货物或应税劳务名称	规格型号	单位	数量	单价	金额	税率	税额
修理费	设备	台	11	10 256.41	10 256.41	17%	1 743.59
合　计					¥10 256.41		¥1 743.59

价税合计（大写）	⊗壹万贰仟元整　　（小写）¥12 000.00

销货方	名　　称：江陵市青蓝办公设备维修公司 纳税人识别号：268940060055564 地址、电话：消防北路54号 50904532 开户行及账号：工行创业路支行 40050062658795	备注： 520036336

收款人：韩琳琳　　复核：周东升　　开票人：张中华　　销货单位：（章）

第三联　发票联　购货方记账凭证

63-3

山西省增值税专用发票

2600072140　　　　抵扣联　　　　No.06030332

开票日期：20×× 年 12 月 20 日

购货方	名　称：江安工业制品公司 纳税人识别号：260069008650126 地址、电话：江陵市草桥路68号 68682262 开户行及账号：工行二环路支行 　　　　　　　830016005680689	密码区	8<5_4+*54>9<62\5*34 加密版本：01 8>4*33\5>16\5-511*19 2600072140 +2*1+5\6-58-544*2\85* 06030332 01-265000120300444>>85

货物或应税劳务名称	规格型号	单位	数量	单价	金额	税率	税额
修理费	设备	台	1	10 256.41	10 256.41	17%	1 743.59
合　计					¥10 256.41		¥1 743.59

价税合计（大写）	⊗壹万贰仟元整　　　（小写）¥12 000.00

销货方	名　称：江陵市青蓝办公设备维修公司 纳税人识别号：268940060055564 地址、电话：消防北路54号 50904532 开户行及账号：工行创业路支行 40050062658795	备注： 5200 36 336

收款人：韩琳琳　　复核：周东升　　开票人：张中华　　销货单位：（章）

（64）12月21日，收到银行存款利息清单，利息2 010元已入账（原始凭证见64-1）。

64-1

中国工商银行存款利息清单

账号：830016005680689　　20×× 年12月21日　　No.62000566

单位全称：江安工业制品公司	结算户账号	830016005680689
计息起止日期	20×× 年9月21日至20×× 年12月20日	
计息户账号	计息积数	利率‰	利息金额
	12 562 500.32	0.16‰	2 010.00

制单：刘华　　　　复核：王小文

（65）12月21日，收到职工郭海丰违章操作罚款100元（原始凭证见65-1）。

65-1

收 款 收 据

20×× 年12月21日　　No.21003355

今收到　郭海丰

交来　职工违章操作罚款

人民币（大写）壹佰元整　　　（小写）¥100.00

缴款人：郭海丰　　收款人：王小燕　　收款单位盖章：

（66）12月21日，生产车间张海南出差回来报销差旅费1 320元，并交回剩余现金（原始凭证见66-1至66-3）。

66-1

差 旅 费 报 销 单

出差人：张海南　　职务：主任　　20××年12月21日

起止日期	起止地点	汽车费	火车费	飞机费	途中补助	住宿费	住勤补助	杂费	合计（元）	单据（张）
12.4—12.19	江陵—海州		180		4×30	11×80	11×10	30	1 320	12
合计			180		120	880	110	30	¥1 320.00	

合计报销金额（大写）壹仟叁佰贰拾元整　　　　　　（小写）¥1 320.00

　　会计：李一民　　　　复核：【王小文】　　　　报销人（签章）：张海南

66-2

借　据

20××年12月4日

借款单位：车间　　　　借款人：张海南
借款理由：出差
借款金额：人民币（大写）壹仟伍佰元整　　　（小写）¥1500.00
上列款项已于20××年12月21日全部结清
报销金额 ¥1 320.00
退还金额 ¥180.00
补付金额

第二联 报销时记账

　　复核：【王小文】　　　　　　会计：李一民

【现金收讫】

66-3

借　据

20××年12月4日

借款单位：车间　　　　借款人：张海南
借款理由：出差
借款金额：人民币（大写）壹仟伍佰元整　　　（小写）¥1 500.00
上列款项已于20××年12月21日全部结清
报销金额 ¥1 320.00
退还金额 ¥180.00
补付金额

第三联 退还借款人

【现金收讫】

　　复核：【王小文】　　　　　　会计：李一民

提示：借据第三联不作原始凭证处理。

(67) 12月21日，向田野公司销售 LD-1 产品 100 件，单价为 650 元，增值税税率为 17%，款项已预收（原始凭证见 67-1、67-2）。

67-1

产品出库单

购货单位：　　　　　　　　年 月 日　　　　　　　　编号：8006

产品名称	规格型号	计量单位	出库数量	备 注
	合 计			

第三联 交财务记账

仓库主管：李梁　　出库人：　　记账：梁小月　　制单：王二虎

67-2

山西省增值税专用发票

2600072140　　此联不作报销、抵扣税凭证使用　　No.30026016

开票日期：　　年 12 月 21 日

购货方	名　　称：田野公司 纳税人识别号：262220004100014 地址、电话：江东五路 41 号 25676756 开户行及账号：工行山一支行 300020000244778	密码区	2<8_4+*54>8<62\5*48 加密版本：01 5>4*43\5>16\5-511*156 2600072140 +8*8+5\6-58-544*222* 30026016 01-204141414010506>>22

货物或应税劳务名称	规格型号	单位	数量	单价	金 额	税率	税 额
模具	LD-1	件	100	650.00	65 000.00	17%	11 050.00
合 计					¥65 000.00		¥11 050.00

价税合计（大写）	⊗柒万陆仟零伍拾元整　　（小写）¥76 050.00

销货方	名　　称：江陵市江安工业制品公司 纳税人识别号：260069008650126 地址、电话：江陵市草桥路 68 号 68682262 开户行及账号：工行二环路支行 830016005680689	备注：56 0002135 发票专用章

收款人：王小燕　　复核：周同山　　开票人：成龙　　销货单位：（章）

(68) 12月21日，应付创制公司货款 20 000 元，无法支付，经批准予以转销（原始凭证见 68-1）。

68-1

应付账款转销申请单

公司领导：

　　应付创制公司贰万元（¥20 000.00 元）货款，因自然灾害公司撤销而无法支付，按规定应予转销，请领导审批。

领导审批意见：同意转销　　　　　　　　　　　财务科（签章）

20××年12月20日　　　　　　　　　　　　　　20××年12月21日

(69) 12月21日，以现金向电信局支付电话费 1 132 元（原始凭证见 69-1）。

69-1

山西省国家税务局通用机打发货票

发票代码　202330031268
发票号码　30262326

开票日期：20××-12-21　　行业分类：

| 付款方名称： | 江陵市江安工业制品公司 | 付款方识别号： | 260069008650126 |
| 付款方地址： | 江陵市草桥路 68 号 | 付款方电话： | 68682262 |

开票项目	规格/型号	单位	数量	单价	金额
通信服务					1 132.00
备注：					

总计金额：¥1 132.00　　　　　　　　金额大写：壹仟壹佰叁拾贰元整

收款方名称：中国电信股份有限公司江陵分公司　　收款方识别号：620039400215845623000231

收款方银行账号：23026263002

收款方银行名称：中国工商银行股份有限公司大庆路支行　　收款方地址：健康一路 78 号

收款方电话：66662188　　　　　开票人：刘倩倩

查验码：20035945869584562325223　　查验网址：http://etax.sxgs.gov.cn

第一联　发票联　付款方作为付款凭证

（70）12月21日，以银行存款600 000元向华扬公司进行长期股权投资。按投资协议，本公司投资后占华扬公司表决权资本的8%，公司采用成本法核算（原始凭证见70-1、70-2）。

70-1

投 资 协 议 书

江安工业制品公司与华扬公司经协商，江安工业制品公司向华扬公司投入资本金陆拾万元人民币……投资后江安工业制品公司享有华扬公司8%的表决权资本……

70-2

中国工商银行电汇凭证（回单） 1

普通　加急　　委托日期20××年12月21日

汇款人	全称	江陵市江安工业制品公司	收款人	全称	华扬公司	此联汇出行给汇款人的回单
	账号	830016005680689		账号	800888994444656	
	汇出地点	山西省江陵市		汇入地点	山西省向阳市	
汇出行名称		工行二环路支行	汇出行名称		工行创业路支行	

金额	人民币（大写）陆拾万元整	千	百	十	万	千	百	十	元	角	分
			¥ 6	0	0	0	0	0	0	0	0

单位主管：李超　会计：渠薄　复核：戴青　记账：吴天剑	汇出行盖章 20××年12月21日

(71) 12月21日,向敬老院捐款8 000元(原始凭证见71-1、71-2)。

71-1

山西省国家税务局通用机打发货票

发票代码 120003688100
开票日期：20××-12-21　　行业分类：　　发票号码 11002263

| 付款方名称：江陵市江安工业制品公司 | 付款方识别号：260069008650126 |
| 付款方地址：江陵市草桥路68号 | 付款方电话：68682262 |

| 开票项目 | 规格/型号 | 单位 | 数量 | 单价 | 金额 |
| 敬老院捐款 | | | | | 8 000.00 |

备注：
总计金额：¥8 000.00　　　　金额大写：捌仟元整
收款方名称：江陵市夕阳红敬老院　　收款方识别号：320039400210.5623000565
收款方银行名称：中国工商银行股份有限公司大庆路支行　　收款方账号：222262565362
收款方电话：23232156　　　收款方地址：武夷路226号
　　　　　　　　　　　　　　开票人：王丹丹
查验码：320259458002515623252552　　查验网址：http://etax.sxgs.gov.cn

71-2

中国工商银行　**转账支票存根**

支票号码：BY 02 00038471
附加信息
_____
_____
出票日期　年　月　日
收款人：
金　额：
用　途：
单位主管　　会计

中国工商银行　转账支票（晋）BY 02 00038471
出票日期（大写）　年　月　日　　付款行名称：
收款人：　　　　　　　　　　　出票人账号：

| 人民币（大写） | 亿 | 千 | 百 | 十 | 万 | 千 | 百 | 十 | 元 | 角 | 分 |

用途_____
上列款项请从　　　320200005678
我账户内支付　　复核　　记账
出票人签章

(72) 12月21日, LD-1产品有210件完工入库(原始凭证见72-1)。

72-1

产　品　入　库　单

年　月　日　　　　　　　　　　　　　　第608号

编号	名称	规格	单位	入库数量	单位成本	总成本	备注
合　计							

仓库主管：李梁　　记账：梁小月　　验收：张民青　　制单：王二虎

（73）12月21日，向银行申请取得32 000元银行汇票一张（原始凭证见73-1至73-3）。

73-1

中国工商银行 汇票申请书（存根） 1

申请日期：20××年12月21日　　　　第053号

申请人	江陵市江安工业制品公司	收款人		中环公司
账号或住址	830016005680689	账号或住址		500300223605564
兑付地点	江苏省徐州市县	兑付行	淮海支行	汇款用途　　购买材料

汇款金额	人民币（大写）叁万贰仟元整	千	百	十	万	千	百	十	元	角	分
				¥	3	2	0	0	0	0	0

备注：

（工行江陵市二环路支行 20××.12.21 转讫）

财务主管：　　复核：　　经办：

此联申请人留存

73-2

中国工商银行 银行汇票

2 山西　　汇票号码 第686号

付款日期 壹个月

（大写）出票日期：贰零××年壹拾贰月零陆日

代理付款行		行号：365								
收款人：中环公司		账号：300200202032323								
出票金额 人民币（大写）叁万贰仟元整		（压数机压印出票金额）								
实际结算金额人民币（大写）		千	百	十	万	千	百	十	元	角	分
申请人：江陵市江安工业制品公司		账号或住址：83001 6005680689								
出票行：工行二环路支行　行号：236		密押：　　多余金额								
备注：		千 百 十 万 千 百 十 元 角 分								
凭票付款										
出票行签章		复核　记账								

此联代理付款行付款后作联行往账借方凭证附件

73-3

| 付款日期 壹个月 | 中国工商银行
银行汇票（解讫通知） | 3 山西 汇票号码 第 686 号 |

（大写）出票日期：贰零××年壹拾贰月零陆日

代理付款行：	行号：365										
收款人：中环公司	账号：500300223605564										
出票金额 人民币（大写）叁万贰仟元整	（压数机压印出票金额）										
实际结算金额人民币（大写）	千	百	十	万	千	百	十	元	角	分
申请人：江陵市江安工业制品公司	账号或住址：83001 6005680689										
出票行：工行二环路支行 行号：236	密押：										复核
备注：	多余金额										
代理付款行盖章	千	百	十	万	千	百	十	元	角	分	记账
复核 经办											

余款行兑付后随报单寄出票行由出票行作

（74）12月21日，用现金支付汽油费768元（原始凭证见74-1）。

74-1

（75）12月22日，DY产品有280件完工入库（原始凭证见75-1）。

75-1

产 品 入 库 单

年 月 日　　　　　　　　　　　　　　　第 609 号

编号	名称	规格	单位	入库数量	单位成本	总成本	备注
合 计							

第二联 会计记账联

仓库主管：李梁　　　记账：梁小月　　　验收：张民青　　　制单：王二虎

（76）12月22日，开出转账支票，支付排污费3 000元（原始凭证见76-1、76-2）。

76-1

76-2

(77) 12月22日，收到得乐公司转账支票一张，系支付12月17日的货款，支票已送存银行（原始凭证见77-1）。

77-1

中国工商银行进账单（回单） 1

20××年12月22日

出票人	全称	得乐公司	收款人	全称	江陵市江安工业制品公司
	账号	500000668444545		账号	830016005680689
	开户银行	工行淡薄路支行		开户银行	工行二环路支行
金额	人民币（大写）玖万柒仟贰佰玖拾柒元贰角整				¥ 千百十元角分 9 7 2 9 7 2 0
票据种类	支票	票据张数	1		
票据号码	36236598		开户银行签章		
	复核：吴长胜　记账：陈学深				

(78) 12月23日，提取现金6 000元（原始凭证见78-1）。

78-1

中国工商银行 转账支票存根	中国工商银行 转账支票（晋） BY/02 00026115
支票号码：BY/02 00026115 附加信息：_____ _____ 出票日期 年 月 日 收款人： 金　额： 用　途： 单位主管　　会计	出票日期（大写） 年 月 日　　付款行名称： 收款人：　　　　　　　　　　出票人账号： 人民币（大写） 亿千百十万千百十元角分 用途：_____ 上列款项请从 我账户内支付　　复核　　记账 出票人签章

(79) 12月24日，销售给大华公司 DY 产品120件，单价为700元，增值税率为17%；LD-1产品400件，单价为650元。款项尚未收到（原始凭证见79-1、79-2）。

79-1

产 品 出 库 单

购货单位：大华公司　　　　　年 月 日　　　　　编号：8007

产品名称	规格型号	计量单位	出库数量	备注	第三联 交财务记账
合 计					

仓库主管：李梁　　出库人：　　记账：梁小月　　制单：王二虎

79-2

山西省增值税专用发票

2600072140　　此联不作报销，扣税凭证使用　　No.30026017

开票日期：20×× 年 12 月 24 日

购货方	名　　称：大华公司 纳税人识别号：260002320025887 地址、电话：五化路 562 号 30026580 开户行及账号：工行顺德路支行 　　　　　　　　300200222211160	密码区	7<8_4+54>8<62\5-5+6 加密版本：01 5>4*43\5>16\5-5\6_556 2600072140 +9*8+5\6-58-5\44+5*2* 30026017 01-310002540000125>>61

货物或应税劳务名称	规格型号	单位	数量	单价	金额	税率	税额
模具	DY	件	120	700.00	84 000.00	17%	14 280.00
模具	LD-1	件	400	650.00	260 000.00	17%	44 200.00
合　计					¥344 000.00		¥58 480.00

价税合计 （大写）	⊗肆拾万零贰仟肆佰捌拾元整　　（小写）¥402 480.00		
销货方	名　　称：江陵市江安工业制品公司 纳税人识别号：260069008650126 地址、电话：江陵市草桥路 68 号 68682262 开户行及账号：工行二环路支行 830016005680689	备注： 56000 2135	

收款人：王小燕　　复核：周同山　　开票人：成龙　　销货单位：（章）

第一联　记账联　销货方记账凭证

（80）12 月 25 日，以银行存款偿还短期借款本金 200 000 元，借款利息为 5 000 元，其中 3 750 元已经预提（原始凭证见 80-1）。

80-1

中国工商银行贷款还款凭证

20×× 年 12 月 25 日

借款单位名称	江陵市江安工业制品公司	贷款账号	3625-896	结算账号	35696-12
还款金额 （大写）	贰拾万零伍仟元整			千百十万千百十元角分 ¥ 2 0 5 0 0 0 0 0	
贷款种类	生产贷款	借出日期 20×× 年 6 月 25 日		约定还款日期 20×× 年 12 月 25 日	
上列款项从我单位往来户如数支付 单位签章：				银行盖章：	

(81) 12月26日，开出转账支票支付报刊杂志费2 400元（原始凭证见81-1、81-2）。

81-1

中国工商银行 转账支票存根	中国工商银行 转账支票（晋） BY/02 00038473
支票号码：BY/02 00038473 附加信息：_____ _____ 出票日期 年 月 日 收款人： 金 额： 用 途： 单位主管　　会计	出票日期（大写）　年　月　日　　付款行名称： 收款人：　　　　　　　　　　出票人账号： 人民币（大写）　亿 千 百 十 万 千 百 十 元 角 分 用途_____ 上列款项请从　320200005678 我账户内支付　复核　　记账 出票人签章

81-2

山西省国家税务局通用机打发货票

发票联　　　　　　　　　　　　　　　发票代码 260340001421
开票日期：20××-12-26　　　　　　　　发票号码 12000345

付款方名称：江陵市江安工业制品公司　　付款方识别号：260069008650126
付款方地址：江陵市草桥路68号　　　　　付款方电话：68682262

开票项目	规格/型号	单位	数量	单价	金额
报刊					2 400.00
备注					

总计金额：¥2 400.00　　　　　　　　　金额大写：贰仟肆佰元整
收款方名称：山西省江陵市邮政局　　　　收款方识别号：32231394002100.5623352125
收款方银行账号：222262562323
收款方银行名称：中国工商银行股份有限公司重庆路支行　　收款方地址：武夷路263号
收款方电话：82352232　　　　　　　　开票人：张大海
查验码：2233594580025456235623255　查验网址：http://etax.sxgs.gov.cn

（82）12月27日，发出甲Ⅱ型原材料1 600千克，计划单价为100元，全部用于DY产品生产；发出乙Ⅱ型原材料1 064千克，计划单价为50元。其中，1 000千克用于LD-2产品生产，64千克作为管理部门耗用（原始凭证见82-1、82-2）。

82-1

领　料　单

领用部门：　　　　　　　年　月　日　　　　　　　　　编号：2009

用途	名称	单位	数量		金额	
			请领	实发	计划单位成本	总额
合　计						

发料人：周华南　　记账：李记　　领料部门负责人：张岂明　　领料人：正刚

82-2

领 料 单

领用部门：　　　　　　　　　　年 月 日　　　　　　　　　　编号：2010

用　途	名　称	单　位	数　量		金　额	
			请领	实发	计划单位成本	总额
合　计						

发料人：周华南　　　记账：李记　　　领料部门负责人：张岂明　　　领料人：**正刚**

（83）12月28日，完工入库 LD-1 产品 40 件、LD-2 产品 60 件（原始凭证见 83-1）。

83-1

产 品 入 库 单

年 月 日　　　　　　　　　　第 610 号

编号	名称	规格	单位	入库数量	单位成本	总成本	备注
合　计							

第二联　会计记账联

仓库主管：李梁　　　记账：梁小月　　　验收：**张民青**　　　制单：王二虎

（84）12月29日，在财产清查时，发现盘亏甲Ⅱ型原材料10千克（按月初材料成本差异率计算成本）（原始凭证见 84-1）。

84-1

财产清查报告单

年 月 日

类别	名称	计量单位	数量		盘盈		盘亏		原因
			账存	实存	数量	金额	数量	金额	
									保管员李江男收发计量差错所致。
合　计									

会计主管：**张瞿**　　　保管员：李江男　　　盘点人：赵蒙花

(85) 12月30日，用存款向自来水公司支付上月水费28 000元，增值税为3 640元；支付电费12 000元，增值税为2 040元（原始凭证见85-1至85-6）。

85-1

托收凭证（付款通知）5

委托日期：20××年12月28日　　　托收号码：302655

业务类型	委托收款（□邮划、□电划）托收承付（□邮划、□电划）		
付款人	全称	江陵市江安工业制品公司	收款人	全称	江陵市自来水有限责任公司
	账号或地址	830016005680689		账号或地址	562528746210002
	开户行	工行二环路支行		开户行	工行丰一路支行

金额：人民币（大写）叁万壹仟陆佰肆拾元整　　¥31 640 00

款项内容：水费　　托收凭据名称：发货票　　附寄单：1张

付款人注意：
应于见票当日通知开户银行划款。
如拒付，应在规定期限内将拒付理由书及债务证明退交开户银行。

此联是付款人开户行给付款人的付款通知

复核：　　记账：　　银行签章

85-2

山西省增值税专用发票

2600072140　　　　　　　　　　　　　　No.02023349

开票日期：20××年12月25日

购货方	名称：江安工业制品公司	密码区	4<8_55\54>8<62\5*47 加密版本：01
	纳税人识别号：260069008650126		1>3*43\5>1\5-5\6-635* 260007214 0
	地址、电话：江陵市草桥路68号 68682262		+4*8+5\6-58+\44+11* 02023349
	开户行及账号：工行二环路支行		01-310002540000125>>61
	830016005680689		

货物或应税劳务名称	规格型号	单位	数量	单价	金额	税率	税额
自来水		吨	11 200	2.50	28 000.00	13%	3 640.00
合计					¥28 000.00		¥3 640.00

价税合计（大写）：⊗叁万壹仟陆佰肆拾元整　（小写）¥31 640.00

销货方	名称：江陵市自来水有限公司
	纳税人识别号：260020002562021
	地址、电话：肖估路26号 52622145
	开户行及账号：工行丰一路支行 562528746210002

备注：300865006 发票专用章

收款人：董玲玲　　复核：何乐　　开票人：李福龙　　销货单位：（章）

85-3

山西省增值税专用发票

2600072140　　　　　　　　　　　　　　　　　　No.02023349

开票日期：20×× 年 12 月 25 日

购货方	名　　称：江安工业制品公司 纳税人识别号：260069008650126 地址、电话：江陵市草桥路 68 号 68682262 开户行及账号：工行二环路支行 　　　　　　　830016005680689	密码区	4<8_55\54>8<62\5*47　加密版本：01 1>3*43\5>1\5-5\6-635*　2600072140 +4*8+5\6-58+\44+11*　02023349 01-310002540000125>>61

货物或应税劳务名称	规格型号	单位	数量	单价	金　额	税率	税　额
水	自来水	吨	11 200	2.50	28 000.00	13%	3 640.00
合　计					¥28 000.00		¥3 640.00

价税合计（大写）	⊗叁万壹仟陆佰肆拾元整　　（小写）¥31 640.00

销货方	名　　称：江陵市自来水有限公司 纳税人识别号：260020002562021 地址、电话：肖估路 26 号 52622145 开户行及账号：工行丰一路支行 562528746210002

收款人：董玲玲　　复核：何乐　　开票人：李福龙　　销货单位：（章）

85-4

托收凭证（付款通知）5

托收号码：302661

委托日期：20×× 年 12 月 28 日　　承付期限 到期 20×× 年 12 月 30 日

业务类型		委托收款（□邮划、□电划）托收承付（□邮划、□电划）		
付款人	全　称	江陵市江安工业制品公司	全　称	江陵市东区电力有限责任公司
	账号或地址	830016005680689	账号或地址	300600562325222
	开户行	工行二环路支行	开户行	工行东二路支行
金额	人民币（大写）壹万肆仟零肆拾元整			¥14040 00
款项内容	电费	托收凭据名称	发货票	证张数
备注：		付款人注意： 应于见票当日通知开户银行划款。 如拒付，应在规定期限内将拒付理由及债务证明退交开户银行。		
复核：　　记账：			银行签章：	

85-5

山西省增值税专用发票

2600072140　　　　　　　　　　　　　　　　　　No.0212363

开票日期：　　年 12 月 26 日

购货方	名　　称：江安工业制品公司 纳税人识别号：260069008650126 地址、电话：江陵市草桥路 68 号 68682262 开户行及账号：工行二环路支行 830016005680689	密码区	5<8_55\54>8<6-555*4 加密版本：01 5>3*43\5>1689-5\6-55* 2600072140 +9*8+5\6-58\46+122*11 0212363 01-500624523658546>>59

货物或应税劳务名称	规格型号	单位	数量	单价	金额	税率	税额
电	220V	度	24 000	0.50	12 000.00	17%	2 040.00
合　计					¥12 000.00		¥2 040.00

价税合计（大写）	⊗壹万肆仟零肆拾元整　　　　（小写）¥14 040.00

销货方	名　　称：江陵市东区电力有限公司 纳税人识别号：266200025865002 地址、电话：东二路 66 号 85305678 开户行及账号：工行东二路支行 300600562325222	备注

收款人：李开田　　复核：周上丰　　开票人：田甜　　　　销货单位：（章）

第三联　发票联　购货方记账凭证

85-6

山西省增值税专用发票

2600072140　　　　　　　　　　　　　　　　　　No.0212363

开票日期：　　年 12 月 26 日

购货方	名　　称：江安工业制品公司 纳税人识别号：260069008650126 地址、电话：江陵市草桥路 68 号 68682262 开户行及账号：工行二环路支行 830016005680689	密码区	5<8_55\54>8<6-555*4 加密版本：01 5>3*43\5>1689-5\6-55* 2600072140 +9*8+5\6-58\46+122*11 0212363 01-500624523658546>>59

货物或应税劳务名称	规格型号	单位	数量	单价	金额	税率	税额
电	220V	度	24 000	0.50	12 000.00	17%	2 040.00
合　计					¥12 000.00		¥2 040.00

价税合计（大写）	⊗壹万肆仟零肆拾元整　　　　（小写）¥14 040.00

销货方	名　　称：江陵市东区电力有限公司 纳税人识别号：266200025865002 地址、电话：东二路 66 号 85305678 开户行及账号：工行东二路支行 300600562325222	备注

收款人：李开田　　复核：周上丰　　开票人：田甜　　　　销货单位：（章）

第二联　抵扣联　购货方扣税凭证

（86）12月30日，DY产品有100件完工入库（原始凭证见86-1）。

86-1

产品入库单

年 月 日　　　　　　　　　　　第 611 号

编号	名称	规格	单位	入库数量	单位成本	总成本	备注
	合　计						

第二联　会计记账联

仓库主管：　　　记账：梁小月　　　验收：张民青　　　制单：王二虎

（87）12月30日，开出转账支票，支付车间设备租赁费3 000元（原始凭证见87-1、87-2）。

87-1

山西省国家税务局通用机打发货票

发票联

发票代码 200360000124001

开票日期：20××-12-30　　行业分类：　　发票号码 56002632

| 付款方名称： | 江陵市江安工业制品公司 | 付款方识别号：260069008650126 |
| 付款方地址： | 江陵市草桥路68号 | 付款方电话：68682262 |

开票项目	规格/型号	单位	数量	单价	金额
设备租赁费					3 000.00

备注：

总计金额：¥3 000.00　　　　　　　　金额大写：叁仟元整

收款方名称：江陵市东区电力有限公司

收款方识别号：32231394002100.5623565231

收款方银行账号：222262562315

收款方银行名称：中国工商银行股份有限公司青岛一路支行

收款方地址：武夷路16号

收款方电话：82366882　　　　　　　开票人：田文斌

查验码：2233594580025456232332356　　查验网址：http://etax.sxgs.gov.cn

第一联　发票联　付款方作为付款凭证

87-2

中国工商银行 转账支票存根	中国工商银行 转账支票（晋）BY/02 00038474
支票号码：BY/02 00038474 附加信息：_____ _____ _____ 出票日期 年 月 日 收款人：_____ 金　额：_____ 用　途：_____ 单位主管　　会计	出票日期（大写）　年　月　日　　付款行名称： 收款人：　　　　　　　　　　　　出票人账号： 人民币（大写）｜亿｜千｜百｜十｜万｜千｜百｜十｜元｜角｜分｜ 用途_____ 上列款项请从　　320200005678 我账户内支付　　复核　　记账 出票人签章

（88）12月30日，发出甲Ⅱ型原材料140千克，计划单价为100元，全部用于DY产品生产（原始凭证见88-1）。

88-1

领　料　单

领用部门：　　　　　　　年　月　日　　　　　　编号：2011

用途	名称	单位	数量		金额（元）	
			请领	实发	计划单位成本	总额
合　计						

发料人：周华南　　记账：李记　　领料部门负责人：张岂明　　领料人：正刚

（89）12月31日，因B公司12月17日起诉本公司侵犯其商标权，要求赔偿经济损失10 000元。公司根据法院审理进展情况和律师的意见，认为本公司很可能败诉，若败诉则对B公司赔偿的金额很可能为5 000元（原始凭证见89-1）。

89-1

江陵公司预计负债确认凭单

事由：
　　B公司于20××年12月17日起诉本公司……
律师意见：
　　……很可能赔偿的金额为伍仟元整。
事项进展：
　　截止到20××年12月31日，法院尚未对B公司的起诉作出判决。
确认金额：本公司确认预计负债伍仟元整。
　领导审批：（签章）　　　　　　财务负责人：（签章）
　20××年12月31日　　　　　　20××年12月31日

(90) 12月31日，本公司持有虹桥公司30%的股份，虹桥公司因可供出售金融资产公允价值变动而增加的资本公积金额为20 000元。除该事项外，虹桥公司当年实现的净收益为300 000元（不考虑所得税影响）（原始凭证见90-1）。

90-1

江安工业制品公司投资事项计算单　　金额单位：元

内　容	基数	投资比例	调整金额	记入账户
虹桥公司资本公积变动	20 000.00	30%	6 000.00	资本公积
虹桥公司实现净收益	300 000.00	30%	90 000.00	投资收益
合　计			¥96 000.00	

审批：李伍　　　复核：刘温可　　　制单：张天胜

(91) 12月31日，偿还三江厂货款360 000元，偿还东环公司货款200 800元（原始凭证见91-1、91-2）。

91-1

中国工商银行电汇凭证（回单）　1

普通　加急　　委托日期20××年12月31日

汇款人	全称	江陵市江安工业制品公司	收款人	全称	三江厂
	账号	830016005680689		账号	235600006366684
	汇出地点	山西省江陵市		汇入地点	山西省安东市
	汇出行名称	工行二环路支行		汇出行名称	工行淮海路支行

金额	人民币（大写）叁拾陆万元整	亿	千	百	十	万	千	百	十	元	角	分
				¥	3	6	0	0	0	0	0	0

汇出行签章　　　附加信息及用途　　复核　　记账

91-2

中国工商银行电汇凭证（回单） 1

普通　加急　　委托日期 20×× 年 12 月 31 日

汇款人	全称	江陵市江安工业制品公司	收款人	全称	东环公司	此联汇出行给汇款人的回单
	账号	830016005680689		账号	668745632167007	
	汇出地点	山西省江陵市		汇入地点	山西省德昌市	
	汇出行名称	工行二环路支行		汇出行名称	工行海洛路分理处	

金额	人民币（大写）贰拾万零捌佰元整	亿	千	百	十	万	千	百	十	元	角	分
						2	0	0	8	0	0	0

| 汇出行签章 | 支付密码 | |
| | 附加信息及用途 复核　　记账 | |

（92）12月31日，收到双喜公司通过工商银行划来的预付 DY 产品的货款 70 200 元（原始凭证见 92-1）。

92-1

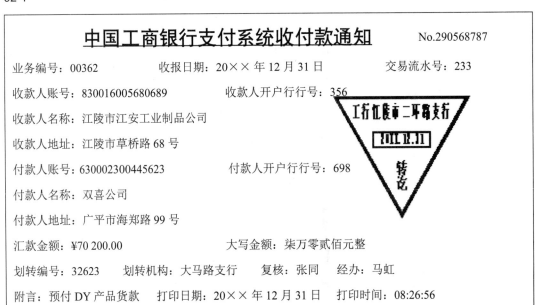

(93) 12月31日，收到29日存货短缺的处理意见批复（原始凭证见93-1）。

93-1

财产清查结果的处理意见

财务科：

你科于12月29日上报的财产清查情况，经会议研究处理意见如下：盘亏10千克甲型原材料的损失由保管员李江男负担600元，其余作管理费用处理。

批准人（签章）：

20×× 年 12 月 31 日

(94) 12月31日，计提本月应负担的短期借款利息（原始凭证见94-1）。

94-1

短期借款利息计算单

20×× 年 12 月 31 日

借款期限	20×× 年 12 月 1 日起至 20×× 年 8 月 1 日止		
计息期限	20×× 年 12 月 1 日起至 20×× 年 12 月 31 日止		
借款本金	借款利率		借款利息
人民币（小写）¥300 000.00	月利息率 6‰		¥1 800.00
借款行	工商银行江陵分行二环路支行	备注：	
主管：	审核：张军伍	制单：梁小月	

(95) 12月31日，用现金支付天诚会计师事务所审计费用980元（原始凭证见95-1）。

95-1

山西省国家税务局通用机打发货票

发票代码 300012365666554

开票日期：20××-12-31　　行业分类：　　发票号码 No.0003265

付款方名称：江陵市江安工业制品公司	付款方识别号：260069008650126
付款方地址：江陵市草桥路68号	付款方电话：68682262

开票项目	规格/型号	单位	数量	单价	金额
审计费					980.00
备注：					

总计金额：¥980.00　　　　　　　　金额大写：玖佰捌拾元整

收款方名称：江陵市天诚会计师事务所　　收款方识别号：32231394002100.5625651232

收款方银行账号：2323 6 1562315

收款方银行名称：中国工商银行股份有限公司青岛一路支行　　收款方地址：武夷路361号

收款方电话：82384795　　　　　　开票人：王红

查验码：22335945800254802013301/3　　查验网址：http://etax.sxgs.gov.cn

第一联 发票联 付款方作为付款凭证

（96）12 月 31 日，收到虹桥公司派发的现金股利 3 200 元，已划入本公司账户（原始凭证见 96-1）。

96-1

中国工商银行支付系统收付款通知　No.323657844

业务编号：01996　收报日期：20×× 年 12 月 31 日	交易流水号：2563
收款人账号：830016005680689	收款人开户行行号：356
收款人名称：江陵市江安工业制品公司	
收款人地址：江陵市草桥路 68 号	
付款人账号：232650400236569	付款人开户行行号：2123
付款人名称：曲霞市虹桥工业贸易公司	
付款人地址：海林市海郑路 169 号	
汇款金额：¥3 200.00	大写金额：叁仟贰佰元整
划转编号：30026　划转机构：大马路支行	复核：张同　　经办：马虹
附言：现金股利　打印日期：20×× 年 12 月 31 日	打印时间：09:26:35

（盖章：工行江陵市二环路支行 20××.12.31 转讫）

（97）12 月 31 日，分配本月水费 21 307 元。管理部门用水 396 吨，基本生产车间用水 7095 吨，辅助生产车间用水 704 吨（原始凭证见 97-1）。

97-1

水 费 分 配 表

年 月 日　　　　　　　　　　　　　　　　金额单位：元

分配对象	分配标准	分配率	分配额
管理部门			
基本生产车间			
辅助生产车间			
合　计			

财务主管：李东晨　　审核：刘天　　制单：江志东

提示：编制水费分配表。

(98) 12月31日，分配本月电费 45 500 元。管理部门用电 1 900 度，基本生产车间用电 69 600 度，辅助生产车间用电 16 000 度（原始凭证见 98-1）。

98-1

电费分配表

年 月 日　　　　　　　　　　　　　　　　　　金额单位：元

分配对象	分配标准	分配率	分配额
管理部门			
基本生产车间			
辅助生产车间			
合　计			

财务主管：李东晨　　　审核：刘天　　　制单：江志东

(99) 12月31日，摊销无形资产（原始凭证见 99-1）。

99-1

无形资产摊销表

年 月 日　　　　　　　　　　　　　　　　　　金额单位：元

名称	原值	预计摊销年限	已摊销价值	本次摊销价值	受益对象	剩余价值

财务主管：李东晨　　　审核：刘天　　　制单：江志东

提示：编制无形资产摊销表。

(100) 12月31日，摊销本月应负担的未确认融资费用（为简化计算，本月按整月摊销）（原始凭证见 100-1）。

100-1

未确认融资费用分摊表（实际利率法）

年 月 日　　　　　　　　　　　　　　　　　　单位：元

日期	租金	确认的融资费用	应付本金减少额	应付本金余额
合　计				

（101）12月31日，分配本月工资。其中，产品生产工人工资为33 700元，基本生产车间管理人员工资为2 000元，辅助生产人员工资为3 500元，管理部门人员工资为10 500元，销售部门人员工资为3 000元。分别按工资总额的5%、6%、2%、8%、3%、2%、2.5%计提医疗保险费、养老保险费、失业保险费、住房公积金、职工福利费、工会经费和职工教育经费（原始凭证见101-1至101-3）。

101-1

应付职工薪酬——工资费用分配表

年 月 日　　　　　　　　　　　　金额单位：元

应借账户		分配标准（工时）	分配率	分配金额
基本生产成本				
	小计			
制造费用				
辅助生产成本				
管理费用				
营业费用				
合 计				

财务主管：李东晨　　审核：刘天　　制单：江志东

提示：编制工资费用分配表。

101-3

应付职工薪酬——附加费计算表

年 月　　　　　　　　　　　　金额单位：元

应借账户	工资总额	医疗保险费（5%）	养老保险费（6%）	失业保险费（2%）	住房公积金（8%）	职工福利费（3%）	工会经费（2%）	职工教育经费（2.5%）
基本生产成本								
制造费用								
辅助生产成本								
管理费用								
营业费用								
合 计								

财务主管：李东晨　　审核：刘天　　制单：江志东

工 资 结 算 汇 总 表

20××年12月31日

101-2

序号	部门	标准工资	津贴	...	应发工资合计	应扣工资			应发工资	代扣款项			应扣款合计	实发工资
						缺勤	...	应扣工资合计		个人所得税	养老保险	...		
1	生产车间	23 793	612	...	34 556	165	...	856	33 700	66	321	...	1 330	32 370
2							...							
3							...							
...				...			...		...	...	...	...	...	...
12														
合计		55 669	1 831		60 372			4 826	55 546	1 935	911		2 846	52 700

财务主管：李东晨　　审核：刘天　　制单：江志东

（102）12月31日，计提本月固定资产折旧17 000元（假定按税法规定本月准予扣除的折旧额为18 000元）。其中，生产用设备及厂房计提折旧为14 000元，专设销售机构计提折旧为1 000元，管理部门计提折旧为1 200元，出租门面房计提折旧为800元（原始凭证见102-1）。

102-1

固定资产折旧计算表

20××年12月31日　　　　　　　金额单位：元

使用单位	上月计提折旧额	上月增加固定资产应计提的折旧额	上月减少固定资产应计提的折旧额	本月应计提的折旧额
基本生产车间	12 035	2 269	304	
专设销售机构	847	153		
行政管理部门	1 326		126	
出租	800			
合　计				

财务主管：李东晨　　审核：刘天　　制单：江志东

（103）12月31日，摊销长期待摊费用（销售机构经营租入固定资产改良），月摊销比例为2%（原始凭证见103-1）。

103-1

长期待摊费用摊销表

年　月　日　　　　　　　金额单位：元

费用项目	待摊总额	本月分摊比例	本月摊销额
合　计			

财务主管：李东晨　　审核：刘天　　制单：江志东

（104）12月31日，结转本月验收入库的材料成本差异（原始凭证见104-1）。

104-1

验收入库材料成本差异计算表

年　月　日　　　　　　　金额单位：元

序号	收料单编号	入库数量	实际单价	实际总成本	计划单价	计划总成本	差异总额
合　计							

财务主管：李东晨　　审核：刘天　　制单：江志东

(105) 12月31日，计算本月材料成本差异率，结转发出材料应负担的成本差异额（原始凭证见105-1）。

105-1

发出材料成本差异计算表

年　月　日　　　　　　　　　　　　　　　　金额单位：元

领用单位	计划成本	差异率	差异额
基本生产			
基本生产车间			
管理部门			
辅助生产车间			
合　计			

财务主管：**李东晨**　　审核：刘天　　制单：江志东

(106) 12月31日，分配辅助生产费用。辅助生产车间为管理部门提供100工时服务，为基本生产车间提供350工时服务，为专设销售机构提供50工时服务（原始凭证见106-1）。

106-1

辅助生产费用分配表

年　月　　　　　　　　　　　　　　　　金额单位：元

辅助车间	机修车间	金额合计
待分配费用		
供应产品及劳务数量（工时）		
分配率		
制造费用		
管理费用		
营业费用		
合　计		

财务主管：**李东晨**　　审核：刘天　　制单：江志东

提示：编制辅助生产费用分配表。

(107) 12月31日，按生产工时的比例分配本月制造费用（原始凭证见107-1）。

107-1

制造费用分配表

年　月　日　　　　　　　　　　　　　　　　金额单位：元

产品名称	生产工人工时	分配率	分配额
合　计			

财务主管：**李东晨**　　审核：刘天　　制单：江志东

提示：编制制造费用分配表。

（108）12月31日，编制产品成本计算表，结转完工产品成本（原始凭证见108-1至108-4）。

108-1

产品生产成本计算表

产品名称_____　　　　　　　年　月　日　　　　　　　　金额单位：元

项目	直接材料	直接人工	制造费用	其他	合计
期初余额（件）					
本期发生额（件）					
合计					
分配标准					
分配率					
完工转出（件）					
期末在产品（件）					

财务主管：李东晨　　审核：刘天　　制单：江志东

提示：编制产品生产成本计算表（以下相同业务提示略）。

108-2

产品生产成本计算表

产品名称_____　　　　　　　年　月　日　　　　　　　　金额单位：元

项目	直接材料	直接人工	制造费用	其他	合计
期初余额（件）					
本期发生额（件）					
合计					
分配标准					
分配率					
完工转出（件）					
期末在产品（件）					

财务主管：李东晨　　审核：刘天　　制单：江志东

108-3

产品生产成本计算表

产品名称_____　　　　　　　年　月　日　　　　　　　　金额单位：元

项目	直接材料	直接人工	制造费用	其他	合计
期初余额（件）					
本期发生额（件）					
合计					
分配标准					
分配率					
完工转出（件）					
期末在产品（件）					

财务主管：李东晨　　审核：刘天　　制单：江志东

108-4

产品生产成本计算汇总表

年 月 日　　　　　　　　本月完工产量：

产品名称	总成本（元）	单位成本（元）
合　计		

财务主管：【李东晨】　　审核：刘天　　制单：江志东

提示：编制产品生产成本计算汇总表。

（109）12月31日，结转本月销售产品成本（原始凭证见109-1）。

109-1

产品销售成本计算表

年 月　　　　　　　　　　　金额单位：元

产品名称	单位	月初结存		本月入库		本月销售		
		数量	总成本	数量	总成本	数量	加权平均单位成本	总成本
合　计								

财务主管：【李东晨】　　审核：刘天　　制单：江志东

提示：编制产品销售成本计算表。

（110）12月31日，计算本月应缴增值税（原始凭证见110-1）。

110-1

应交增值税计算表

年 月 日至 年 月 日　　　　　　金额单位：元

	项目	计税金额	适用税率	税额	备注
销项	应税货物				
	小计				
	应税劳务				
	小计				
进项	本期进项税额发生额				
	进项税额转出				
	1.				
	2.				
	应纳税额				

财务主管：【李东晨】　　审核：刘天　　制单：江志东

提示：编制应缴增值税计算表。

(111) 12月31日，以银行存款缴纳本月应交增值税 40 000 元，并结转本月应缴未缴增值税（原始凭证见111-1）。

111-1

中华人民共和国税收联电子缴税（费）凭证

征收机关：江陵市国税一分局

收缴国库：江陵市中心支库　　填发日期：20××年12月31日　　电子缴税号：1002843108

纳税人名称：江安工业制品公司		纳税人账号：830016005680689		
纳税人识别号：560069008650126		纳税人开户行：中国工商银行江陵市二环路支行		
税款所属时期			税款限缴日期	
缴款书号	预算科目代码	预算级次	税种	金额
2003560023656	6021	中央75% 地方25%	增值税	40 000.00

缴款金额合计（大写）肆万元整　　　　　　　（小写）¥40 000.00

上列款项已划缴

扣缴日期：20××年12月31日　　　　　　业务分录：

银行盖章：　　　　　　　　　　　　　　　经办人：韩一天

打印次数：1次　　　　　　　　　　　　　打印日期：20××年12月31日

(112) 12月31日，计算本月应交营业税、城市维护建设税及教育费附加（原始凭证见112-1、112-2）。

112-1

山西省地方税（费）纳税（费）申报表

（20××年）晋税征表

计算机编号：　　　申报日期：　年　月　日　　金额单位：元

序号	税（费）种类	计税数量	计税标准	应纳税额	批准减免税额	已缴税额	应入库税额
合　计							

如纳税人申报，由纳税人填写以下各栏　　　如委托代理人填报，由代理人填写以下各栏

纳税人盖章：　　　　　　　　　　　　　　代理人名称

　　　　　　　　　　　　　　　　　　　　代理人地址

法人代表签章：　　　　　　　　　　　　　经办人

以下由税务机关填写

收到申报表日期：20××年12月30日　　　办税员　　　　　　受理人

提示：编制山西省地方税（费）纳税（费）申报表。

112-2

应交税费计算表

年 月 日至 年 月 日　　　　　　　　　金额单位：元

项目	计税基数 消费税	适用税率	应交金额	备注
合　计				

财务主管：**李东晨**　　　审核：刘天　　　制单：江志东

提示：编制应缴税费（城建税及教育费附加）计算表。

（113）12月31日，按规定计提坏账准备金（原始凭证见113-1）。

113-1

坏账准备提取计算表

年 月 日　　　　　　　　　金额单位：元

年末"应收款项"科目余额	坏账准备提取比例	提取前"坏账准备"科目借方余额	提取前"坏账准备"科目贷方余额	应提取的坏账准备金
合　计				

财务主管：**李东晨**　　　审核：刘天　　　制单：江志东

提示：编制坏账准备提取计算表。

（114）12月31日，计提固定资产减值准备（原始凭证见114-1）。

114-1

固定资产减值准备提取计算表

20××年12月31日　　　　　　　　　金额单位：元

固定资产名称	账面原价	累计折旧	账面净值	预计可收回金额	应计提减值准备
厂房	2 500 000	612 645	1 887 355	1 886 220	
设备	661 826	127 355	534 471	530 606	
合　计	3 161 826	740 000			

财务主管：**李东晨**　　　审核：刘天　　　制单：江志东

提示：编制固定资产减值准备提取计算表。

（115）12月31日，结转收入和费用（先将"研发支出——费用化支出"转入"管理费用"）。

（116）12月31日，计算并结转所得税费用，并结转全年净利润（原始凭证见116-1）。

116-1

企业所得税计算表

年 月 日 至 年 月 日　　　　　　　　　金额单位：元

项目	本月数	项目	本月数
一、营业收入		加：纳税调整增加额	
减：营业成本		1	
		2	
销售费用		3	
管理费用			
财务费用			
资产减值损失			
		减：纳税调整减少额	
加：公允价值变动收益（损失以"－"号填列）		1	
投资收益（损失以"－"号填列）		2	
其中：对联营企业和合营企业的投资收益		3	
二、营业利润（亏损以"－"号填列）			
加：营业外收入			
减：营业外支出		四、本期应纳税所得额	
其中：非流动资产处置损失		五、适用税率	
三、利润总额（亏损总额以"－"号填列）		六、本期应纳所得税额	

财务主管：李东晨　　　审核：刘天　　　制单：江志东

提示：填制企业所得税计算表。

（117）12月31日，按净利润的10%提取法定盈余公积，按净利润的5%提取任意盈余公积，并按规定计算应分配给投资者的利润（原始凭证见117-1）。

117-1

利润分配计算表

年 月 日　　　　　　　　　　　　　　单位：元

项目	计算基数（净利润）	计算比例	金额
提取法定盈余公积金			
提取任意盈余公积金			
分配给投资者利润（或股利）			
其中：（1）			
（2）			
（3）			
合　计			

财务主管：李东晨　　　审核：刘天　　　制单：江志东

提示：编制利润分配计算表。

（118）12月31日，结转利润分配明细账。

五、会计业务综合模拟要求

（1）点钞、数字大小写及保险柜的使用。

① 点钞：基本动作标准，符合规范要求。

② 数字大小写：符合书写规范要求。

③ 保险柜：能熟练开启及更换密码。

（2）开设总账并登记期初余额；开设明细账并登记期初余额。

（3）根据江安工业制品有限公司20××年12月份的经济业务及原始凭证资料编制记账凭证。

（4）根据江安工业制品有限公司20××年12月份的记账凭证，登记库存现金日记账、银行存款日记账，根据记账凭证及所附原始凭证登记明细账。

（5）定期编制科目汇总表，根据科目汇总表登记总账。

（6）编制试算平衡表，进行对账和结账。

（7）装订记账凭证（将科目汇总表放在封面下第一页）。

（8）单独装订保管增值税专用发票抵扣联。

（9）根据账簿及其他相关资料编制资产负债表、利润表及现金流量表。

（10）进行财务分析。

① 企业偿债能力分析。

计算下列指标：流动比率、速动比率、资产负债率。

评价与分析：偿债能力评价、资金来源结构分析、偿债能力变动趋势分析。

② 企业营运能力分析。

计算下列指标：应收账款周转率、存货周转率、流动资产的周转率、固定资产的周转率、总资产的周转率。

评价与分析：营运能力评价、资产结构分析、资产与负债变动趋势分析。

③ 企业盈利能力分析。

计算下列指标：资本收益率、营业收入利润率、成本费用利润率、总资产报酬率、资本保值增值率。

评价与分析：盈利能力分析、经营成果结构分析、经营成果变动趋势分析。

④ 企业社会贡献能力分析。

计算下列指标：社会贡献率、社会积累率。

评价与分析：企业对职工贡献分析、企业对国家贡献分析。

参 考 文 献

[1] 财政部会计资格评价中心. 中级会计实务 [M]. 北京：中国财政经济出版社，2016.
[2] 中国注册会计师协会. 会计 [M]. 北京：经济科学出版社，2016.
[3] 戴德明，等. 财务会计学 [M]. 北京：中国人民大学出版社，2016.
[4] 企业会计准则编审委员会. 企业会计准则案例讲解 [M]. 上海：立信会计出版社，2016.
[5] 企业会计准则编审委员会. 企业会计准则 [M]. 上海：立信会计出版社，2015.